国家民族事务委员会人文社会科学重点研究基地
西南民族大学中国西部民族经济研究中心

KUA YUE DE 70 NIAN

跨越的70年

宁夏经济发展研究

姜太碧 著

中国经济出版社
CHINA ECONOMIC PUBLISHING HOUSE

北 京

图书在版编目（CIP）数据

跨越的70年. 宁夏经济发展研究 / 姜太碧著. --北京：中国经济出版社，2019.10

ISBN 978-7-5136-5963-5

Ⅰ. ①跨… Ⅱ. ①姜… Ⅲ. ①区域经济发展-研究-宁夏 Ⅳ. ①F127

中国版本图书馆CIP数据核字（2019）第221510号

项目统筹　李煜萍
责任编辑　李煜萍　李若雯
责任印制　巢新强

出版发行　中国经济出版社
印 刷 者　北京富泰印刷有限责任公司
经 销 者　各地新华书店
开　　本　710mm × 1000mm　1/16
印　　张　22
字　　数　345千字
版　　次　2019年10月第1版
印　　次　2019年10月第1次
定　　价　88.00元
广告经营许可证　京西工商广字第8179号

中国经济出版社 **网址** www.economyph.com **社址** 北京市东城区安定门外大街58号 **邮编** 100011

本版图书如存在印装质量问题，请与本社销售中心联系调换（联系电话：010-57512564）

“跨越的70年——民族地区经济发展研究”
编 委 会

FOREWORD 总 序

2019年，是新中国成立70周年。70年来，特别是改革开放以来，作为全国宏观区域经济重要战略组成部分的民族地区，在党中央、国务院的亲切关怀和党的民族政策光辉照耀下，各少数民族和民族地区与全国一道，发生了历史上最伟大、最深刻的社会变革，从封闭落后迈向开放进步，从温饱不足迈向全面小康，迎来了从站起来、富起来到强起来的伟大飞跃，正阔步走在中华民族伟大复兴的新征程上。

一

70年来，在党中央、国务院的系列政策支持、大幅度的资金和人才支援下，在全国人民的大力支援下，民族地区各级政府、各族人民坚定不移地坚持中国共产党领导，坚定不移地贯彻执行党的民族政策，坚持和完善民族区域自治制度，始终坚持以发展为第一要务，把自力发展与中央关心、发达地区支援结合起来，经济发展取得了历史性成就，各族人民生活有了历史性改善。今日的民族地区，社会稳定、经济发展、民族团结、宗教和顺，各族人民安居乐业，各项事业欣欣向荣，处于历史上最好的繁荣发展时期。

经济总量的巨大飞跃。1952年民族八省区地区生产总值总量为57.89亿元，2018年增长到90576.42亿元，是1952年的1566倍，扣除物价上涨因素，增长了250多倍，年均增长8.72%。分省区看，1952—2018年，地区生产总值年均增长率分别为：内蒙古9.31%、广西8.61%、贵州8.06%、云南 8.42%、西藏 8.74%、青海 8.75%、宁夏 9.42%、新疆 8.45%。2018 年民族八省区中经济总量超过 2 万亿元的为广西，在万亿元以上的有内蒙古、云南、贵州和新疆（见表 1）。

表 1　新中国成立 70 年来民族八省区经济总量的增长　单位：亿元

年份	内蒙古	广西	贵州	云南	西藏	青海	宁夏	新疆	民族八省区
1952	12.16	12.81	8.55	11.78	1.32	1.63	1.73	7.91	57.89
1978	58.04	75.85	46.62	69.05	6.65	15.5	13.00	39.07	323.78
2000	1539.12	2080.04	1029.92	2011.19	117.46	263.6	295.02	1363.56	6688.72
2005	3905.03	3984.10	2005.42	3462.73	248.80	543.32	612.61	2604.14	13903.42
2010	11672.00	9604.01	4602.79	7224.18	507.46	1350.43	1696.39	5397.27	34830.35
2011	14359.88	11764.97	5725.99	8893.12	606.13	1670.44	2111.43	6577.41	42816.25
2012	15880.58	13090.04	6878.59	10309.47	701.65	1893.54	2352.71	7457.64	48254.75
2013	16916.50	14511.70	8116.34	11832.31	816.57	2122.06	2590.34	8380.25	53453.76
2014	17770.19	15742.62	9300.52	12814.59	921.73	2303.32	2766.76	9195.96	58001.10
2015	17831.51	16870.04	10541.00	13619.17	1027.43	2417.05	2927.01	9235.57	60849.61
2016	18632.57	18317.64	11792.35	14719.95	1151.41	2572.49	3167.99	9511.93	65146.38
2017	16096.21	20396.25	13540.83	16376.34	1310.92	2624.83	3443.56	10881.96	68294.56
2018	17389.22	20352.51	14806.45	17881.12	1477.63	2865.23	3705.18	12199.08	90576.42
年均增长率（1952—2018 年，%）	9.31	8.61	8.06	8.42	8.74	8.75	9.42	8.45	8.72（算术平均）

数据来源：根据《新中国六十年统计资料汇编》《中国统计年鉴》和各省区统计公报数据整理。

经济结构的根本性转变。新中国成立 70 年来，民族地区产业结构不断优化，从以依赖单一产业为主转向三次产业共同带动。新中国成立初期，民族八省区地区生产总值的结构中，农业占比较高，工业和服务业相对薄弱，部分地区还处于现代工业的空白区。1952 年，民族八省区第一、第二、第三产业增加值占地区生产总值的比重（算术平均）分别为 73.1%、12.8% 和 14.1%。20 世纪 50—70 年代，随着民族地区工业化建设的推进，第二产业比重不断提升。1978 年，第一、第二、第三产业比重（算术平均）分别为 36.5%、41.8% 和 21.8%。改革开放以来，随着工业化、城镇化快速发展，工业和服务业发展水平不断提高，20 世纪 90 年代初民族地区第一产业产值比重稳定地低于第二产业和第三产业。党的十八大以来，民族地区第一、第二、第三产业协同发展，各省区第三产业增加值超过第二产业，成为国民经济第一大产业，2018 年，民族八省区第一、第二、第三产业比重分别为 11.7%、41% 和 47.4%。（各省区产业结构演变的基本态势如表 2 所示）随着生产结构的变化、现代产业的发展，传统产业比重下降必然会导致劳动力在部门间的重新配置，引起就业结构的变化。这种变化的一个基本趋势是，随着经济的发展，劳动力逐渐由农业部门向非农业部门转移，第二产业和第三产业成为劳动力就业的主要领域。民族地区劳动力就业结构的变化是符合这一基本趋势的。1978 年，民族八省区各产业劳动力就业份额比例为 79.41：11.41：9.17，到 2016 年该比例为 49.16：15.92：34.96。

表 2　新中国成立 70 年来民族八省区产业结构的变化　%

省区	1952 年			1978 年			2018 年		
	第一产业	第二产业	第三产业	第一产业	第二产业	第三产业	第一产业	第二产业	第三产业
内蒙古	71.1	11.3	17.7	32.7	45.4	21.9	10.1	39.4	50.5
广西	65.1	23.0	11.9	40.9	34.0	25.1	14.8	39.7	45.5
贵州	68.4	18.6	13.0	41.7	40.2	18.2	14.6	38.9	46.5
云南	61.7	15.4	22.8	42.7	39.9	17.4	14.0	38.9	47.1
西藏	97.3	0.1	2.6	50.7	27.7	21.7	8.8	42.5	48.7
青海	73.6	7.4	19.0	23.6	49.6	26.8	9.4	43.5	47.1
宁夏	82.7	4.6	12.7	23.5	50.8	25.6	7.6	44.5	47.9
新疆	64.7	22.0	13.3	35.8	47.0	17.3	13.9	40.3	45.8

数据来源：根据《新中国六十年统计资料汇编》和各省区 2018 年统计公报数据整理。

人民生活蒸蒸日上。从人均地区生产总值来看：1952 年民族八省区人均地区生产总值分别为内蒙古 173 元、广西 67 元、贵州 58 元、云南 70 元、西藏 115 元、青海 101 元、宁夏 126 元、新疆 166 元；到 1978 年分别增加到内蒙古 317 元、广西 225 元、贵州 175 元、云南 226 元、西藏

375元、青海428元、宁夏370元、新疆313元；到2018年分别达到内蒙古68302元、广西41489元、贵州41244元、云南37136元、西藏43397元、青海47689元、宁夏54094元、新疆49475元（见表3）。可以看出，新中国成立70年来，民族八省区人均收入上了好几个台阶。

表3 新中国成立70年来民族八省区人均地区生产总值的变化 单位：元

年份	内蒙古	广西	贵州	云南	西藏	青海	宁夏	新疆
1952	173	67	58	70	115	101	126	166
1978	317	225	175	226	375	428	370	313
1985	809	471	420	486	894	808	737	820
1990	1478	1066	810	1224	1276	1558	1393	1713
1995	3772	3304	1826	3083	2358	3513	3448	4701
2000	6502	4652	2759	4770	4572	5138	5376	7372
2005	16331	8788	5052	7835	9114	10045	10239	13108
2010	40282	16045	10309	13539	15295	19454	21777	19942
2015	71101	35190	29847	28806	31999	41252	43805	40036
2016	72064	38027	33246	31093	35184	43531	47194	40564
2017	63764	38102	37956	34221	39267	44047	50765	44941
2018	68302	41489	41244	37136	43397	47689	54094	49475

数据来源：根据《新中国六十年统计资料汇编》《中国统计年鉴》和各省区统计公报数据整理。

从城乡居民收入变化来看，1978年民族八省区居民人均收入（城镇居民人均可支配收入和农村居民家庭人均纯收入用城乡人口比例加权）只有260多元，1999年达到2900多元，2010年突破8500元。2017年民族八省区全体居民人均收入为19520元。2018年民族八省区居民人均可支配收入分别为：内蒙古28376元、广西21485元、贵州18430元、云南20084元、西藏17286元、青海20757元、宁夏22400元、新疆21500元。

基础设施得到根本性改善。新中国成立以来，经过对民族地区基础设施的大规模投资，特别是西部大开发以来的重点工程项目80%以上布局在民族地区，民族地区基础设施得到根本性改变。以运输线路长度为例：1952年民族八省区铁路营业里程3208千米，贵州、西藏、青海、宁夏和新疆还是铁路的空白区，公路里程 27868 千米，西藏尚无现代意义上的公路；到 1978 年分别增加到 10560.5 千米和 193650 千米；到 2017 年分别达到 35266 千米和 1149744 千米。（各省区的运输线路发展如表 4 所示）2013 年 10 月 30 日，西藏墨脱公路通车，正式结束其作为中国最后一个不通公路县的历史。民族地区不仅运输线路长度举世瞩目，各种交通线路连接成网，而且线路质量显著提高，铁路复线、高速铁路和高等级公路从无到有，覆盖范围逐年扩大。

表 4　新中国成立 70 年来民族八省区运输线路的变化　　单位：千米

省区	1952 年		1978 年		2017 年	
	铁路营业里程	公路里程	铁路营业里程	公路里程	铁路营业里程	公路里程
内蒙古	1574	4821	3803	37535	12675	199423
广西	978	5068	1715	29773	5191	123259
贵州	—	4027	1366	25954	3285	194379
云南	656	5339	1705	41816	3682	242546
西藏	—	—	—	15852	785	89343
青海	—	1346	503	13675	2349	80895
宁夏	—	1202	438	5227	1352	34561
新疆	—	6065	1030.5	23818	5947	185338
民族八省区合计	3208	27868	10560.5	193650	35266	1149744

数据来源：根据《新中国六十年统计资料汇编》《中国统计年鉴》数据整理。

对外开放成效显著。我国对外开放的格局是采取分步骤有层次、逐步推进的战略格局，经历了一个不断扩大和深化发展的过程。到目前为止，我国已形成了全方位、多层次、宽领域的对外开放格局。我国民族地区大多处于边疆地区，邻国较多，也是“一带一路”建设的核心地区和重要依托。“一带一路”倡议实施以来，民族地区从对外开放的末梢一跃成为前沿。2018 年，内蒙古海关进出口总额 1034.4 亿元，其中，出口总额 378.6 亿元，进口总额 655.7 亿元；广西货物进出口总额 4106.71 亿元，其中，出口总额 2176.14 亿元，进口总额 1930.57 亿元；贵州进出口总额 500.96 亿元，其中，出口总额 337.58 亿元，进口总额 163.38 亿元；云南外贸进出口总额达 298.95 亿美元，其中，出口总额 128.12 亿美元，进口总额

170.83 亿美元；西藏全年进出口总额 47.52 亿元，其中，出口总额 28.57 亿元，进口总额 18.95 亿元；青海货物进出口总额 46.00 亿元，其中，出口总额 31.11 亿元，进口总额 14.89 亿元；宁夏货物进出口总额 249.16 亿元，其中，出口总额 180.48 亿元，进口总额 68.68 亿元；新疆货物进出口总额 200.10 亿美元，其中，进口总额 35.91 亿美元，出口总额 164.19 亿美元。

脱贫攻坚取得决定性进展。民族地区是中国贫困人口最集中、贫困程度最深的地方。全国 832 个贫困县（包括国家扶贫开发工作重点县和片区县）中，民族自治地方县有 421 个，占 51%。全国贫困人口的 1/3、14 个集中连片特困地区的 11 个以及深度贫困的“三区三州”都在民族地区。新中国成立以来，在中央的高度重视和社会各界的大力支持下，经过民族地区广大干部群众的艰苦努力，民族地区农村贫困人口大幅减少，特别是《中共中央 国务院关于打赢脱贫攻坚战的决定》颁布实施以来，中央和地方密集出台支持贫困地区特别是深度贫困地区脱贫攻坚的各项过硬政策措施，聚焦短板、精准发力，民族地区扶贫力度进一步加大，贫困人口脱贫明显加快。到 2018 年，民族八省区中，内蒙古、青海、宁夏农村贫困发生率降至 3% 及以下，广西、贵州、云南、西藏、新疆农村贫困发生率下降至 6% 以下。

表 5　民族八省区农村贫困人口数　　单位：万人

省区	2010年	2011年	2012年	2013年	2014年	2015年	2016年	2017年	2018年	减贫人数（2010—2018 年）
全国	16567	12238	9899	8249	7017	5575	4335	3046	1660	14907
内蒙古	258	160	139	114	98	76	53	37	15	243
广西	1012	950	755	634	540	452	341	246	140	872
贵州	1521	1149	923	745	623	507	402	295	173	1348
云南	1468	1014	804	661	574	471	373	279	179	1289
西藏	117	106	85	72	61	48	34	20	1.9	115.1
青海	118	108	82	63	52	42	31	23	5.4	112.6
宁夏	77	77	60	51	45	37	30	19	12	65
新疆	469	353	273	222	212	180	147	113	59.3	409.7

数据来源：国家统计局住户收支与生活状况调查。

二

新中国成立70年来，在中国共产党领导下，坚持走中国特色解决民族问题的正确道路，全面贯彻落实党的民族政策，民族地区经济发展取得了历史性的伟大成就。70年的伟大跨越表明：

党对民族工作的领导是民族地区经济发展的根本保证。新中国成立70年来，民族地区总体上呈现出民族团结、经济进步、宗教和顺、社会和谐的大好局面，根本在于党中央的坚强领导，这是我们行稳致远的政治前提。对民族地区的经济发展而言，必须坚持以习近平新时代中国特色社会主义思想为指导，坚持新发展理念，坚定不移贯彻创新、协调、绿色、开放、共享的发展理念。

以推动少数民族和民族地区高质量发展作为民族工作的第一要务。"发展是解决民族地区各种问题的总钥匙。"70年来，特别是改革开放以来，民族地区认真贯彻落实党的方针、政策，始终坚持以经济建设为中心，经济体量以几何级数增加，实现了"一步跨千年"，民族地区从来没有像今天这样朝气蓬勃、日新月异，民族团结进步事业也从来没有像今天这样春意盎然、充满活力。进入新时代，我国经济已由高速增长阶段转向高质量发展阶段，社会的主要矛盾已经发生变化。发展不平衡不充分主要表现在民族地区，民族地区2020年前要消除农村绝对贫困和全面建成小康社会，到2035年要与全国同步基本实现现代化，必须加快发展，实现跨越式发展。

加大力度支持和帮助民族地区发展。70年来，党和政府高度重视民族地区的发展，制定、实施了一系列倾斜性的发展援助和扶持政策与措施，决定性地推动了民族地区经济社会跨越式发展和脱贫奔康。支持民族地区加快经济社会发展，是中央的一项基本方针。党的十九大报告指出："实施区域协调发展战略。加大力度支持革命老区、民族地区、边疆地区、贫困地区加快发展，强化举措推进西部大开发形成新格局，……加快边疆发展，确保边疆巩固、边境安全。"因此，新时代民族地区的发展在全国发展大格局中的战略地位更加重要，加大力度支持民族地区加快发展是习近平新时代中国特色社会主义思想的重要组成部分。

始终坚持发展必须以保障和改善民生为着眼点和落脚点。70年来，民族地区坚持“以民为本、民生优先”，教育、医疗等基本公共服务能力不断提高。全面推进九年义务教育、十五年免费教育、“9+3”免费职业教育、“一村一幼”计划，完整配套的教育体系基本形成。通过全面建立新型合作医疗制度，健全州（盟、市）、县、乡、村四级医疗网络。但与各族人民的需要相比较，与发达地区相比较，民族地区的基本公共服务供给还有待大幅提高。习近平总书记指出：“发展经济的根本目的就是要让各族群众过上好日子。既要坚持不懈抓发展，不断扩大经济总量，为民生改善提供坚实基础，也要大力推进基本公共服务均等化，促进社会公平。”要坚持发展，必须以保障和改善民生为着眼点和落脚点，确保各民族共享发展机遇和发展成果，确保发展成果惠及当地、改善民生、增强团结、促进和谐。

坚持绿色发展，守好民族地区发展的底色和价值。从地缘生态位置看，民族地区是中国最重要的生态平衡与保障区，是我国重要的生态安全屏障，具有重要的生态战略地位。民族地区最大的价值在生态、最大的责任在生态、最大的潜力也在生态，因此，民族地区的发展必须把生态文明建设放在突出位置，走以生态优先、绿色发展为导向的高质量发展之路，尊重自然、顺应自然、保护自然，筑牢国家生态安全屏障，实现经济效益、社会效益、生态效益相统一。

大力加强少数民族干部和人才队伍建设。70年来，中央和各民族地区把少数民族干部培养使用作为落实党的民族政策的一项重要内容和管长远、管根本的大事来抓，培养和造就了一支明辨大是大非的立场特别清醒、维护民族团结的行动特别坚定、热爱各族群众的感情特别真诚的少数民族和民族地区干部队伍，为坚持和完善民族区域自治制度、加快经济社会发展、维护祖国统一和边疆稳固提供了坚强保证。在新时代，必须继续加强少数民族干部和人才队伍建设。

三

为庆祝新中国成立70周年，反映新中国成立以来特别是党的十八大以来我国民族地区经济发展的辉煌成就和宝贵经验，国家民族事务委员会人文社会科学重点研究基地（培育）——西南民族大学中国西部民族经济研究中心组织编写了《跨越的70年——民族地区经济发展研究》丛书，分别对内蒙古、广西、西藏、宁夏和新疆五个自治区和贵州、云南、青海三个多民族省份70年来的经济发展取得的历史性成就进行了系统的梳理、分析和总结。

本套丛书的出版得到“中央高校建设世界一流大学（学科）和特色发展引导专项资金”和“国家民委人文社科重点研究基地——西南民族大学中国西部民族经济研究中心2019年项目‘跨越的70年——民族地区经济发展研究’”的资助。时任西南民族大学发展规划与学科建设处处长刘兴全教授对丛书的出版给予了大力支持。本套丛书的顺利出版得到了中国经济出版社李煜萍编审的努力和付出。在此一并表示感谢！

本套丛书的主要编撰人员是西南民族大学经济学院/中国西部民族经济研究中心的部分研究生同学和研究人员。本套丛书政治要求高、任务重、时间紧，编写者还是按要求完成了各书的编写任务，你们辛苦了！各书的质量概由各书的主编负责。虽然编写人员很努力，但难免存在瑕疵和不足，敬请读者批评指正。

编委会

2019年7月

PREFACE 前言

据位于现宁夏回族自治区灵武市的“水洞沟文化”遗址考古发现，约在3万年前，银川平原地区已存在远古人类的采集狩猎活动，其出土的石器等重要历史文物说明宁夏地区一直是中华民族远古文明的重要区域和发祥地之一。此后，相关史料显示，该地区的远古先民在此繁衍生息，从三皇五帝到夏商周，宁夏地区均无行政建制，主要形成的是以畜牧业为主的戎狄部落形态（史称“西戎诸国”）；到公元前221年秦王朝建立，宁夏地区才产生了早期的行政建制，成为当时秦王朝36郡中的北地郡，在后来的历次朝代更替中，宁夏地区的行政建制名称和归属等配合各朝代管理需要有相应的变动，也由此揭示了宁夏地区经济、社会发展的曲折历史进程；直到1949年新中国成立，宁夏地区在党中央、国务院的亲切关怀下，才翻开了社会经济发展的新篇章。

新中国成立70年来，在党中央、国务院的大力支持下，宁夏各族人民用勤劳的双手在壮丽的山河上绘就了多彩画卷，经济、社会、文化、生态、宗教、民族团结等各项事业都取得了前所未有的历史性成就。70年来，宁夏回族自治区的发展充分证明党的改革开放政策英明正确，党的民族政策先进优越，党对民族地区的支持政策及时有效，党对民族地区的人民生活关爱有加。为了真实展现宁夏回族自治区70年来的沧桑巨变，由中央高校建设世界一流大学（学科）和特色发展引导专项资金与国家民族事务委员会人文社会科学重点研究基地——西南民族大学中国西部民族经济研究中心2019年度项目“跨越的70年——宁夏民族地区经济发展研究”共同资助，西南民族大学经济学院师生共同组织编撰了《跨越的 70 年——宁夏经济发展研究》一书，该书以丰富翔实的数据、形象直观的图表与定性、定量相结合的分析方法，全面、客观、系统地反映了新中国成立 70 年来宁夏回族自治区经济社会发展的历史成就和存在的问题，并根据宁夏自身的资源禀赋优势对宁夏回族自治区未来发展态势进行了分析。全书共分为 10 章，分别为：第一章概论、第二章国家政策支持内容与效果评价、第三章宁夏禀赋结构与升级、第四章宁夏 70 年来经济增长与结构优化、第五章宁夏 70 年来产业发展历程、第六章宁夏 70 年来城镇化进程、第七章宁夏 70 年来对外贸易发展情况、第八章宁夏 70 年来金融发展历程、第九章宁夏 70 年来生态环境改善探索、第十章宁夏 70 年来发展战略回顾与展望。以上 10 章分别对宁夏回族自治区在新中国成立 70 年来的经济、社会、文化、生态、宗教、民主法制以及民族团结等各个方面进行了真实、客观、全面的描述与分析，通过本书能大体了解宁夏回族自治区在新中国成立 70 年来所取得的各项成就与尚需完善的地方，同时对全面认识和了解宁夏回族自治区的基本情况具有重要的文献参考价值。

新中国成立 70 年来，宁夏地区作为全国最大的回族聚集区，见证着一个民族自治地区的成长与壮大，也描绘了民族自治地区经济社会发展的历史轨迹。截至 2018 年末，全区总人口 688.11 万人（占全国大陆总人口 13.95 亿人的 4.93‰），其中回族人口 247.71 万人，约占全区总人口的 36%；城镇人口比重达 58.88%；全区地区生产总值为 3705.18 亿元，人均地区生产总值达 54094 元[①]。从总体情况看，70 年来宁夏回族自治区的产业结构不断优化，生态环境显著改善，城镇化质量和城镇化水平不断提高，对外贸易能力和贸易条件明显提升，民主法制进程进一步加快，民族团结与民族融合氛围日益融洽。我们相信，在中国共产党的坚强领导下，“塞上江南”“神奇宁夏”一定会在我国广袤的西北大地上更加璀璨夺目、熠熠生辉！勤劳勇敢的宁夏各族人民也一定会在新时代演奏出更加美妙神奇

① 宁夏回族自治区 2018 年国民经济和社会发展统计公报 [EB/OL].（2019-04-30）[2019-04-30].http：//tj.nx.gov.cn/tjsj_htr/tjgb_htr/201904/t20190430_1470251.html.

的乐章！宁夏的明天一定会越来越好！宁夏回族自治区也一定能为中华民族的伟大复兴添砖加瓦！

姜太碧

2019.6.20

于西南民族大学

CONTENTS 目 录

第1章　概论

刘嘉鑫[1]　姜太碧[2]

宁夏回族自治区自新中国成立70年来，经济社会发展迅速，成就显著。本章主要对宁夏回族自治区在新中国成立70年来的经济、社会、文化媒体与体育、生态环境、宗教、民主与法制等方面的发展概况做简要描述。

1.1　宁夏70年来的经济发展总体概况

1949年中华人民共和国成立，意味着中国共产党带领着全国人民取得了新民主主义革命的伟大胜利，开创了中国经济发展的新纪元。宁夏地区经济发展在历经艰难曲折、重重磨难之后也迎来了新的发展阶段。

1949年9月23日宁夏解放，同年12月23日成立宁夏省。新中国成立后的1954年，宁夏省撤销并入甘肃，后在1958年10月25日正式成立宁夏回族自治区。截至2018年，宁夏回族自治区成立已有60年历史。宁夏是一个以回族少数民族为主体，汉族占多数，包括满族、蒙古族、苗族、壮族等34个少数民族的多民族地区。2018年末，全区总人口688.11万人（占全国大陆总人口13.95亿人的4.93‰），其中回族人口247.71万

① 刘嘉鑫（1994—　），女，四川成都人，西南民族大学经济学院硕士研究生。

② 姜太碧（1964—　），女，重庆铜梁人，经济学博士，西南民族大学经济学院教授、硕士生导师，主要研究方向为农村经济、产业经济。

人，占全区总人口的36%[①]。宁夏是全国最大的回族聚居区。全区辖5个地级市，22个县、市（区）。宁夏回族自治区地处我国内陆西北，周边与内蒙古、甘肃、陕西交界。宁夏回族自治区总面积为6.64万平方千米，地势南高北低，呈阶梯状下降，平均海拔1000米以上，其地形分为三大板块：一是北部引黄灌区，地势平坦，土壤肥沃，素有“塞上江南”“天下黄河富宁夏”之美誉；二是中部干旱带，干旱少雨，风大沙多，土地贫瘠，生存条件较差；三是南部山区，丘陵沟壑林立，部分地域阴湿高寒，是国家级贫困地区之一。

新中国成立70年来，宁夏地区作为全国最大的回族聚集区，见证着一个民族自治地区的成长与壮大，也见证着民族自治地区的经济发展曲折道路。回顾宁夏地区在新中国成立后的历史发展沿革，其在经济发展进程中大致经历了几个重要历史阶段：第一个阶段，新中国成立到宁夏回族自治区成立的10年过渡期，在这段时期宁夏地区经济从发展滞后到逐渐好转，但工业体系仍未建立，农业发展缓慢，个体经济单一，整体经济发展水平很低；第二个阶段，自宁夏回族自治区成立到改革开放时期，在这段时期宁夏回族自治区经济发展渐渐有了起色，工业体系基本建立，但城市发展仍然缓慢；第三个阶段，改革开放至今，这段时期宁夏经济有了较大的改变，工业体系得到全面发展，并通过转型升级成为先导工业体系，同时配合开发特色优势产业，如旅游业、农产品、民族特色产业等，使宁夏的经济发展迈上了新台阶。下面就上述3个阶段阐述宁夏70年来的经济社会发展概况。

1.1.1 1949—1958年宁夏经济发展简况

从1949年新中国成立到1958年宁夏回族自治区成立的10年时间，又称为宁夏的10年过渡期。虽然1949年宁夏全境得以解放，但在这一时期，由于长期受到国民党统治和军阀割据的影响，宁夏商品经济非常落后，资本主义生产关系发展不全，整体发展水平极为落后，加之地理环境

① 宁夏回族自治区2018年国民经济和社会发展统计公报[EB/OL].（2019-04-30）[2019-04-30].http：//tj.nx.gov.cn/tjsj_htr/tjgb_htr/201904/t20190430_1470251.html.

偏僻，道路交通不便，人民生活状态较为艰难。归纳起来，宁夏地区在新中国刚成立时，其经济状况主要有以下几个特征。

第一，官僚资本垄断导致整体经济衰落。20 世纪 40 年代以前，宁夏民间还存有一些小作坊、小煤场以及民间零星贸易。但到了 20 世纪 40 年代以后，由于受到官僚资本主义的压榨和抗日战争影响，一些规模极小的工厂也倒闭了，经济发展萎靡，民族工商业呈现衰败景象。

第二，新中国成立初期的经济结构单一、水平低下。1949 年全区社会生产总值只有 1.3 亿元，且以农业为主，工业仅占 10%，为 1214 万元[①]。

第三，城乡人民生活水平极其低下。相关资料显示，宁夏地区文化教育、医疗卫生等都相当落后，人口死亡率高于全国平均水平，劳动力素质低下，失业率较高。

第四，因新生产关系替代了旧生产关系，经济绩效逐步改善。新中国成立后，由于全国实行社会主义所有制改革，宁夏地区也开始发展各行业国营企业，从而使宁夏经济得到了一定改善。如当时的措施有：没收官僚资本，改造旧的生产关系，建立新的经济制度，调整公私工商关系等。在实施了一系列社会主义所有制改造后，宁夏地区经济走上了社会主义经济发展道路。

例如，土地改革中，宁夏根据自身的特点实行从减租减息开始的土改方案，与此同时进行农业社会主义改造，农业互助合作组织和农业生产合作社的成立，使人民生活质量和温饱得到了改善。据统计，到 1952 年时，宁夏农业发展迅速，成效显著。如果以 1949 年农业总产值的增长为基数，到 1952 年已经达到 144.6%[②]。同时，农业税也从 1949 年的 13.3% 减少到 1952 年的 9.3%，这为农业发展提供了有利条件。

宁夏在 10 年过渡时期，正值全国基本工业体系的建设时期，因此当时衡量我国经济发展状况的主要指标是工业产值占工农业产值比重。1952

① 宁夏回族自治区统计局 . 宁夏四十年 [M]. 北京：中国统计出版社 , 1989.

② 宁夏回族自治区农业厅 . 宁夏回族自治区农业统计历史资料 [M]. 银川：宁夏人民出版社 , 1989.

年，宁夏地区的该指标仅为 3.7%，而全国平均水平为 23%[①]，可见当时宁夏的工业发展水平大大低于全国平均水平。当时宁夏的主要工业是发电、煤炭、印刷、陶瓷等产业，基础十分薄弱。在面临经济全面落后的情况下，宁夏贯彻过渡时期的经济发展总路线，实行“三大改造”，即个体农业社会主义改造、个体手工业社会主义改造、资本主义工商业改造。在“三大改造”完成后，宁夏地区社会主义计划经济体制也基本确立。

1.1.2 1958—1978 年宁夏经济发展简况

1958 年宁夏回族自治区成立到 1978 年改革开放前，宁夏经济发展总体较慢。具体而言，该时期宁夏经济发展的主要历程和成就体现在以下两个方面。

1.1.2.1 地区生产总值在波折中攀升

根据宁夏统计局公布的统计数据，从 1952 年到改革开放前的 1977 年，宁夏地区生产总值总体趋势虽然在不断攀升，但中间某些年份也呈现波折，具体见图 1–1 和表 1–1。另外，从图 1–1 中还可以看出以下几个变化：

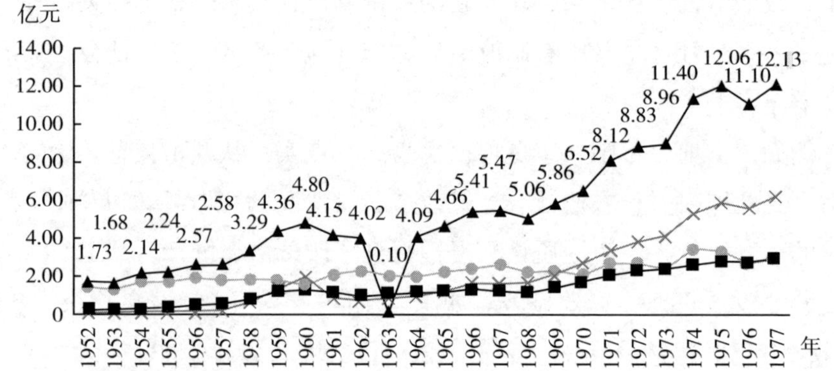

图 1–1 1952—1977 年宁夏各产业地区生产总值变化情况

资料来源：《宁夏统计年鉴》。

第一，在三次产业结构中，1970 年以前一直呈现第一产业比重最大，而第二产业比重由小变大，第三产业比重则由大变小；1970 年开始，三次

① 徐安伦，杨旭东．宁夏经济史 [M]. 银川：宁夏人民出版社，1998.

产业结构比重转变为“二一三”的大小顺序。

第二，第一产业相对第二、第三产业来说，生产总值增加缓慢，增长速度也最低。1952 年，第一产业生产总值 1.43 亿元，到 1977 年，第一产业的生产总值才达 2.93 亿元，为 24 年前的 2 倍；而第二、第三产业相对于第一产业生产总值增长速度较快，增长幅度也较高，分别由 1952 年的 0.08 亿元、0.22 亿元攀升到 1977 年的 6.25 亿元、2.95 亿元，特别是第二产业发展较为迅速，第二产业 1977 年生产总值是 1952 年的 78 倍，第三产业 1977 年生产总值是 1952 年的 13.4 倍。可见，第二和第三产业的增长速度明显高于第一产业。

第三，宁夏地区生产总值在某些年份出现波折。一是 1961—1963 年，宁夏地区生产总值呈下降趋势，特别是 1963 年下降尤为显著；二是 1967—1968 年也呈下降趋势；三是 1975—1976 年仍然呈下降趋势。由于以上几个时段的地区生产总值呈下降趋势，因此全区地区生产总值在 1952—1977 年总体呈现波折变化。

如果从 GDP、第一产业与第二产业生产总值的增长率来分析，也能看出宁夏经济发展在此期间的波动。改革开放前，宁夏地区经济发展由于受各种因素限制，经济发展缓慢，地区生产总值增长幅度较低，有些年份甚至还出现负增长（见表 1–1）。

表 1–1 1953—1977 年宁夏地区 GDP、第一产业与第二产业生产总值增长率

%

年份	GDP 增长率	第一产业增长率	第二产业增长率
1953	–2.89	–8.39	37.50
1954	27.38	28.24	36.36
1955	4.67	1.79	13.33
1956	14.73	11.70	5.88
1957	0.39	–5.76	22.22
1958	27.52	2.22	195.45
1959	32.52	–1.09	106.15
1960	10.09	–16.48	48.51
1961	–13.54	39.47	–56.78

年份	GDP 增长率	第一产业增长率	第二产业增长率
1962	−3.13	9.43	−12.79
1965	13.94	13.13	27.84
1966	16.09	8.04	32.26
1967	1.11	8.26	−0.61
1968	−7.50	−14.89	3.07
1969	15.81	3.59	27.38
1970	11.26	−10.39	26.64
1971	24.54	30.43	23.62
1972	8.74	−0.37	14.63
1973	1.47	−10.78	8.07
1974	27.23	44.58	28.19
1975	5.79	−3.46	10.90
1976	−7.96	−19.40	−5.08
1977	9.28	8.52	11.61

数据来源：根据《宁夏统计年鉴》计算。

从表 1–1 得知，1953 年宁夏地区的 GDP 增长率为 −2.89%，表明宁夏在此时期经济不增反减。1954—1960 年 GDP 有小幅上升，虽然在 1959 年呈现 32.52% 的较高增长率，但主要是因为 1958 年 GDP 基数较小，只有 3.29 亿元。1961 年，GDP 又出现负增长，这主要是受当时“大跃进”政策影响，经济发展出现倒退。1962—1977 年，其 GDP 的增长率在负和正之间交替变化。1953—1977 年，GDP 的平均增长率为 9.46%。总体来说，在 1953—1977 年的 24 年中，宁夏经济发展速度缓慢，GDP 增长幅度较低，且波动较大。

1953—1977 年，宁夏第一产业生产总值和第二产业生产总值增长率也是在负增长和正增长之间交替变化。其中，第一产业生产总值的平均增长率为 5.15%，第二产业生产总值的平均增长率为 26.27%。可见，第二产业的增长率在此期间远超第一产业。

1.1.2.2 工业体系基本建立

1958 年宁夏回族自治区成立初期，虽然宁夏农业发展水平还很低下，但却初步建立起了现代工业的基本框架。总体而言，宁夏回族自治区工业发展在此期间掀起了两段高潮，从而使产业结构得以逐步优化和提高。

工业发展的第一段高潮（1958—1960 年）。在这一时期，宁夏的煤炭、机械、钢铁、有色金属冶炼等工业得到蓬勃发展。特别是煤炭工业成为当时宁夏工业发展的重要支柱，到 1960 年宁夏原煤产量已经高达 305 万吨，是 1958 年的 9 倍。煤炭工业带动了一系列产业的发展，也促进了工业的发展。截至 1960 年，工业企业数目从 1958 年的 310 个增加到 783 个，增长了 1.5 倍；工业总产值从 1958 年的 4217 万元增加到 20267 万元，增长了 3.8 倍，且工业产值第一次超过了农业产值[①]。虽然在此期间，宁夏的农业也得到了快速发展与提高，但相较而言，工业发展速度更快。

工业发展的第二段高潮（1965—1970 年）。在这一时期，国家通过“三线建设”工程壮大新中国的工业体系，自然也为宁夏工业提供了第二次大发展的机会。宁夏掀起了援建、迁建大热潮。在这 5 年间，有数十家企业迁建，包括拖拉机配件厂、机床厂、仪器厂、起重机厂、津钢、钛钢、仪表厂、有色金属冶炼厂等。通过援建、迁建运动，宁夏地区机械制造业得到了较大的发展与提高，并基本奠定了宁夏现代工业体系雏形。

1.1.3 1978 年至今宁夏经济发展简况

1.1.3.1 发展规划的调整

1978 年，党中央召开了具有重要历史意义的第十一届三中全会，并确立了社会主义现代化建设主题，提出改革开放等一系列措施，这意味着国民经济的发展即将摆脱困境，进入新的发展阶段。1979 年 4 月，中共中央正式提出“调整、改革、整顿、提高”的新“八字方针”。在新“八字方针”指引下，宁夏地区经济发展也发生了新的变化。其中，宁夏在 1974 年编写的“十年规划”即《宁夏回族自治区关于 1976—1985 年国民经济发展规划的初步设想》基础上，根据国家新“八字方针”对宁夏“十年规划”的内容也进行了适当修改和补充，具体内容见表 1–2。

① 郑震，张廉．建设富裕宁夏——产业支撑转型发展 [M]. 北京：国家行政学院出版社，2014: 57.

表 1-2 宁夏“十年规划”（1976—1985 年）的主要内容

产业领域	主要内容
农业	“以粮为纲，全面发展”，农业机械化
工业	轻工业、冶金、煤炭、化学、机械电子、电力、国防工业
交通邮电	完善公路网布局、平战结合的邮电通信网
城市建设	重点发展银川新市区
地质勘探	铁矿石矿产资源、水文地质工作
科学技术	新型科学技术、工业科技革新
商业	城乡资源交流、对外贸易
基本建设	在建项目建设投产
人口和劳动力	计划生育、提高劳动生产要素

数据来源：根据宁夏统计局相关资料整理。

可见，宁夏针对其原来的“十年规划”，按照“八字方针”要求修改规划，其主要修改内容如下：

第一，努力争取农业持续增产，加强轻工业原料基地建设。

第二，大力发展消费品生产，使轻纺工业实现较大增长。

第三，工业生产的增长主要依靠发挥现有企业的潜力，在整顿和改组现有企业的基础上，推进技术革新和改造，加强和改造经营管理模式，增加适销对路的品种，提高产品质量和效果。

第四，大力发展集体所有制、劳动密集型企业和个体经济，尽可能为城乡青年就业提供条件。

第五，进一步改善市场供应、平衡供求，保持基本物价稳定。

第六，基本建设要量入为出、量力而行，处理好生产与生活的关系，“骨头”与“肉”的关系。

第七，加强财政金融工作，增收节支，巩固和扩大经济效果。

第八，重视智力开发，加快对专业人才特别是少数民族干部的培养。

第九，搞好计划生育，降低人口增长速度。

第十，在发展生产的基础上，提高人民的生活水平，解决温饱问题。

1.1.3.2 确定分阶段发展内容

宁夏地区在改革开放后对国民经济发展制定了分阶段发展内容，具体各阶段发展主要内容如下。

第一阶段（1978—1985 年）：调整农村政策，维护集体经济所有权和自主权；调整工业内部比例关系，着重促进轻工业发展；压缩基本建设战线，调整过高的积累率；发展个体经济，努力提高人民的生活水平与质量。

第二阶段（1986—1995 年）：合理调整产业结构；加快科技事业发展；大力发展教育事业，提高劳动者文化素质，培养各行业专业人才；进一步扩大对外开放，引进国外先进技术，利用外资积极建设发展企业；调整固定资产投资结构。

第三阶段（1996 年至今）：加快调整经济结构，转变经济增长方式；加强基础设施建设；健全社会保障体系；实施科教兴宁战略，促进经济协调发展和生态保护；扩大对外开放，推进社会事业全面发展。

1.1.3.3 经济发展速度稳步上升

宁夏地区在改革开放后，GDP 增长率、第一产业生产总值、第二产业生产总值及第三产业生产总值均呈现稳步上升趋势（见图 1–2）。宁夏地区的 GDP 由 1978 年的 13 亿元上升至 2017 年的 3443.56 亿元，上升了近 264 倍；第一产业生产总值由 1978 年的 3.06 亿元上升至 2017 年的 250.62 亿元；第二产业生产总值由 1978 年的 6.6 亿元上升至 2017 年的 1580.57 亿

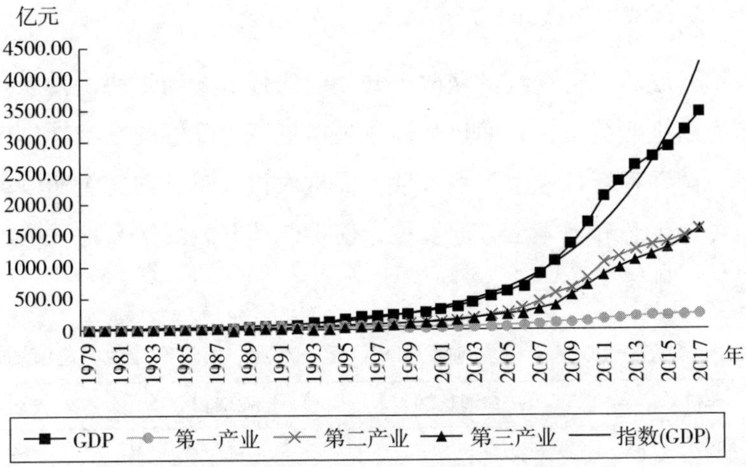

图 1–2 1979—2017 年宁夏 GDP 变化情况

资料来源：《宁夏统计年鉴》。

元；第三产业生产总值由1978年的3.06亿元上升至2017年的1612亿元。并且可以看出，第二产业生产总值及第三产业生产总值的涨幅远超过第一产业的涨幅，说明该地区经济在逐步转型。宁夏地区在2007年时GDP已经达到889.2亿元，而在2008年时GDP突破千亿元大关，在突破千亿元后，宁夏地区的生产总值呈现出一种线性上升的趋势（见图1–3）。从图1–3还可以看出，2008—2018年，宁夏地区生产总值以近似一条直线的速度攀升，截至2018年，宁夏地区生产总值达到3705.18亿元。

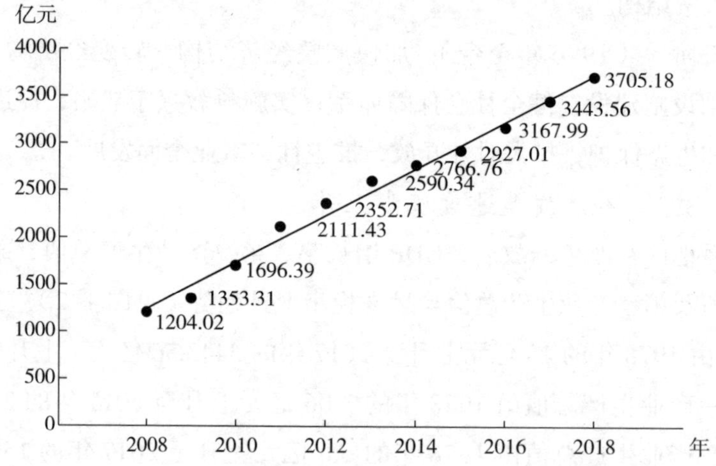

图1–3　2008—2018年宁夏GDP变化散点图

资料来源：根据《宁夏统计年鉴》绘制。

改革开放后，宁夏经济从改革开放前的各产业间不协调发展到不断调整生产力和生产关系，并通过逐渐发挥市场资源配置的基础性作用和决定性作用，调动各行各业生产积极性，促进农村改革、国有企业改革、文化体制改革与生态环境等全方面发展，使得改革开放后宁夏地区的经济发展快速提升（见表1–3）。

表1–3　1978—2017年宁夏地区GDP、第一产业、第二产业生产总值增长率　%

年份	GDP增长率	第一产业增长率	第二产业增长率
1978	7.17	4.44	5.60
1979	10.46	11.44	11.52
1980	11.14	114.08	–1.22

续表

年份	GDP 增长率	第一产业增长率	第二产业增长率
1981	9.15	−25.07	−4.13
1982	4.59	3.47	0.72
1983	14.11	16.96	12.11
1984	19.19	18.13	20.20
1985	22.15	13.81	28.12
1986	14.11	16.40	7.01
1987	14.74	0.77	21.59
1988	26.90	28.26	25.17
1989	17.74	10.53	23.56
1990	9.51	13.78	3.90
1991	10.70	6.29	9.59
1992	15.83	2.29	22.61
1993	25.68	13.82	33.95
1994	30.40	43.67	22.80
1995	28.57	18.27	33.32
1996	15.82	22.23	7.86
1997	10.69	3.67	10.09
1998	9.28	8.65	7.26
1999	7.80	−1.37	9.16
2000	11.51	−4.26	16.96
2001	14.38	7.91	11.91
2002	11.77	6.60	12.64
2003	20.73	5.06	26.92
2004	17.95	17.44	25.62
2005	12.84	10.33	15.23
2006	17.27	10.35	24.39
2007	25.11	23.07	29.15
2008	23.54	22.70	28.64
2009	23.20	5.94	13.95
2010	25.35	18.99	25.79

续表

年份	GDP 增长率	第一产业增长率	第二产业增长率
2011	24.47	15.58	27.65
2012	11.43	8.02	9.88
2013	10.10	11.47	8.67
2014	6.81	2.94	6.52
2015	5.79	9.17	2.93
2016	8.23	1.77	6.90
2017	8.70	3.99	6.19

数据来源：根据《宁夏统计年鉴》计算。

由表 1–3 可以看出，宁夏地区的 GDP 增长率在改革开放后都保持正增长，其中 1982 年的 GDP 增长率为 4.59%，1994 年的 GDP 增长率为 30.40%，其余年份都在这个范围内震荡增长。总的来说，宁夏地区生产总值从 1978 年的 13 亿元提升到 2017 年的 3443.56 亿元，按照可比价格计算，平均年增长率为 15.37%，其增速较快。

第一产业和第二产业生产总值的增长率也基本呈现正增长的情况，但也有少数年份出现负增长。如 1981 年，第一产业增长率为 –25.07%，第二产业增长率为 –4.13%。从改革开放至今，第一产业生产总值的平均增长率为 13.04%，第二产业生产总值的平均增长率为 15.26%，可以看出第二产业的增长速度略快于第一产业。

1.1.3.4 产业结构逐步优化，优势产业贡献突出

由图 1–2 可见，在改革开放后，宁夏地区第二产业的生产总值已经超过第一产业，其增长速度于 1984 年超过第一产业，并且以较高的稳定增长速度超过第一产业。1984 年第二产业的增长速度为 20.2%，而第一产业的增速为 18.13%。1984 年后，第一产业平均增长速度为 11.65%，远低于第二产业增长速度（17.24%）。直到 2017 年，第一产业生产总值为 250.62 亿元，而第二产业生产总值已经达 1580.57 亿元。同时，各产业内部结构也逐步优化，各产业均以特色产业和支柱产业引领产业内部结构改造。如在宁夏工业产业中，煤炭、能源产业为优势和支柱产业，因此煤炭和能源产业发展尤为迅速。

特别是改革开放以来，宁夏不断发掘煤炭矿产等资源，加快建设以煤炭能源消耗为主的城市工业化体系建设。1978—2008 年，宁夏能源生产总量从 1978 年的 806.4 万吨标准煤攀升到 2008 年的 3181.7 万吨标准煤（如图 1-4 所示），图中还显示煤炭占宁夏总能源生产量的 80%～90%，甚至有些年份还更多。因此，煤炭生产总量也从 1978 年的 713.66 万吨标准煤攀升到 2008 年的 3140.36 万吨标准煤。2009—2013 年能源生产总量依然有较大幅度的升高（见图 1-5），2013—2017 年能源生产总量有小幅度的减少。

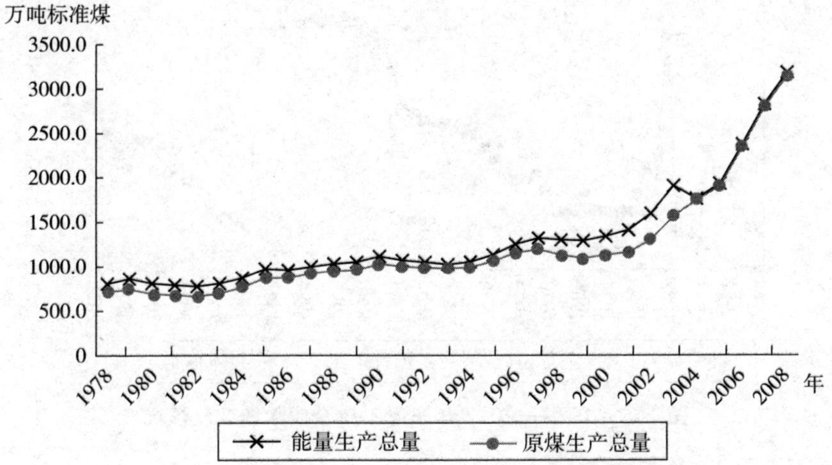

图 1-4　1978—2008 年宁夏能源生产总量

资料来源：《宁夏统计年鉴》。

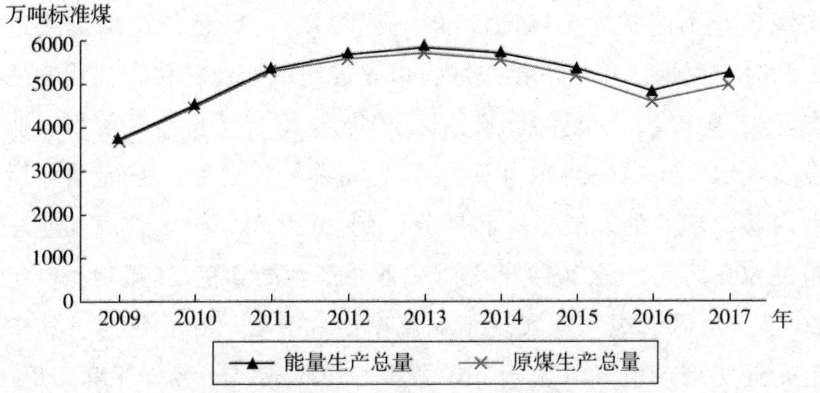

图 1-5　2009—2017 年宁夏能源生产总量

资料来源：《宁夏统计年鉴》。

与此同时，宁夏地区工业企业数量也在波折中不断攀升（见图 1–6），其中特别明显的变化出现在 1958—2000 年。1958 年，由于当时全国大炼钢铁，企业数量急剧攀升，随后由于运动的不可持续，企业数量陡然减少；2000 年，主要是由于我国在 1998 年解决债务问题需要重组国有企业，因此宁夏地区工业数目出现急剧下降。

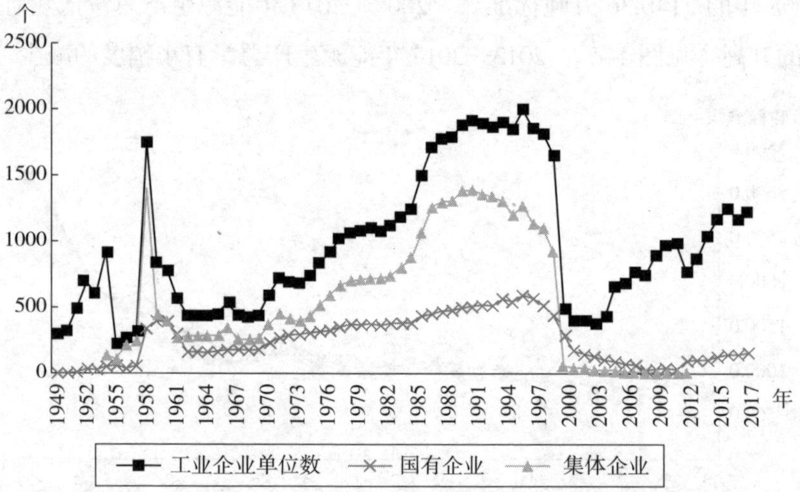

图 1–6　1949—2017 年宁夏工业企业数量变化情况

资料来源：《宁夏统计年鉴》。

在第二产业中，除煤炭、能源等优势产业外，纺织工业也是宁夏的传统特色优势产业。“十二五”规划实施以来，宁夏以羊绒产业为主的纺织工业不断扩大，以高标准、高质量、有特色的产出形式进行发展，同时宁夏地区积极承接东部省市先进纺织产业转移，加快本地的纺织产业转型升级。宁夏回族自治区 2015 年出台《自治区纺织工业中长期发展规划（2014—2020 年）》（以下简称《规划》），确定了今后一段时期内纺织工业的发展目标和任务，到 2020 年，全区纺织工业总产值将超过 600 亿元，是 2013 年纺织工业总产值的 4 倍。《规划》确定，到 2020 年，全区纺织工业实现工业总产值 630 亿～680 亿元，其中规模以上企业实现产值 540 亿～580 亿元，并形成以羊绒、亚麻、棉（毛）纺、产业用纺织品、服装制造、化纤以及特种纤维共同发展的格局，建成以科技和品牌为引领，以民族服饰创意文化为特色的先进现代纺织产业体系。通过重点打造宁夏生态纺织产业示范园灵武园区、贺兰园区，以及以恒丰纺织为代表的吴忠市利通区毛纺织产业园区 3 个重要增长极，大力发展同心、中宁两个特色园区等措施来加快自治区纺织工业转型升级。

在第一产业中，宁夏地区肥沃的土壤盛产优质水稻、小麦等粮食，牛羊肉质量优良、营养丰富。宁夏枸杞以极高的滋补及药用等功效深受国内外消费者喜爱，已成为宁夏最负盛名的特色优势产业。

在第三产业中，宁夏还具有别具一格的沙漠旅游、历史遗迹、回乡文化等特色旅游文化资源，目前已形成沙湖、沙坡头、西夏王陵、六盘山、青铜峡、金水六大旅游景区共 98 个对外开放的旅游景点，开发的旅游项目丰富多彩，如黄河漂流、沙漠探险、沙湖观鸟、西夏访古、徒步长城、生态农业旅游、回乡风情等。这些均为宁夏发展极具市场竞争力的特色旅游精品产业提供了有利条件。

1.2 宁夏 70 年来的社会事业发展总体概况

随着经济的不断发展，宁夏社会事业也得以较快发展。全区的科技、文化媒体与体育、教育、卫生、社会保障、就业、城乡居民收入与基础设施建设等方面都取得了巨大成就。除文化媒体与体育放在下一节分析外，本节主要分析宁夏回族自治区 70 年来科技、教育、卫生、社会保障、就业、城乡居民收入、基础设施建设等方面的发展与变化。

1.2.1 科技研发投入等大幅提高

截至 2017 年底，全区科技研发经费投入及强度、工艺技术改造投资、专利申请量与授权量、互联网宽带接入用户等指标，均较 2012 年有大幅提高（见表 1–4）。

表 1–4　宁夏科技研发投入等变化情况

指标	2017 年	2012 年	2017 年是 2012 年的倍数
研发经费投入 / 亿元	38.94	18.23	2.136
研发经费投入强度 /%	1.13	0.78	1.449
工艺技术改造投资 / 亿元	433.23	235.37	1.841
申请专利量 / 件	8574	1985	4.319
专利授权量 / 件	4243	842	5.039
互联网宽带接入用户 / 万户	159.15	60.91	2.613
发表科技论文 / 篇	8324	7881	1.056
出版科技著作 / 种	275	108	2.546

数据来源：《宁夏统计年鉴（2018）》。

由表 1–4 可知，截至 2017 年底，宁夏地区全社会科技研发经费投入达到 38.94 亿元，是 2012 年 18.23 亿元的 2.136 倍；另外，研发经费投入强度、工艺技术改造投资、申请专利量、专利授权量、互联网宽带接入用户、发表科技论文、出版科技著作等指标，2017 年分别是 2012 年的 1.449 倍、1.841 倍、4.319 倍、5.039 倍、2.613 倍、1.056 倍和 2.546 倍。这些说明，宁夏地区的社会科技研发投入等方面在“十二五”期间都有较大幅度的提升。如果相比 1952 年，其增长幅度会更大，某些指标（如互联网宽带接入用户）甚至在 1952 年还不存在。

1.2.2　教育事业蓬勃发展

由表 1–5 可知，截至 2017 年，全区各级各类学校共 1725 所，在校学生人数达 121.58 万人，占全区总人口 681.79 万人的 17.83%。教育类别结构发生明显改变，其中普通高等教育一直处于增长阶段，且增长较快，2017 年普通高等教育在校生人数是 1978 年的 43.73 倍；中等职业技术教育规模也在增长，但总体在校生人数相对减少，2017 年中等职业技术教育的在校生人数是 1978 年的 14.37 倍，但 2017 年相对 2012 年减少了 30015 人，减少了 28.65%；普通中学和小学也有类似的变化；特殊教育在校生人数增长迅速，2017 年在校生人数是 1990 年的 26.33 倍。因各级各类学校办学条件显著改善，教育普及程度不断提高，宁夏率先在西部地区基本普及高中阶段教育，建成西部最大的职业教育园区，营养改善计划“宁夏模式”在全国得到推广，教育综合指数居西部前列。

表 1–5 宁夏教育事业发展情况

指标	1978 年	1990 年	2000 年	2010 年	2012 年	2017 年
普通高等教育						
普通高等学校 / 所	5	7	5	15	16	19
教职工数 / 人	1523	3579	3996	9174	10202	11695
毕业生数 / 人	623	2213	3054	21011	21832	33133
在校学生数 / 人	2890	7992	17163	83415	100188	126392
中等职业技术教育						
中等技术学校 / 所	14	26	25	23	21	15
成人中等专业学校 / 所	—	25	21	3	3	2
职业高中学校 / 所	—	32	29	13	13	13
教职工数 / 人	923	5173	6150	3388	3468	3482
毕业生数 / 人	1863	10328	11867	28493	32461	24660
在校学生数 / 人	5198	33021	41719	101878	104757	74742
普通中学教育						
普通中学 / 所	667	450	433	337	314	310
教职工数 / 人	11856	20635	23782	30496	33747	35178
毕业生数 / 人	75977	85054	89091	129695	142708	142484
在校学生数 / 人	232929	284440	318263	449147	450334	428017
小学教育						
小学 / 所	5318	4242	3267	2027	1896	1353
教职工数 / 人	23429	29685	36586	33489	33415	32552
毕业生数 / 人	82305	87189	104758	109658	107655	99430
在校学生数 / 人	612983	667296	657352	653669	618140	581350
特殊教育						
特殊教育学校 / 所	—	1	3	7	8	13
在校学生数 / 人	—	202	414	1516	1985	5319

数据来源：根据《宁夏统计年鉴》计算。

另外，改革开放以来，截至2017年，宁夏十分重视教育质量和教育水平，切实保证教师数量，因而保持了较高水平的学龄儿童入学率，见图1–7。

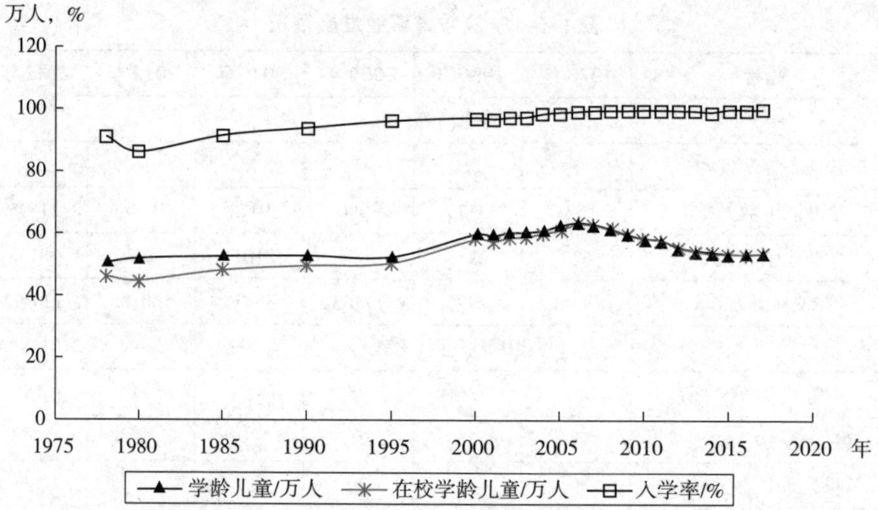

图1–7 改革开放以来宁夏地区学龄儿童入学率

资料来源：根据《宁夏统计年鉴》绘制。

1.2.3 医疗卫生条件显著改善

由表1–6可知，全区医疗卫生机构总数由1950年的156个增长到2017年的4272个，近70年增长了26.38倍，年均增长率达40.87%。另据统计数据，全区每千人口医院床位数由1950年的0.03张增长到2017年的

表1–6 宁夏医疗卫生条件的变化情况

年份	总计/个	医院和卫生院/个	疗养院、所/个	门诊部、所/个	专科防治所、站/个	疾病预防控制中心/个	妇幼保健所、站/个	其他卫生机构/个	每千人医院床位数/张
1950	156	6	—	134	—	—	2	14	0.03
1955	221	21	1	166	—	1	14	18	0.17
1958	314	81	1	194	—	20	17	1	0.61
1960	586	37	1	501	3	24	17	3	0.67

续表

年份	总计/个	医院和卫生院/个	疗养院、所/个	门诊部、所/个	专科防治所、站/个	疾病预防控制中心/个	妇幼保健所、站/个	其他卫生机构/个	每千人医院床位数/张
1965	607	124	4	429	4	20	22	4	1.28
1970	519	334	—	160	2	21	—	2	1.37
1975	736	282	—	406	1	22	18	7	1.84
1978	825	306	—	470	1	22	19	7	1.98
1980	916	305	1	552	2	23	21	12	1.95
1985	1057	303	2	685	6	24	21	16	2.10
1990	1163	177	3	894	8	29	27	25	2.16
1995	1026	368	2	564	11	31	26	24	2.39
2000	1361	380	2	887	9	28	25	30	2.41
2001	1266	387	2	785	9	28	25	30	2.17
2002	1393	390	2	905	9	27	25	35	2.43
2003	1499	401	2	930	6	28	25	107	2.28
2004	1483	400	2	993	4	25	22	37	2.41
2005	1463	400	1	900	4	25	21	112	2.50
2006	1553	369	1	1022	3	26	21	111	2.62
2007	1530	382	1	977	1	26	22	121	2.72
2008	1633	389	1	1058	—	25	22	138	2.72
2009	1601	394	1	1015	—	24	22	145	3.02
2010	1583	390	1	1003	—	25	22	142	3.22
2011	4143	391	1	1034	—	25	22	2670	3.48
2012	4136	369	1	1135	—	25	22	2584	3.70
2013	4230	384	1	1097	—	25	22	2701	4.14
2014	4252	380	1	1118	—	25	22	2706	4.31
2015	4289	387	1	1178	—	25	22	2676	4.43
2016	4256	409	1	1243	—	25	21	2557	4.75
2017	4272	429	1	1279	—	25	21	2517	5.11

数据来源：《宁夏统计年鉴（2018）》。

5.11张，增长了169.33倍，年均增长率为254%。由于医疗卫生条件有所改善，全区人口平均寿命延长。据1953年第一次人口普查统计，全区65岁及以上人口占全部人口比重为2.99%，到2010年第六次人口普查时，全区65岁及以上人口所占比重提高到6.39%，可见由于人口平均寿命延长，65岁及以上人口所占比重显著上升。

1.2.4 社会保障体系逐步完善

宁夏建立了覆盖城乡的疾病预防控制和医疗救治体系，新型农村合作医疗制度实现了全覆盖。2017年，提供社会福利性收养单位年末收养总人数为8268人。[①]全区农村困难户得到救济人次数2017年为383502人次，比1990年的328483人次增加了55019人次；城镇困难户得到救济人次2017年比1990年增加了111143人次；2017年民政部门资助参加基本医疗保险为505456人，民政部门直接医疗救助119643人。全区享受救济和资助各类人员具体情况见表1-7。

表1-7 宁夏主要年份享受救济人员变化情况

年份	农村困难户得到救济人次数/人次	城镇困难户得到救济人次数/人次	民政部门资助参加基本医疗保险/人	民政部门直接医疗救助/人
1990	328483	4652	—	—
2000	88484	1792410	—	—
2010	434784	214174	—	—
2011	581855	246822	—	—
2012	989534	303848	—	—
2013	411494	179824	—	—
2014	462000	168430	—	—
2015	1333988	167812	—	—
2016	434080	145716	328571	114927
2017	383502	115795	505456	119643

数据来源：《宁夏统计年鉴（2018）》。

① 宁夏回族自治区统计局，国家统计局宁夏调查总队．宁夏统计年鉴（2018）[M]. 北京：中国统计出版社，2018.

1.2.5 城乡就业与居民收入大幅提高

1950—2017 年，宁夏地区城乡就业人数稳步增长。截至 2017 年，全区城乡就业人数总计达 375.90 万人，比 1950 年提高了 6.96 倍，具体情况见表 1–8。

表 1–8 宁夏劳动力资源与就业变化情况

年份	劳动力资源 / 万人	劳动力资源占总人口比重 /%	就业人员 / 万人	就业人员占劳动力资源比重 /%
1950	57.6	45.71	47.2	82.07
1955	77.6	46.97	67.7	87.30
1960	99.5	46.77	96.6	94.17
1965	107.1	47.20	98.6	92.18
1970	130.2	46.94	112.5	86.43
1975	158.1	48.20	125.6	79.49
1980	194.3	51.20	146.5	75.40
1985	221.8	53.49	177.4	82.01
1990	259.6	55.73	211.1	81.36
1995	324.8	63.39	240.6	74.08
1996	337.4	64.74	245.4	72.73
1997	346.3	65.48	256.8	74.16
1998	355.5	66.25	254.8	71.69
1999	363.3	66.87	272.3	74.95
2000	380.9	68.71	275.5	72.13
2001	393.4	69.90	279.0	70.92
2002	399.9	70.00	282.4	70.62
2003	406.0	70.00	291.4	71.77
2004	411.7	70.10	298.8	72.58
2005	416.1	69.79	299.6	72.00
2006	422.6	70.00	308.1	72.90
2007	427.6	70.10	309.5	72.40
2008	432.3	69.99	303.9	70.30
2009	437.9	70.04	328.5	75.02

续表

年份	劳动力资源 / 万人	劳动力资源占总人口比重 /%	就业人员 / 万人	就业人员占劳动力资源比重 /%
2010	473.6	74.84	326.0	68.82
2011	478.5	74.82	339.6	70.99
2012	487.90	75.39	344.50	70.61
2013	494.00	75.51	351.30	71.11
2014	499.15	75.45	357.20	71.57
2015	503.10	75.34	362.20	71.99
2016	509.40	75.48	369.20	72.48
2017	514.40	75.45	375.90	73.08

数据来源：《宁夏统计年鉴（2018）》。

随着城乡居民就业人数和就业率的增加，城乡居民可支配收入实现了大幅增长（见表 1-9）。其中，2010—2017 年，农村居民人均可支配收入年均增长率达 26.05%，城镇居民人均可支配收入年均增长率为 24.41%，农村居民比城镇居民人均可支配收入年均增长率平均高 1.64%。

表 1-9　宁夏城乡居民可支配收入变化情况　　单位：元

年份	农村居民人均可支配收入	城镇居民人均可支配收入
2010	5152	15093
2011	5931	17291
2012	6776	19507
2013	7599	21476
2014	8410	23285
2015	9119	25186
2016	9852	27153
2017	10738	29472

数据来源：《宁夏统计年鉴（2018）》。

1.2.6　社会基础设施建设投入大幅增加

全社会固定资产投资额，1952 年只有 502 万元，到 2017 年已达

3813.38亿元[①]，年均增长1167倍（见表1-10）。宁夏地区的基础设施投入之所以大幅增加，主要得益于一些重要建设项目的落实和实施。例如，宁夏地区在“十五”计划实施期间（2001—2005年），抓住西部大开发的机遇，努力加快工业化、城市化和农业产业化步伐，5年累计完成全社会固定资产投资1570亿元，是“九五”期间的2.8倍，年均增长23%，其中累计争取国债资金超过100亿元[②]，并带动其他投资。另外，宁夏地区在“十一五”“十二五”“十三五”期间还抓住国家交通枢纽建设、能源发展、水利工程建设以及信息化建设的契机，加速改造基础设施，先后建成两条国道主干线即丹东—拉萨公路、青岛—银川公路宁夏境内段，西部大通道银川—武汉公路桃山口—固原段全部建成高速公路，大大改善了县乡公路落后的面貌。同时，建成羊场湾等煤矿，新增原煤生产能力1000万吨；建成石嘴山二电厂、中宁电厂、贺兰山风电厂等电源项目，实施了大规模城乡电网改造和宁夏与西北第三、第四回330kV联络线等电网项目，新增发电装机271万千瓦，发电量、煤炭产量分别比2000年增长109.4%和64.4%；建成新能源装机占电力装机的比重达到36%，被列为全国首个国家新能源综合示范区；新型煤化工产能增加2.9倍，宁东成为全国最大的煤制烯烃生产基地，正在建设的400万吨煤制油将成为世界最大的煤炭间接液化示范项目。建成宁东至山东 ±600kV直流输电工程，正在建设宁东至浙江 ±800kV特高压直流输电工程；自然村通电率达到100%。另外，在水利建设方面，建成黄河沙坡头水利枢纽、宁夏扶贫扬黄灌溉一期主体工程、黄河宁夏段防洪一期工程、盐环定扬水宁夏专用工程、长城塬引水工程以及农村饮水解困一期、二期工程等，加固改造了一批病险水库。还有，在信息化发展方面，宁夏地区的电信业务总量保持平均30%以上高速增长，固定和移动电话用户普及率分别达24线/百人和31部/百人，居西部地区前列。全区互联网用户达到59万户，比2000年增长13.8倍，电子政务、企业信息化与电子商务等稳步推进。

---

① 宁夏回族自治区统计局，国家统计局宁夏调查总队．宁夏统计年鉴（2018）[M]. 北京：中国统计出版社，2018.

② 宁夏“十五”社会发展统计公报。

表 1–10 宁夏全社会固定资产投资额变化情况 单位：万元

年份	全社会固定资产投资额		
	合计	基本建设投资额	更新改造投资额
1952	502	502	—
1955	1314	1314	—
1957	1536	1536	—
1958	9287	9287	—
1960	24446	24446	—
1965	14002	14002	—
1970	24659	24659	—
1975	24957	24957	—
1978	42719	42246	—
1980	39758	30409	8903
1985	136346	79413	26493
1990	219603	113336	52045
1995	701237	336000	158960
2000	1608204	888744	233621
2001	1958118	1053095	260815
2002	2308269	1243615	263571
2003	3182100	1646006	410646
2004	3808465	1909048	531662
2005	4448174	2355165	607118
2006	5152753	2865707	768071
2007	6218092	3459859	923769
2008	8588368	5179075	1119381
2009	11191392	6945483	1318126
2010	14646972	8755326	1651175
2011	16541517	10572647	1885913
2012	21095182	13614930	2381825
2013	26811429	17284012	3028610
2014	32009849	20845959	3637982
2015	35329268	23935305	4082496
2016	38354633	25526457	4507581
2017	38133788	26185039	4332320

数据来源：《宁夏统计年鉴（2018）》。

1.3　宁夏70年来的文化媒体与体育发展概况

宁夏回族自治区自新中国成立70年来，文化媒体与体育事业也取得了长足进步。具体概况简述如下。

1.3.1　文化产业发展情况

新中国成立70年来，宁夏地区文化事业总体表现出创建发展、曲折壮大、动乱调整与恢复繁荣4个阶段。具体而言，1949年新中国刚成立时，宁夏只有5个文化馆，到1952年发展为17个文化馆，2000年文化馆又降为15个（见表1-11）。文化事业在曲折中逐步发展壮大，2008年全区共有从事文化活动的单位2905家，艺术表演团体13个，群众艺术馆和文化馆26个，文化站225个，博物馆5个，展览馆1个[①]；到2017年，全区文化产业机构和人员数（见表1-12）都较以前有较大提升，其中文化站比2008年增加了20个。

表1-11　2000—2007年宁夏文化产业发展情况

年份	艺术表演团体/个	公共图书馆/个	博物馆/个	图书出版总印数/万份	杂志出版总印数/万册	报纸出版总印数/万册	广播人口覆盖率/%	电视人口覆盖率/%
2000	15	22	4	1649	169	6136	85.20	86.00
2001	14	21	5	2520	172	6807	85.57	87.40
2002	14	21	5	234	206	7672	85.57	87.70
2003	14	21	5	1482	123	7549	91.21	89.03
2004	14	20	6	1317	211	7973	91.42	89.30
2005	14	20	6	1520	318	9782	91.42	92.82
2006	10	20	6	1448	321	9837	91.42	93.47
2007	25	21	6	1558	373	9806	91.42	96.67

数据来源：《宁夏统计年鉴（2018）》。

① 宁夏回族自治区统计局．宁夏奋进跨越60年[M].北京：中国统计出版社，2009: 233-234.

表 1-12 2017 年宁夏文化产业机构与人员数

项目	机构数 / 个	人员数 / 人
艺术表演团体	45	1666
艺术表演场所	3	25
文物	80	1220
博物馆	54	847
图书馆	26	565
群众文化	271	1396
文化馆	26	645
文化站	245	751
教育	1	110

资料来源：《宁夏统计年鉴（2018）》。

1.3.2 媒体产业发展情况

新中国成立 70 年来，宁夏地区广播电视等新闻媒体发展稳健，两大媒体的人口覆盖率稳步攀升（见表 1-13）。宁夏地区媒体产业的稳步发展，也为全区经济发展、民族团结、社会稳定发挥了重要作用。

表 1-13 宁夏广播电视事业发展变化情况

项目	2000 年	2010 年	2011 年	2012 年	2013 年	2014 年	2015 年	2016 年	2017 年
广播电台 / 座	11	5	5	5	5	5	2	1	2
广播发射台和转播台 / 座	8	12	36	36	36	35	35	42	47
广播人口覆盖率 /%	85.20	92.92	93.50	95.20	96.06	96.15	96.62	96.72	97.59
电视台 / 座	7	4	2	2	2	2	1	1	2
电视发射台和转播台 / 座	43	26	26	26	26	27	27	29	43
电视人口覆盖率 /%	86.00	95.95	98.60	98.90	99.09	99.11	99.24	99.34	99.37

数据来源：《宁夏统计年鉴（2018）》。

1.3.3 体育发展情况

新中国成立 70 年来，宁夏地区体育队伍不断壮大，群众体育运动方兴未艾，竞技体育水平稳步提高。到 2017 年，宁夏地区获得金牌、银牌、铜牌等各等级人次共 66 人次，参加的项目包括田径、游泳等 15 个项目；

分项目、分等级运动员人数共 271 人；分项目、分等级裁判人员总数 618 人；体育系统从业人员达 1166 人；健身场地设施数量 1041 个、器材数量 12041 件、场地面积 1212334 平方米、场地长度 2030 米、场地投资总额 14776 万元。①

1.4 宁夏 70 年来的生态环境发展概况

生态环境是人类赖以生存的基本保障。新中国成立以来，尤其是改革开放以来，国家在大力发展各个产业时也消耗了大量能源和不可再生资源，由此产生了一系列环境问题。宁夏地处我国内陆西北，属于温带大陆性半干旱气候，地形复杂，垂直气候特点突出，光热资源充足，昼夜温差大，年均降水量低，且降水分布不均，各种极端情况如干旱、低温、冰雹等时常发生。新中国成立 70 年来，宁夏在党中央大力支持下进行了三北防护林等一批重点林业工程项目建设，使林草资源逐步得到恢复和发展，同时也加大了以“三废”为重点的环境污染治理，使宁夏地区的生态环境状况有所改善。

1.4.1 宁夏地区生态环境演变过程

总体而言，宁夏地区的生态环境变化过程可以大致分为以下 4 个阶段：

1.4.1.1 环境严重退化阶段（1978—1999 年）

从改革开放初期到 1999 年，宁夏生态环境受到较为严重的污染，尤其是工业污染严重，主要污染物有悬浮微粒、二氧化硫、氮氧化物和降尘等，在全国范围内属于重污染省区。由于工业污染以及地形地貌和气候变化的影响，导致的结果主要表现为：一是水土流失面积达 337 万公顷，占全国的全国的 73%；二是沙漠化土地面积为 126 万公顷，占全国的 24.3%；

① 宁夏回族自治区统计局，国家统计局宁夏调查总队 . 宁夏统计年鉴（2018）[M]. 北京：中国统计出版社，2018.

三是草场退化面积达 106.7 万公顷，占天然草地面积的 97%；四是气象灾害（干旱、雨涝、大风、冰雹、冻害、病虫等）发生频率占总灾害频次的 50% 以上。①

1.4.1.2　生态环境好转阶段（2000—2010 年）

从 2000 年开始，我国在生态环境保护与生态建设方面先后开展了“天然林保护工程”“退耕还林还草工程”等重大项目，同时还加强对自然保护区的保护力度。在此期间，宁夏地区的荒漠化也得到不同程度的改善。

1.4.1.3　生态环境总体趋于稳定阶段（2011—2015 年）

宁夏在前期的生态环境治理中，通过探索治理环境的有效方法，取得了较好的成效，从而使生态环境总体趋于稳定阶段。

1.4.1.4　生态环境质量改善阶段（2016—2018 年）

在党的十九大报告中，明确提出加大环境保护力度，并在实际中要求落实贯彻“绿水青山就是金山银山”的环保理念。宁夏地区政府也将此作为重要任务进行实施，结果显示，主要污染物排放总量得到有效控制，“三废”综合利用效率明显上升，城市绿化覆盖率大幅提高，农村基础设施条件和人居环境明显改善，城市人均环境和公用设施普及率大幅上升。

1.4.2　环保投入大幅增加

生态环境治理需要花费大量资金，因此生态环境质量能否改善，在一定程度上也与环保投入呈正相关关系。由表 1-14 可知，2010—2017 年，宁夏地区污染治理项目投资额由 40896 万元增加到 85551 万元，8 年年均增长率高达 26.15%。

表 1-14　宁夏地区环保资金投入变化情况　　单位：万元

项目	2010 年	2011 年	2012 年	2013 年	2014 年	2015 年	2016 年	2017 年
污染治理项目当年完成投资额	40896	46091	69190	165486	272967	104318	245199	85551
废水治理	23478	20017	14298	18947	30829	15719	36037	12801

① 刘瑛，曾玉平．跨越：宁夏经济社会发展研究 [M]. 银川：宁夏人民出版社，2009.

续表

项目	2010年	2011年	2012年	2013年	2014年	2015年	2016年	2017年
废气治理	5618	23140	43534	138889	219777	83045	181099	71115
固体废物治理	—	1111	5601	7283	14890	3441	4206	—
噪声治理	—	18	—	6	—	—	69	—
其他治理	11800	1823	5717	362	7472	2113	23857	23857

数据来源：《宁夏统计年鉴（2018）》。

1.4.3 环境污染治理成效显著

在宁夏地区环保投入大幅增加的情况下，环境污染治理成效显著（见表1–15）。具体而言，工业废水排放量2017年较2010年减少11085.8万吨，平均每年减少1385.73万吨；化学需氧量（COD）排放量2017年较2010年减少14万吨，年均减少1.75万吨；工业废气排放量2017年较2010年减少4976.1亿标立方米，年均减少622.01亿标立方米；二氧化硫排放量2017年较2010年减少17.5万吨，年均减少2.19万吨，只有城镇生活污水排放量2017年较2010年增加1150.2万吨，年均增加143.78万吨。

表1–15 宁夏地区各种污染物排放量变化情况

项目	2010年	2011年	2012年	2013年	2014年	2015年	2016年	2017年
工业废水排放量/万吨	21977.5	18666.4	16547.8	15708.1	15146.8	16442.8	1219.2	10891.7
城镇生活污水排放量/万吨	18676.3	20138.0	22388.6	22809.8	22119.8	15572.9	21745.9	19826.5
化学需氧量（COD）排放量/万吨	24.0	23.4	22.8	22.2	22.0	21.1	12.0	10.0
工业废气排放量/亿标立方米	16324.2	10055.9	9324.5	10026.2	10717.0	8760.5	12532.6	11348.1
二氧化硫排放量/万吨	38.3	41.0	40.7	39.0	37.7	35.8	23.7	20.8

数据来源：《宁夏统计年鉴（2018）》。

1.5 宁夏70年来的宗教发展概况

宁夏回族自治区是一个包含多民族、多宗教信仰的地区。宁夏地区人口的民族分类中，主要包括汉族、回族、藏族、满族等35个民族，人口最多的是汉族和回族。2018年，宁夏地区的回族人口占总人口的比重为36%。在宁夏地区的宗教信仰分类中，主要有伊斯兰教、佛教、道教等宗教，其中信仰伊斯兰教的人数最多。由于宁夏地区回族占总人口的比重基本都稳定在30%以上（见图1-8和图1-9），因此信仰伊斯兰教的人在所有宗教信仰中也自然最多。下面将宁夏地区宗教发展的历史过程分成3个阶段来阐述。

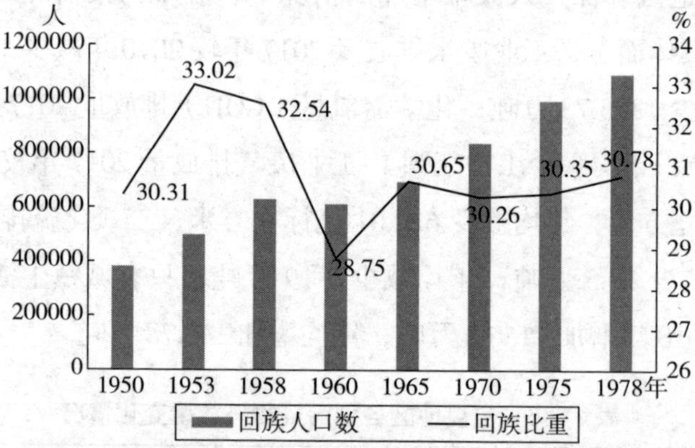

图1-8 1950—1978年宁夏回族人口数与所占比重

资料来源：《宁夏统计年鉴（2018）》。

图1-9 1980—2017年宁夏回族人口数与所占比重

资料来源：《宁夏统计年鉴（2018）》。

1.5.1 封建时期的宗教发展

宁夏地区伊斯兰教的发展历史最早可追溯到唐朝。因为唐朝广开贸易，东西交通大开，各民族交往更加密切，文化交流比以往任何时候都更为频繁，此时的伊斯兰文明与中华文明开始交融，孕育并产生了后来集两种文明于一身的回族与回族文化。当时唐朝商人、贡使、学者、宗教人士主要遍布宁夏、新疆、甘肃、陕西等地区。到了宋代，文化交流虽不如唐代畅通，但因商业所需，仍有许多穆斯林商人活跃在宁夏地区。到元朝，蒙古中兴，成吉思汗西征，建立了疆域空前辽阔的大帝国，据不完全统计，这期间被裹胁的数十万中亚、西亚穆斯林来到中国，随元朝统一全国的战争而分散在新疆、宁夏、甘肃等地区，或为官、或经商、或驻屯，其中大部分娶妻生子，落居中国，成为伊斯兰教形成的主体力量。总体来看，我国封建时代的“丝绸之路”奠定了宁夏地区伊斯兰教的形成与发展。

1.5.2 宁夏解放至改革开放时期的宗教发展

宁夏解放前夕，宁夏人口约有 170 万人，其中回族人口约 57 万人。伊斯兰教有阿訇（回族穆斯林对主持清真寺宗教事务人员的称呼）3000 多人，清真寺 1888 座，拱北、道堂 36 处，有伊合瓦尼、格底目、哲合忍耶、虎夫耶、嘎德忍耶 5 个教派，其中哲合忍耶、虎夫耶、嘎德忍耶属门宦教派，内部又各有分支；佛教有居士 1 万多人，僧、尼 100 多人，佛寺 247 座，有“宁夏佛教居士林”组织，还有其他宗教的少数信仰者。由此可见，宁夏是一个多民族、多宗教地区。

宁夏解放时，中国人民解放军十九兵团发出布告，明文昭告：“尊重回、蒙人民风俗习惯，保护清真寺、召庙、拱北。”从那时起到中华人民共和国成立初期，党的宗教政策不断完善，并得到正确的贯彻执行。宁夏的宗教得到了良好发展，其宗教信仰也受到了保护。因宁夏信仰伊斯兰教的主要是回族人民，所以回族人口的变化情况在一定程度上也代表了整个宗教的发展情况。

从图 1–8 中可以看出，1950—1958 年，宁夏回族人口数增长了近 1 倍，即从 1950 年的 381806 人增长到了 1958 年的 629797 人。在此期间，宁夏回族人口占宁夏总人口的比重也在不断提升，从 1950 年的 30.31% 提升至 1958 年的 32.54%。但该图同时也显示，1958 年后发生了转折，特别是在 1960 年发生了较大的变化，回族人口相比 1958 年不但没有增加反而减少了 17418 人，占总人口的比重也下降了 3.79%，其原因之一是 1958—1960 年，汉族人口增加导致回族人口所占比重相对减少。1972 年，在党中央和毛泽东同志的关怀下，原来的民族政策进一步落实，因此回族人口又持续增加，1975 年后突破百万人大关，1978 年宁夏回族人口达到 1094660 人，占 1978 年宁夏总人口的 30.78%。

1.5.3 改革开放至今的宗教发展

1978 年党的十一届三中全会以后，宗教工作也和其他领域一样，从指导思想上进行了拨乱反正。具体表现为：纠正"左"的错误，贯彻宗教政策，使宗教活动走上正轨；保护合法、制止违法、加强管理、维护稳定等一系列基本政策出台，因而使宁夏地区民族和宗教事业迎来新的发展时期。

从图 1-9 可见，改革开放后，随着我国各项民族、宗教政策的完善与落实，回族人口也呈现出逐年稳步上升的趋势。1980—1995 年，回族人口从 1167257 人增长至 1724148 人，年均增长 9.85%；回族人口占宁夏总人口的比重由 1980 年的 31.23% 上升至 1995 年的 33.65%，在这 15 年间，回族人口比重提高了 2.42%。到 2017 年，宁夏回族人口已达到 2475664 人，占宁夏总人口的 36.31%。很明显，宁夏回族人口上升最明显的时期，也是宁夏伊斯兰教发展较为繁荣的时期，宗教的影响力也在不断扩大。据统计，1990 年就有 200 多名有影响、有代表性的宗教人士在各级人大、政协、青联等组织中任职。

如今根据宁夏民族事务委员会（宗教事务局）相关消息，民族和宗教事务已步入法治轨道。李克强总理于 2017 年 8 月 26 日签署了第 686 号国务院令，公布修订后的《宗教事务条例》，该条例已于 2018 年 2 月 1 日起施行。相信该条例的颁布与实行，必将对宁夏民族宗教事业的发展起到积极引导与促进作用。

1.6 宁夏70年的民主与法制建设总体概况

新中国成立以来，宁夏回族自治区除实行民族区域自治外，在民主与法制建设方面也取得了显著成绩，具体情况见表1-16。

表1-16 宁夏民主与法制建设概况

项目	1990年	2000年	2010年	2011年	2012年	2013年	2014年	2015年	2016年	2017年
律师事务所/个	32	62	78	83	85	88	97	110	126	141
律师/人	223	722	993	1120	1263	1444	1601	1830	2049	2432
担任法律顾问的单位/处	515	767	1335	1423	1405	1742	2085	2315	2475	2491
民事代理案件/件	2617	5284	12904	10525	10962	15562	18218	21761	22663	21652
刑事辩护案件/件	2050	2368	2949	3101	3807	3932	4496	4265	4607	2512
非诉讼案件/件	270	1489	850	1387	1644	868	2558	1621	2589	2526
涉外法律事务/件	—	—	2	81	—	4	—	—	—	14
解答法律询问/件	24521	36369	24582	32836	43054	47335	42137	36247	47612	—
代写法律事务文书/件	6165	10687	8577	11287	10576	10336	10101	12026	19184	—
公证处/个	26	30	21	21	21	21	21	21	21	21
公证员/人	123	200	97	121	123	125	131	126	133	128
办理公证文书/件	11087	66123	64291	62080	66036	73110	72953	72708	78740	73344
专职司法助理员/人	347	444	421	463	492	587	538	795	527	547

续表

项目	1990 年	2000 年	2010 年	2011 年	2012 年	2013 年	2014 年	2015 年	2016 年	2017 年
人民调解委员会 / 个	3648	3604	3423	3260	3280	3341	3265	3295	3584	3702
人民调解员 / 人	23477	26493	21892	18780	18722	20400	18950	17234	18487	25066
调解民间纠纷 / 件	18506	19846	19965	29273	32547	36246	33159	36176	41036	43856

数据来源：《宁夏统计年鉴（2018）》。

1.6.1 人们的民主与法制意识逐渐增强

从表 1-16 可见，1990—2017 年，人们的法律事务需求与供给都大幅提高。律师事务所从 1990 年的 32 个发展到 2017 年的 141 个，增长了 3.4 倍，年均增长 16.39%；民事代理案件增长了 7.27 倍，年均增长 30.63%；刑事辩护案件年均增长 4.5%；非诉讼案件年均增长 34.65%；解答法律询问年均增长 7.19%；代写法律事务文书增长 11.53%；办理公证文书增长 24.50%；调节民间纠纷案件增长 8.78%。

1.6.2 法律事务处理程序公正程度明显提高

人们在遇到法律事务时，能想到需要聘请律师为其合法权益辩护，因此律师从业人员大幅提高，全区 2017 年比 1990 年增加律师 2209 人，年均增长 40.24%。同时，专职司法助理员 2017 年比 1990 年增加 200 人，年均增长 5.84%；人民调解员 2017 年比 1990 年增加 1589 人，年均增长 3.95%。

参考文献

[1] 郭全忠．宁夏回族自治区成立五十年来的历史跨越 [J]. 中共党史研究，2008(6): 116−120.

[2] 项宗西 . 抓住西部大开发机遇 加快宁夏经济和社会发展 [J]. 市场经济研究 , 1999(6): 7−9.

[3] 宁夏回族自治区统计局 . 宁夏奋进跨越 60 年 [M]. 北京 : 中国统计出版社 , 2009.

[4] 宁夏回族自治区统计局 , 国家统计局宁夏调查总队 . 宁夏统计年鉴 (2018)[M]. 北京 : 中国统计出版社 , 2018.

[5] 李澜 , 等 . 宁夏回族自治区经济史 [M]. 太原 : 山西经济出版社 , 2016.

[6] 宁夏回族自治区农业厅 . 宁夏回族自治区农业统计历史资料 [M]. 银川 : 宁夏人民出版社 , 1989.

[7] 徐安伦，杨旭东 . 宁夏经济史 [M]. 银川 : 宁夏人民出版社 , 1998.

[8] 郑震 , 张廉 . 建设富裕宁夏——产业支撑转型发展 [M]. 北京 : 国家行政学院出版社 , 2014.

[9] 刘瑛 , 曾玉平 . 跨越 : 宁夏经济社会发展研究 [M]. 银川 : 宁夏人民出版社 , 2009.

第 2 章　国家政策支持内容与效果评价

刘嘉鑫[①]　姜太碧[②]

新中国成立以来，国家非常重视宁夏回族自治区经济社会发展，尤其是改革开放后，国家为宁夏回族自治区经济社会发展提供了各种政策支持。不仅在财政方面特别是中央级公共财政预算方面增加地区经济社会发展资金投入，而且还通过资金支持和产业扶持等办法对宁夏地区实施对外开放八大优惠政策、脱贫攻坚战略行动以及完善地区基础设施建设等。特别是 21 世纪初，在宁夏等地区实施西部大开发政策，助力发展西部城市，依托亚欧大陆桥、长江水道、西南出海通道等交通干线，带动宁夏行政区域的经济发展，提高人民的生活水平。同时，国家还出台各种金融优惠政策、产业发展政策等给予支持，规范实行中央财政的转移支付制度，提高国家政策性贷款比重。在国家各种支持政策帮助下，宁夏地区经济社会发展迈上了新台阶。下面将围绕国家支持政策阐述其内容与效果。

2.1　财政支持政策与效果评价

新中国成立以来，宁夏在党的民族政策指引下，全区人民除行使宪法和法律赋予的民族区域自治权利外，还享受了国家给予的各种财政支持优惠政策。

① 刘嘉鑫（1994—　），女，四川成都人，西南民族大学经济学院硕士研究生。

② 姜太碧（1964—　），女，重庆铜梁人，经济学博士，西南民族大学经济学院教授、硕士生导师，主要研究方向为农村经济、产业经济。

2.1.1 宁夏地区财政资金投入情况与成效

根据国务院新闻办公室于2005年28日发表的《中国的民族区域自治》白皮书，国家高度重视西部少数民族地区如宁夏等地经济社会的发展，加大对宁夏地区的支持与投入力度。2017年，宁夏地区向中央争取各类转移支付资金达817.7亿元，较上年增加74.5亿元，增长10%，是近年来争取中央资金最多的一年。同时成功争取和发行地方政府债券318.2亿元，其中新增债券133.2亿元，规模创历史之最，有效满足了地方重大项目建设资金需求。同时，宁夏置换债券185亿元，极大地缓解了地方还本付息压力。积极设立政府投资基金，积极推行基金的专业化管理、市场化运作。设立中政企宁夏社会资本合作（PPP）基金，积极引入中国华融、中国港桥和江苏亨通等战略投资者，这将为宁夏带来400亿元以上的社会投资资金。各级政府出资33亿元，推进28个政府和社会资本合作（PPP）项目落地，吸引社会投资176亿元，促进了自治区重点工程、重点项目的实施。[①]

宁夏地区全社会固定资产投入和公共财政预算总收入均来源于国家以及社会、税收等各种渠道，其中中央资金补贴呈增长趋势。新中国成立以来，宁夏全社会固定资产投入和公共财政预算总收入变动情况大致可分为以下4个阶段：

初始阶段（1952—1978年）。如图2-1所示，新中国成立以来到改革开放前，宁夏回族自治区社会经济等发展十分缓慢。宁夏地区全社会固定资产投资1952年仅为502万元，直到1955年才突破千万元大关，达1314万元；公共预算收入1958年为0.58亿元，直到改革开放初期1978年才达到3.16亿元。

缓慢增长阶段（1978—2000年）。如图2-2所示，1978年改革开放时，宁夏地区全社会固定资产投入为4.3亿元，到1998年，宁夏全社会固定资产总投入超过100亿元，到2000年达160.8亿元。在这个阶段，宁夏资金来源数量远低于后期重大政策支持下的发展。宁夏公共财政预算总收入

① 根据宁夏回族自治区统计局官网（http：//tj.nx.gov.cn/）公布的相关资料整理。

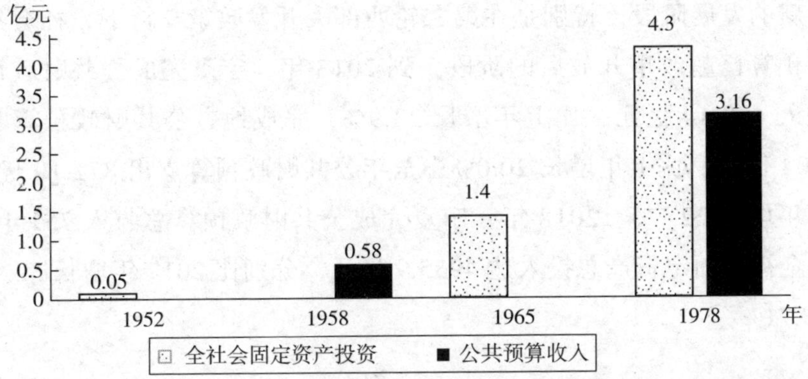

图 2-1　1952—1978 年宁夏资金变动

资料来源：根据《宁夏统计年鉴》绘制。

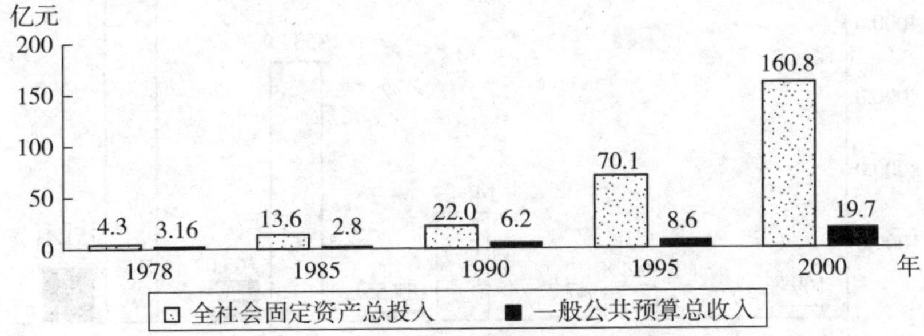

图 2-2　1978—2000 年宁夏资金变动

资料来源：根据《宁夏统计年鉴》绘制。

在此期间变化幅度十分缓慢，从 1978 年的 3.16 亿元增长到 2000 年的 19.7 亿元，20 多年间的增长幅度非常小。

快速增长阶段（2000—2010 年）。如图 2-3 所示，在此期间宁夏地区全社会固定资产投入有较大幅度的增长。2000 年公共财政预算总收入和全社会固定资产投入分别为 19.7 亿元、160.8 亿元，到 2010 年时，公共财政预算总收入和全社会固定资产投入分别达到 153.55 亿元、1464.7 亿元，2010 年比 2000 年分别增长了 6.79 倍、8.1 倍，增长速度十分显著。在此期间，国家实施了西部大开发战略，因而显著提升了宁夏全社会固定资产投入与公共财政预算总收入的增速。

平稳增长阶段（2010—2018 年）。如图 2-3 所示，2010 年，宁夏进入新的发展阶段，特别是在第二轮西部大开发政策支持下，社会经济发展预算已超改革开放后的阶段。到 2013 年，宁夏完成公共财政预算总收入 460.14 亿元，比上年增长 23.9%，完成地方公共财政预算收入 264.04 亿元，比上年增长 20.0%；全年公共财政预算支出 872.19 亿元，比上年增长 22.7%。2018 年，宁夏完成公共财政预算总收入 751.41 亿元，全社会固定资产总投入达 4935.9 亿元，分别比 2017 年增长 32.97% 和 39.71%。

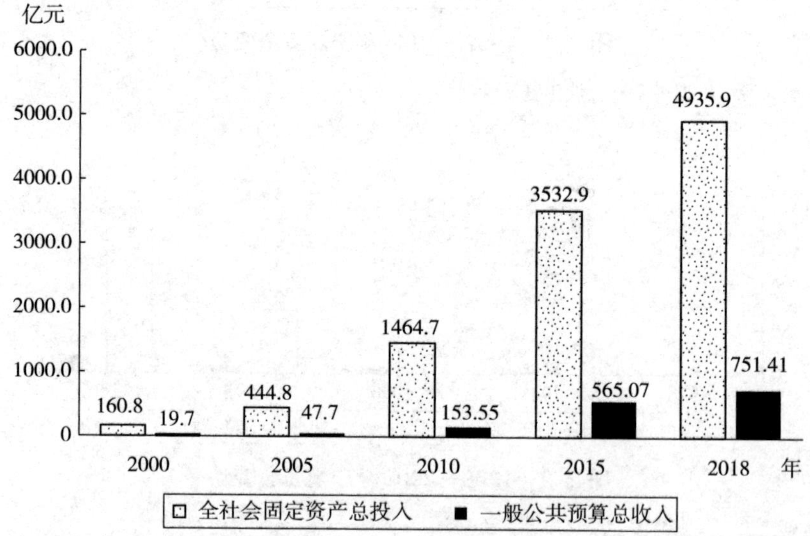

图 2-3　2000—2018 年宁夏资金变动

资料来源：根据《宁夏统计年鉴》绘制。

2.1.2　税收优惠政策与成效

从新中国成立后的第一个五年计划开始，我国便进入了计划经济时代。国家对宁夏回族自治区等民族地区设立“民族地区补助费”，除规定民族地区财政有一定范围的自主权外，收支结余上缴中央，收支不平衡时，不足部分由国家补助。例如，通过卫生补助费、社会救济费及无利息贷款等进行专项专款补助，但这些补助资金主要来源于税收。新中国成立以来，宁夏税收金额如表 2-1、表 2-2 所示。

表 2-1　宁夏税收收入情况（税制改革前）　　单位：万元

年份	地方公共财政收入	工商税收	农牧业税	企业所得税	国有企业亏损补贴	企业所得税退税
1955	2891	1028	1155	—	—	—
1958	5774	1683	1680	—	—	—
1960	10469	2763	887	—	—	—
1970	9894	5006	1049	—	—	—
1975	22324	10172	963	—	—	—
1978	30225	13163	995	—	—	—
1980	19389	13514	827	—	—	—
1985	28064	25655	1092	8900	-9999	—
1990	62300	56481	2649	8805	-12266	-1668
1995	85740	67672	4901	7690	-1817	-532
2000	197082	148958	9318	26147	-967	-2464
2001	275700	163307	10797	60084	-557	-852
2002	264700	192083	8757	18412	-241	—
2003	300300	219847	7480	16846	-11	—
2004	374677	276898	5440	21364	—	—
2005	477216	341609	333	26077	—	—
2006	613570	417266	—	32246	—	-229

数据来源：《宁夏统计年鉴（2018）》。

表 2-2　宁夏税收收入情况（税制改革后）　　单位：万元

年份	地方公共财政收入	其中				
		税收收入	其中			非税收收入
			增值税	营业税	企业所得税	
2007	800312	587871	141997	230485	45767	212441
2008	950090	777432	183793	300884	62400	172658
2009	1115755	907389	168098	389831	92946	208366
2010	1535507	1267854	202475	562367	140805	267653
2011	2199767	1771261	244000	801126	241746	428506
2012	2639569	2070171	262329	924759	253904	569398
2013	3083376	2374913	318832	1057226	258691	708463

续表

年份	地方公共财政收入	其中					
		税收收入	其中			非税收收入
			增值税	营业税	企业所得税	
2014	3398627	2503273	385563	1050303	283263	895354
2015	3734474	2563126	357323	998292	245572	1171348
2016	3876576	2465538	840408	452755	244686	1411038
2017	4175888	2703027	1254237	—	261413	1472861

数据来源:《宁夏统计年鉴(2018)》。

20世纪60年代，民族地方经济逐步恢复，国家对宁夏继续实行“适当财政照顾，必要补助”的照顾优惠政策，即宁夏上年的结余资金和当年预算运行过程中的超收分成收入，都归宁夏地区安排使用。

20世纪80年代，为了适应改革开放的需要，国家对宁夏仍使用照顾优惠政策，并实行定额补助，除每年递增10%的“定额补助”外，还设立了“支援不发达地区发展基金”“边境实业补助费”“边境建设补助费”等多项补助资金。为增强宁夏等民族地区的经济发展活力，国家对宁夏等民族地区进一步放宽税收优惠政策，对“老、少、边、穷”地区兴办的乡镇企业，经营确实有困难的可以在一定期限内或一定程度上减免所得税；对民族贸易三项照顾县的商业企业自筹商业设施建设投资，免征建设税3年，对其应上缴的能源建设资金，由宁夏酌情减免；对民族用品定点企业生产销售的民族用品，给予减免产品税、增值税及所得税。

2000年后，国家加大力度支持宁夏经济发展，在党中央的指导下，宁夏政府全面落实减税降费政策，落实中小企业和重点群体税收优惠政策，简化合并增值税率等措施，清理规范行政事业性收费56项和政府性基金2项，全年减税清费202亿元，减轻企业负担189亿元[①]，有力地支持实体经济发展。全力推进供给侧结构性改革，落实“创新驱动30条”“降成本30条”“促进服务业发展”等政策。筹措资金4.15亿元，支持煤炭行业完成化解产能593万吨。安排资金15.3亿元，推进技术项目实施和工业园区低

① 宁夏财政年鉴，http://cyfd.cnki.com.cn/N2014070137.htm。

成本化改造。向区属国有企业集团增资20亿元，提升国有企业发展竞争力。安排专项资金3.45亿元，支持区属国有企业职工家属区“三供一业”分离移交工作，切实减轻国有企业负担。安排资金17.2亿元，大力支持优质粮食、现代畜牧、酿酒葡萄、枸杞、瓜菜等“1+4”农业特色优势产业发展，促进农业特色品牌创建和地方板块产业发展。加大投入力度，引领发展全域旅游、现代金融、大数据等新兴服务业，加快推进区域协调发展。统筹资金95亿元，有力保障银西高铁、城际铁路、空港综合交通枢纽、京藏高速改扩建、沿黄生态经济带、银川都市等重点项目和自治区重大项目建设。

2017年，宁夏地区财税体制改革纵深推进，并完善预算管理。改进部门预算编制方式，实行“四个挂钩”机制。强化预算约束，严控预算追加，2017年审减追加事项140个，审减资金313亿元。追加预算降低到6.54亿元，较上年下降52.9%。加强财政专项资金管理，2018年预算安排自治区本级专项压减至116个，较上年下降16%。推进预算绩效管理，开展项目绩效目标跟踪监控试点、重点项目专家集中评审和第三方绩效评价，实现了部门绩效目标编审和整体支出绩效综合评价全覆盖。

2.1.3　转变政府财政职能与成效

政府财政职能随着社会经济的发展而转变。新中国成立初期，在财政体制方面实行了高度集中、统收统支的计划体制，中央高度统一财政收入，地方财政支出由中央划拨。1951年开始，在财经形势好转的情况下，随着国内各项建设事业的开展，中央政府开始更多地把一部分财权下放给地方。改革开放后，政府财政职能的转变主要体现在以下两个方面：

第一，政府财政的资源配置职能作用逐步从满足“有益需求”转向满足“公共需求”，即政府的财政活动越来越以优先满足经济社会所需要的公共产品与公共服务为主。例如，农业是关系到十几亿人口生存问题的基础产业，其在国民经济中的地位最为重要，并在相当程度上体现着“公共需求”，因此政府也要把一定数量的财政资源用于扶持农业。在财政主要满足“公共需求”的同时，一些重要领域的经济改革，如国有企业体制改革、医疗体制改革、住房体制改革、高等教育体制改革以及鼓励民间投资等，则在本质上体现出政府财政活动逐步退出非公共产品提供领域的情形。

第二，政府财政的收入分配职能不断加强。除以“按劳分配”作为主体收入分配方式外，随着市场经济体制的形成还出现了其他多种收入分配方式。但随着国民间贫富差距加大，政府财政也会更加注重其收入再分配职能。为了实现社会公平目标，保障国民基本的、符合人的尊严的生活状态，政府财政在改革社会保障制度的同时，也不断加强有关的税制建设和扩大财政转移支付开支的规模，如改善个人所得税的征管工作，建立城镇居民最低收入保障制度，向低收入者提供更多的住房补贴等。通过这些政策措施，财政收入再分配职能已经开始发挥作用。

政府财政职能转变的具体内容与实际成效如下。

2.1.3.1　加强宁夏政府调控职能

宁夏政府财政调控成效明显，促进经济发展提质增效。牢固树立和贯彻落实新发展理念，加强定向调控和精准施策，推动经济平稳运行和提质增效。扎实推进供给侧结构性改革，支持落实“三去一降一补”重点任务。推进棚户区改造货币化安置，实施住房交易契税补贴政策，积极推进去库存。2017 年累计发行地方政府债券 133.2 亿元，大力推广政府和社会资本合作（PPP）模式，并支持自治区经济社会事业发展。

2.1.3.2　支持宁夏农业、农村发展

70 年来，宁夏提升了现代农业发展水平。运用项目补助、财政贴息、以奖代补等方式，重点支持自治区五大战略性主导产业、六大区域性特色优势产业和两个地方特色产业带建设，全区特色优势产业布局基本形成。整合资金 40 亿元，扶持优质粮食、高效节水补灌、设施种养业发展，在全区建成 40 多个设施农业示范区、5 个优质水稻示范县、170 个设施养殖示范村、50 余万亩优质粮食基地。创新现代农业发展和农业投融资方式，组建了宁夏现代农业集团公司和宁夏农业综合投资公司。夯实农田水利基础设施。投入水利资金 39 亿元，支持 17 个县小型农田水利和中北部干旱带节水工程建设。安排农业综合开发资金 41 亿元，改造中低产田 120 万亩，建成高标准农田 48 万亩。争取中央将宁夏中北部土地开发整理项目列为全国 3 个示范省区之一，投资 36 亿元，新增耕地 86 万亩。如表 2–3 所示，从有数据记录以来截至 2017 年，宁夏农林牧渔业总产值不断攀升。

表 2–3 宁夏农林牧渔业总产值变化 单位：万元

指标	1995 年	2000 年	2005 年	2010 年	2015 年	2017 年
农林牧渔业总产值	565493	777525	1379973	3064355	4844582	5174168
农业	381301	469905	789410	1920607	3000361	3089621
林业	9688	31137	55645	86774	116320	96885
牧业	162897	257488	459969	857156	1352834	1556804
渔业	11607	18995	39781	80377	157679	186235
农林牧渔服务业	—	—	35168	119441	217388	244623

数据来源：《宁夏统计年鉴（2018）》。

2.1.3.3 促进宁夏文化科教发展

到 2017 年，宁夏统一了城乡义务教育经费保障机制，将农村“三免一补”政策扩大到城市，建立了城乡生均公用经费随学生流动的携带机制。自治区学前至高等教育各个阶段学生资助政策实现了全覆盖。推动高等教育“双一流”建设，促进高等院校内涵式发展。支持社会保障体系建设，自治区财政已经投入 5.52 亿元，引导企业和社会加大科研经费投入，强度预计达到 1.02%。设立科技创新投资基金 3 亿元，全面落实科技后补助政策，完善以奖代补办法，大力支持创新平台建设、高新技术产业发展和人才引进。由于采取了有效措施，宁夏文化科教成果显著提升（见表 2–4）。

表 2–4 宁夏地区科技活动基本情况

指标	2010 年	2013 年	2016 年	2017 年
发表科技论文 / 篇	7292	7328	6859	8324
出版科技著作 / 种	113	129	234	275
专利申请受理数 / 件	739	3230	6149	8574
发明专利 / 项	268	1792	2510	2561
研究与试验政府资金 / 万元	26678	44142	62996	110512
研究与试验企业资金 / 万元	86519	162096	232029	275800

数据来源：《宁夏统计年鉴（2018）》。

2.1.3.4 完善宁夏基础设施设备建设

从改革开放到2017年，宁夏地区改善了农村基础设施面貌。安排基层政权建设资金2.1亿元，支持完成了全区村级党组织活动场所建设。争取中央财政将宁夏列为农村环境连片整治项目8个示范省区之一，投入10亿元对339个农村饮用水水源地进行保护，对1040个行政村进行了环境整治。支持实施“六到农家”工程，加大农村水、电、路、气、房和优美环境建设，整治旧村1750个，新建改造农村公路1.24万千米，提升了农村公共服务水平。

2.1.3.5 完善社会保障体系

提高了城乡居民基础养老金标准和医疗保险、最低生活保障、基本公共卫生服务经费补助标准，进一步完善社会救助保障、特困人员供养、儿童保障标准动态调控平台机制。继续推进保障性住房建设，支持建成各类保障性住房6.05万套，完成棚户区改造5.34万套，完成农村危窑危房改造2.2万户。不断提高城乡居民收入，落实强农惠农政策，增加农民补贴性收入7.8亿元。推进扶持村级集体经济发展试点，全面落实创业就业政策，通过支持开展就业技能、岗位技能提升、创业等培训6万人次，购买了7000个公益岗位，安排大学生“三支一扶”、志愿者、村官就业4410个，提高了群众就业创业能力和收入水平。

2.1.3.6 支持宁夏脱贫攻坚

创新扶贫资金分配方式，按照扶贫资金责任、权力、资金、任务“四到县”的原则，采取“因素法”进行统筹分配，将7.6亿元扶贫资金“切块”下达到片区县，支持500个重点贫困村实施整村推进、双到工程等。拨付资金15.3亿元，继续推进生态移民工程，支持移民新村设施农业和特色产业发展。拨付资金7.4亿元，重点支持宁夏地区农村危窑危房改造。

建立财政扶贫资金稳定增长机制。自治区财政直接投入各类扶贫资金96.2亿元，其中9个贫困县统筹整合70.16亿元，重点支持产业发展、基础设施建设、易地扶贫搬迁和危房危窑改造等方面。充分发挥政府投入的主体和主导作用，19.3万建档立卡贫困人口脱贫，302个贫困村脱贫出列，并且较为严重贫困的盐池县已具备脱贫摘帽的基本条件。

2.2　金融支持政策与效果评价

新中国成立以来，宁夏金融业经历了从无到有、从单一到多元化的发展历程。2018 年 11 月 12 日，宁夏回族自治区根据《中共中央关于深化党和国家机构改革的决定》《深化党和国家机构改革方案》和《关于地方机构改革有关问题的指导意见》，挂牌成立了宁夏回族自治区地方金融监督管理局。这意味着在原有监管格局下，当地的金融体系得到进一步完善，金融业整体实力明显增强，不断为宁夏经济的发展提供金融支持，有力地推动了宁夏经济增长和社会进步。

2.2.1　宁夏金融业发展历程与现状

2.2.1.1　宁夏金融业发展历程

宁夏金融业的发展经历了曲折的历程，但发展至今取得了辉煌的成就。早在中国人民银行宁夏回族自治区分行成立之前，1949 年 10 月 18 日，中国人民银行宁夏省分行成立。1954 年宁夏省建制撤销，人民银行宁夏省分行也随之撤销，与行政区划相适应，分别在甘肃省的银川专区和吴忠回族自治州，设立了人民银行督导处、保险公司支公司和建设银行支行。1955 年 10 月，宁夏成立了农业银行银川办事处，一部分县市成立了支行，1957 年农业银行第一次撤销，业务并入人民银行。1958—2018 年，宁夏金融事业以自治区成立为标志，大致经历了 3 个发展阶段。

（1）第一阶段：1958—1978 年

1958 年 10 月，中国人民银行宁夏分行成立。同年 7 月，中国人民建设银行宁夏分行和中国人民保险公司宁夏分公司成立。1959 年停办国内保险业务，全区保险机构撤销。1963 年 10 月，宁夏成立了农业银行宁夏分行，各市县也相继成立了支行或办事处。1965 年在精简机构时，农业银行再次撤销且业务并入人民银行。1970 年建设银行宁夏分行并入人民银行宁夏分行，随后人民银行宁夏分行并入自治区财政局，宁夏回族自治区财政金融局成立，这种格局一直持续到 1978 年。在这个阶段，宁夏金融业的基本特征是：①单一的人民银行机构，大一统的金融格局；②人民银行既是国家货币发行和信贷管理的职能部门，又是经营储蓄、信贷、外汇、结算等业务的经济组织；③金融组织体系不完备、业务单一、体制僵化，且不具备现代银行的基本特征。

（2）第二阶段：1978—1997 年

党的十一届三中全会以后，宁夏的金融事业进入了一个蓬勃发展的新时期。1984 年，中国人民银行宁夏分行作为中央银行的派出机构，开始专门行使中央银行的职责。1997 年底，全区各类金融机构 1226 个，比 1978 年增加 816 个；从业人员 18961 人，比 1978 年增加 18203 人。在这个阶段，宁夏金融业的基本特征是：以人民银行为领导、以专业银行为主体、以信用社为补充，包括地方金融机构在内的多元化的金融体系发展。

（3）第三阶段：1998 年至今

1998 年，在中国人民银行宁夏分行和中国人民银行银川市分行的基础上，设立了中国人民银行银川中心支行和中国人民银行西安分行银川金融监管办事处。

1998 年 10 月，银川市商业银行正式挂牌营业，是宁夏第一家地方性股份制商业银行。同年，中国证券监督管理委员会银川证券监管特派员办事处成立，2004 年 3 月更名为中国证券业监督管理委员会宁夏监管局。

2000 年自治区农村信用合作社联合社正式挂牌成立，成为全国第一家省级联社；同年，宁夏证券有限责任公司重组更名为西北证券有限责任公司，2003 年又进行了改制重组，2006 年南京证券对西北证券进行了托管，2007 年南京证券在宁夏设立管理总部，西北证券进入司法清算阶段。

2001 年，中国保险监督管理委员会银川特派员办事处在银川正式挂牌成立，随后改为宁夏保监局，年底石嘴山市城市信用社成立。

2003 年 10 月，宁夏银监局挂牌成立，正式对外挂牌履行监管职责。

同年，国家开发银行宁夏分行成立。

2004 年以来，经国务院批准，建设银行、中国银行、工商银行统一进行了改制，建设银行、工商银行、中国银行股份有限公司宁夏分公司成立。

2007 年，交通银行股份有限公司银川分行正式挂牌开业。同年，中国邮政储蓄银行宁夏分行成立。银川市商业银行更名为宁夏银行，是全国第三家、西部第一个以省区命名的银行。2008 年 12 月 22 日，宁夏黄河农村商业银行在银川正式开业，是全国首家由省级农村信用联社整体改制而成的银行，是宁夏地区规模最大的商业性地方金融机构。

2009 年，石嘴山银行股份有限公司成立，是在原石嘴山城市信用社基础上成立的地方性股份制商业银行。发展至今，该银行在宁夏地区已有 65 个营业网点。

2016 年 10 月 18 日，建信财产保险有限公司正式成立，成为宁夏第一家全国性法人财产保险公司。

2017 年 2 月 16 日，中国人民银行函复同意宁夏创建全国首个以省区为单位的金融扶贫示范区，对探索金融精准扶贫模式具有重要意义。

2018 年 11 月 12 日，宁夏回族自治区地方金融监督管理局挂牌成立。

1998 年至今，宁夏金融业的基本特征是：建立了以人民银行履行中央银行职能，银监局、证监局、保监局行使监管职能，国有商业银行为主体，包括政策性银行、股份制商业银行、地方性商业银行、城乡信用社、非银行金融机构在内的种类较为齐全、功能互补、适应宁夏经济社会发展的现代金融组织体系。

2.2.1.2 宁夏金融业发展现状

（1）银行业发展现状

宁夏银行业金融机构包括大型国有银行、政策性银行、城市商业银行、小型农村金融机构、财务公司以及村镇银行等，金融机构类型呈多元化格局。宁夏银行业具体发展现状可用机构数、从业人员数量和资产规模来描述，见图 2–4。

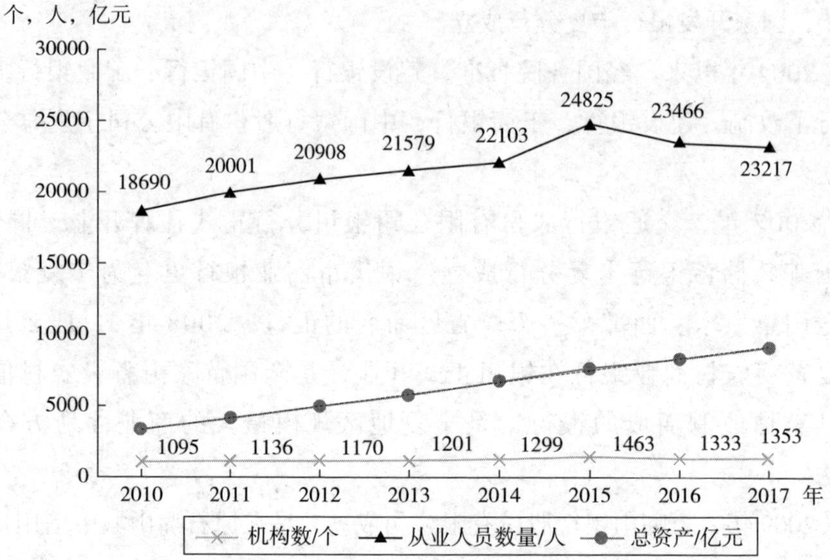

图 2-4　2010—2017 年宁夏银行业发展情况

资料来源：《宁夏回族自治区金融运行报告（2010—2018 年）》。

由图 2-4 可知，宁夏银行业总资产呈现线性增长的趋势，2010 年总资产为 3362 亿元，2017 年总资产为 9112 亿元，比 2010 年增长了 1.7 倍。宁夏银行业的机构数和从业人员数量均呈现较为平稳的增长状况，分别从 2010 年的 1095 个、18690 人增长至 2017 年的 1353 个、23217 人，二者的增幅均较小。

（2）证券业发展现状

宁夏回族自治区在有关政策引导下，正在推进建设多层次资本市场。如在全国率先成立了“新三板”企业服务中心，推动企业在“新三板”“四板”挂牌交易，支持企业扩大直接融资比例。近年来，宁夏证券业筹资规模不断扩大，发展平稳（见表 2-5）。

表 2-5　2010—2017 年宁夏证券业基本情况

年份	国内 A 股筹资 / 亿元	H 股筹资 / 亿元	国内债券筹资 / 亿元	筹资总计 / 亿元	年末国内上市公司数 / 家
2010	8.8	0	10.0	18.8	12
2011	27.0	0	43.0	70.0	12
2012	23.5	0	9.0	32.5	12
2013	1.8	0	25.5	27.3	12

续表

年份	国内A股筹资/亿元	H股筹资/亿元	国内债券筹资/亿元	筹资总计/亿元	年末国内上市公司数/家
2014	27.3	0	77.7	105.0	12
2015	6.0	0	97.0	103.0	12
2016	91.0	0	86.0	177.0	12
2017	15.0	0	54.0	69.0	13

数据来源:《宁夏回族自治区金融运行报告(2010—2018年)》。

从表2-5中可以看出，2010—2017年，宁夏在国内A股资本市场年均筹资25.05亿元，债券市场年均筹资50.27亿元，筹资总额年均75.32亿元，但缺乏H股筹资。上市公司数量基本稳定在12家，2017年嘉泽新能在上海证券交易所成功上市，成为宁夏第13家上市公司，填补了宁夏14年来没有企业在主板上市的空白。不过，上市公司后备资源有所扩充，上市辅导备案企业数量从0增至8家；“新三板”挂牌企业数量继续扩大，较年初增加12家；宁夏股权托管交易中心挂牌企业812家，涵盖22个行业，覆盖22个市县，实现了全地域全产业覆盖。2017年，宁夏证券公司分公司增至11家，证券营业部增至45家。

(3)保险业发展现状

宁夏保险业稳步发展，保险公司分支机构数、保费收入稳步增长，保险密度和保险深度稳步提高，初步形成了覆盖城乡的多层次保险体系(见表2-6)。

表2-6 2010—2017年宁夏保险业发展基本情况

年份	保险公司分支机构/家	保费收入/亿元	保险密度(元/人)	保险深度/%
2010	13	52.8	831.5	3.2
2011	15	55.3	860.7	2.7
2012	16	62.7	968.6	2.7
2013	16	72.7	1111.3	2.8
2014	17	83.9	1268.6	3.3
2015	19	103.0	—	4.0
2016	20	134.0	1985.0	4.0
2017	22	165.0	2423.0	5.0

数据来源:《宁夏回族自治区金融运行报告(2010—2018年)》。

如表 2-6 所示，2010—2017 年宁夏地区的保险公司分支机构数量持续增加，由 13 家增加到了 22 家。2016 年，建信财产保险有限公司正式成立，填补了宁夏地方法人保险机构的空白。保费收入由 2010 年的 52.8 亿元增长到 2017 年的 165.0 亿元，增长了约 2.13 倍。在保险密度和保险深度上，宁夏的保险密度由 2010 年的 831.5 元 / 人增长到 2423 元 / 人，年均增长 198.94 元 / 人；保险深度也持续增长，从 2010 年的 3.2% 增至 2017 年的 5.0%，年均增长 0.225%。

2.2.2 宁夏金融支持政策的措施与效果

2.2.2.1 地方银行业金融机构逐渐健全

宁夏地方银行业金融机构之前一直处于空白状态，所辖地区的融资只能依靠大型商业银行。1998 年 10 月 28 日开始组建宁夏银行以来，截至 2018 年末，宁夏已有 6 家地方性商业银行。“十二五”期间，宁夏回族自治区实施了支持地方性商业银行跨区域经营的政策，取得了极大的效果，通过引进战略投资者、增资扩股、吸引民间资本入股等方式，进一步优化了股权结构，增强了资本实力和抗风险能力。

为了进一步适应经济新常态的发展，用好当地金融支持政策促进当地经济发展，宁夏金融管理当局提出做活做优地方银行业金融机构的战略任务，旨在推进地方银行业金融机构深化改革，开拓创新，做活做优，发展投行业务，争取多牌照经营资质，打造有特色、有优势、有活力的地方金融品牌。如：支持宁夏银行坚持服务小微企业的市场定位，加强人才、科技、信息、风险防控等公司治理能力建设，引进战略投资者，增强资本实力、核心竞争力和抗风险能力，打造资本充足、资产优良、服务高效、风险可控的现代化区域性商业银行，创造条件挂牌上市；支持宁夏黄河农村商业银行坚持服务“三农”的市场定位，在保持市、县级农信社（农商行）独立法人地位的基础上，逐步增持股份，强化指导、管理和协同发展能力建设，积极引进战略投资者，打造特色鲜明、实力较强、内控严密、富有活力的现代化农村商业银行，推动在“新三板”挂牌；支持石嘴山银行通过差异化、特色化、精细化管理，利用资本市场做活做强，积极推进跨区经营和综合化经营，打造服务优质、机制灵活、治理完善、辐射全区和具有品牌特色的城市商业银行。

2.2.2.2 加快发展融资担保机构

贷款业务的发展能够保证自治区一大批重点建设项目和支柱产业的资金需求，能够为工业企业、私营企业和个体经济发展以及外贸出口企业的持续发展提供充足资金支持。宁夏在1958年之前贷款基数较低，增加数额很小，1958年以后，尤其是改革开放以来，贷款增速加快，1978—2007年年均增速达19.3%，远远高于整个社会生产和经济建设的速度。

随着经济的发展变化，贷款结构也发生了很大变化。1958年之前，商业流动资金贷款比重高于工业流动资金贷款，1978年工业贷款比重上升，商业贷款比重有所下降。1978年以后，金融体制发生了变化，贷款范围逐步扩大到固定资产投资领域。1987年，全区银行固定资产投资贷款已达10.97亿元，超过了工业贷款的水平。进入20世纪90年代，为适应经济发展的需要，不断推出大量新的贷款业务种类（如抵押贷款、教育助学贷款、储备贷款、房地产开发贷款、个人住房贷款、汽车消费贷款、进出口押汇、打包放款、个人大额耐用消费品贷款、小额信用贷款等）。截至2018年，宁夏贷款余额为6332.61亿元，比1993年增长45.8倍，其中短期贷款余额为2048.41亿元，中长期贷款余额为3867.49亿元，具体见图2-5。

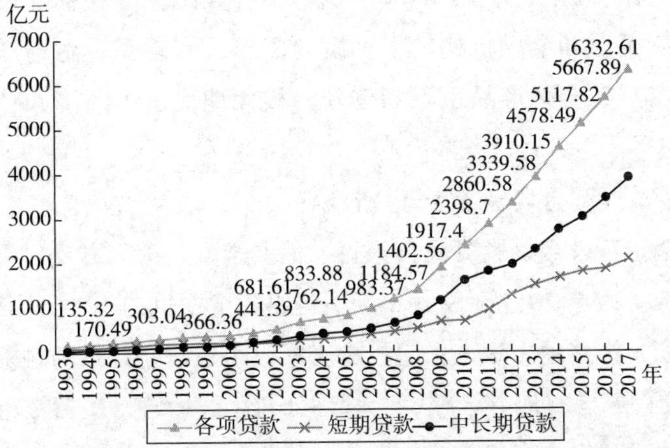

图2-5 1993—2017年宁夏金融机构各项贷款余额

资料来源：《宁夏统计年鉴（2017）》。

融资担保机构的发展有利于发挥杠杆撬动、增信放大和风险分担等作用。“十二五”之前融资担保机构不足，风险较为集中，不能发挥融资杠杆作用。“十二五”期间融资担保公司增加了40家，规范发展非融资担保机构，做强做优自治区级融资担保和再担保机构，发挥骨干带动作用。支持融资担保机构与保险、信托、证券、基金、租赁、资产管理、互联网等方面的协同合作，按照“资源共享、风险共管、优势互补、多赢互利”的原则，增加财政资金投入，建立各级政府融资担保风险补偿基金，完善中小微和“三农”融资担保风险分担及代偿补偿办法，改进绩效考核和风险问责机制，鼓励合作银行在保证金收取、倍数放大、利率水平等方面提供更加优惠的条件。

2.2.2.3 积极推动金融创新

从宁夏回族自治区成立到1978年，金融机构只办理存贷款、非现金结算等业务，而且数量很小。改革开放后，随着市场经济体制的不断演进，金融创新不断涌现，如贷款种类由最初的几种发展到现在的几十种，开办了“牡丹”“长城”“金穗”“万事达”“维萨”等信用卡业务。另外，1978年以来，各种中间业务得到迅猛发展，包括结算业务、代理业务、银行卡业务、基金业务、代客理财业务、政策性住房业务、委托贷款业务、担保业务、咨询业务等。同时，企业债券、金融债券、外汇调剂、大额可转让存单、商业票据等多种金融业务相继开展，较好地满足了宁夏企业和金融机构的多种资金需求，实现了金融资产的优化配置。金融工具、金融产品也不断创新，极大地促进了经济和社会的全面发展。

2.2.2.4 大力实施金融招商战略

宁夏金融管理当局紧盯民营银行、消费金融、第三方支付等金融牌照和金融资源。截至2017年9月，新引进组建金融机构10家，其中引进银行机构5家，组建地方法人保险机构1家，组建政府背景的融资担保机构4家。宁夏首家国有地方金融资产管理公司正式运营，民营银行组建已完成股东资格第三方中介机构审查工作。组建村级互助担保基金管理公司并先行在西吉县试点，永宁、西吉2家村镇银行开业，村镇银行总数达到19

家，县域覆盖率达到 86%。[①]

2.2.2.5　推进自治区级金融示范区建设

根据《宁夏回族自治区金融业发展“十三五”规划》，目前宁夏地区正推进银川阅海湾金融聚集示范区、吴忠清真产业园综合融资示范区、盐池金融扶贫示范区、彭阳普惠金融示范区 4 个自治区级金融示范区的建设，旨在引领全区金融业更好更快发展。

（1）银川阅海湾金融聚集示范区

借鉴国内外金融聚集区建设经验，以推动金融要素聚集、金融服务创新和金融开放合作为抓手，高层次引进设立各类金融业态，高标准吸引各类金融人才，高质量建设完善金融基础设施。建立金融创新激励机制，鼓励组织创新、产品创新、服务创新和监管创新。打造中阿金融合作平台，全面提升金融对外开放水平。配套发展相关金融产业，建设金融高管人才公寓等后台服务区，建成具有聚集、辐射、带动效应的区域金融中心。

（2）吴忠清真产业园综合融资示范区

总结金融扶贫经验做法，重点围绕做大做强企业和产业，在提升金融功能上下功夫。将各类金融资源向产业园区聚集。引进和组建业务特色鲜明的金融服务机构。发挥专业股权投资机构和政府背景担保公司的作用，发展商圈融资和供应链融资。推动园区企业通过上市、挂牌以及发行私募债、集合债、企业债、公司债、绿色债等多种方式，提高园区直接融资比例。积极引进保险资金支持园区重大项目建设。探索运用各类金融资源与园区清真产业集群融合发展的新模式，打造金融、科技、产业融合创新服务体系。

（3）盐池金融扶贫示范区

健全各类服务“三农”和小微企业的金融业态。建立村级互助资金、村级互助担保基金与银行合作放大的融资机制。加大涉农金融业务创新力度，推广各类农村产权抵押贷款业务。围绕当地特色优势产业，发展订单农业融资和产业链金融，以支持龙头企业发展延伸产业链，带动更多农民

① 宁夏回族自治区发展和改革委员会。

脱贫致富。扩大政策性农业保险覆盖面，探索小额贷款保证保险等多种保险保障方式。在金融助推脱贫攻坚中打造“盐池模式”升级版。

（4）彭阳普惠金融示范区

深入实施“金融服务村村通”工程，完善村级金融服务站功能设施，做好农村合作金融试点，加快新型农村金融组织的培育和聚集。开展“信用乡镇、信用村、信用农户”创建活动，打造良好金融生态环境。基本实现乡乡有机构、村村有服务，乡镇一级基本实现银行物理网点和保险服务全覆盖，进一步提高农村金融服务的覆盖率、可得性和满意度。

2.2.2.6　完善金融服务体系

（1）完善对重大项目和重点产业发展的金融服务

建立政府、金融机构、企业三方沟通协调长效机制，加强金融政策与财政政策、产业政策的协调配合，引导金融资源向重大项目和重点企业优化配置。发挥政策性银行、国有商业银行和股份制银行信贷支持的主体作用。支持银行业金融机构采取项目贷款、银团贷款等模式，加强对重点项目和重点产业的信贷支持。支持金融机构参与各种形式的PPP项目，加强对产业园区、产业基地和基础设施建设的信贷支持。通过市场化方式重组和组建一批资本实力强、现金流量大、资信评级高、融资能力强的现代投融资平台公司，增强政府对重点项目和重点产业的投融资能力。拓宽重点产业和重点项目融资渠道，引导企业利用融资租赁方式解决大型设备融资问题。鼓励符合条件的企业发行债券融资。支持交通、公用事业等行业领域的未来收益权证券化。引进保险资金通过股权、债权、产业基金等方式加强对重大项目和重点产业的投资支持。

（2）加强对“三农”和扶贫开发的金融服务

总结推广农村金融改革创新试点经验。实施金融扶贫行动计划，打好财政、银行、证券、保险、担保、基金等的“组合拳”，创建全国以省为单位的金融扶贫试验区。建立自治区级扶贫开发投融资主体。用好扶贫再贷款、支农再贷款和民贸民品贷款、妇女创业贷款等优惠政策。完善涉农贷款风险补偿机制。鼓励农业银行、邮储银行、农村信用社等金融机构向下延伸服务网络。优先支持在贫困地区设立村镇银行、小额贷款公司等机构。扩大农村合作金融组织试点。加快建立村级综合金融服务站。积极推动互联网和移动支付等新型支付方式在农村地区的推广应用，扩大农村金融服务覆盖面。创新农村金融产品和服务。拓宽抵（质）押物范围，大力发展林权、大型农机具等抵押贷款，稳妥开展农村土地承包经营权和农民住房财产权抵押贷款。支持农村信用社、村镇银行等金融机构为贫困户提供免抵押、免担保扶贫小额信贷，由财政按基础利率贴息。把农业保险作为支持脱贫攻坚的重要手段，扩大农业保险覆盖面、增加保险品种、提高风险保障水平，着力推动发展“脱贫保”等保险产品，提高保险服务脱贫攻坚的针对性和有效性。

（3）改进对中小微企业的金融服务

创新中小微企业信贷机制。实行中小微企业信贷业务差异化监管政策，完善中小微企业授信业务制度和信贷考核体系，健全和落实信贷人员尽职免责机制，提高小微企业贷款呆账核销效率。用活用好支小再贷款、再贴现等政策工具。扩大抵（质）押物范围，提高抵（质）押率，鼓励使用动产、应收账款、仓单、股权、知识产权、收益权等进行抵（质）押贷款。发挥小微企业贷款风险补偿基金作用。推动投贷联动，支持商业银行通过与风险投资机构合作，在风险投资机构对企业已进行评估和投资的基础上，以“股权 + 债权”模式对企业投资，形成股权投资和银行信贷联动。拓宽中小微企业直接融资渠道。加快推进中小微企业挂牌、上市。扩大中小微企业集合债券、集合票据发行规模，利用风险缓释机制，探索发行中小微企业高收益债券。支持中小微企业利用区域股权市场加快股权流通。发展服务于中小微企业的互联网金融信息平台，推动信息交流和资源共享。

（4）提升对产业转型升级的金融服务

针对产业转型升级的金融服务，宁夏金融管理当局引导和激励更多社会资金投资于环保、节能、清洁能源、清洁交通等绿色产业。通过财政对绿色贷款的贴息和担保、对商业银行进行绿色评级等手段，鼓励商业银行进一步发展绿色信贷，加大对节能减排、重点污染防治、可再生能源利用等项目的信贷支持，从严控制对高耗能、高污染和资源消耗型企业和项目的信贷投放。强化资本市场对科技创新支持力度，鼓励发展众创、众包、众扶、众筹空间。发挥征信系统在环境保护方面的激励和约束作用。拓展绿色产业发展的投融资渠道，创新用能权、用水权、排污权、碳排放权等投融资机制。推动发展碳租赁、碳基金、碳债券等碳金融产品。鼓励银行和企业发行绿色债券。推动绿色信贷资产证券化。

（5）优化对开放宁夏建设的金融服务

推进金融业双向开放，促进区内区外、国内国外要素有序流动，全方位融入国家“一带一路”倡议，助力内陆开放试验区和丝绸之路经济带战略支点建设。引进境内外战略投资者参股（合作）地方银行、证券、保险、股权（产业）投资基金、金融租赁、消费金融等机构。在推进中阿、中沙等产业园区建设中探索与亚洲基础设施投资银行和丝路基金的对接机制。推进金融服务便利化，助力企业“走出去”。推进租赁保函、海外直贷、协议付款、海外代付等人民币跨境融资产品运用，提升全面服务能力。支持金融机构拓展离岸金融创新业务。加快发展投资银行业务，利用多层次的资本市场为企业提供并购、重组、上市、发债及股权直投等服务。支持出口信用保险、国内贸易信用保险发展，为企业“走出去”提供风险保障、资信调查、商账追收、保单融资等综合服务。

（6）营造良好的金融生态环境

以“金融环境创建奖”评选为契机，建立地方政府金融生态环境建设评价机制和金融信用体系建设考评办法，推动开展诚信市、县（区）以及诚信企业（单位）、诚信社区（乡村）等创建活动。发挥自治区公共信用信息系统（平台）作用，将分散在银行、税务、工商、公安、司法等各个部门的企业和个人信息集中起来，实现信息资源的有效整合和系统链接。发挥信息中介和行业协会的桥梁纽带作用，推动市场化、动态化、专业化的信用评价机制建设。加快建立评级发布制度和信息通报制度，推广信用记录在行政许可、资质认定、招标投标、银行贷款、债券发行等方面的查询应用。实行市场准入“黑名单”制度，加大对金融失信行为的惩戒力度。鼓励各金融机构对诚实守信的市场主体给予贷款利率、额度等优惠政策支持。

（7）推进金融服务便利化

为完善多层次金融市场体系，自治区金融工作局组织召开了货物贸易与资本项目便利化政策培训会，指导企业开展跨境融资业务，2016年以来辖区中资企业通过境外子公司等融入外债资金约1116万美元，利率在0～2%，远低于境内贷款利率。在全区推广实施直接投资登记权限下放银行、资本金意愿结汇等便利化政策，企业不再需要赴外汇局办理相关业务，直接到各外汇银行办理登记、开户手续，实现一站式办结。全口径跨境融资宏观审慎管理新政在宁夏全面实施，统一了中外资企业境外融资政策，中资企业举借外债不再需要外汇局核定外债指标。2016年，有2家中资企业成功从境外融资，年利率分别为2.03%、0.5%，降低融资成本80余万元。民生银行银川分行获批并试运营，宝塔石化财务公司正式营业，亚联盟金融资产交易中心落户宁夏。中国银行宁夏分行在银川河东国际机场布放首台自助外币兑换机，填补了自治区机场无外币兑换渠道的空白。

2.2.2.7　支持中小型企业发展

宁夏金融管理部门推出的金融支持中小型企业发展战略规划，主要包括以下具体措施：

——设立“中小企业助贷基金”。一方面是为解中小型企业资金周转的燃眉之急，该基金一般只需两天就可以完成转贷；另一方面大大节约了企业融资成本。

——发挥“财政＋银行＋保险＋证券＋基金＋担保”组合拳协同效应，破解企业融资难问题。2012年以来，宁夏全区各金融机构为企业让利近3.6亿元。

——积极引进证券保险等各类金融机构57家，形成差异化竞争格局，使银行业金融机构贷款利率大幅下降。2013年全区一般贷款加权平均利率为8.26%，2014年降为8.15%，2015年降为6.3%；多层次资本市场形成为债券融资“开闸放水”，2015年企业发行债券平均融资成本5.72%，低于全区一般贷款加权平均利率0.58个百分点，有效降低了企业财务成本；2017年新组建政府性融资担保机构9家，成为服务中小微企业的主力军。宁夏担保集团对符合条件的企业给予10%～20%的担保费优惠，对部分困难企业担保费减半收取，对创业再就业担保项目免收担保费，自开业至今累计为企业让利1亿元。[①]

2.3 产业支持政策与效果评价

2.3.1 宁夏产业发展情况分析

2.3.1.1 新兴产业发展

在国家和自治区相关产业政策支持下，宁夏新兴产业发展成效显著，具体效果如下：

（1）规模效益不断增长

据测算，战略性新兴产业占GDP比重由2010年的3%提高到2015年的8.2%，完成了“十二五”规划目标。

（2）创新能力显著提高

在先进装备制造业、新材料等重点领域掌握了一批关键核心技术，部分技术实现重大突破并达到国内甚至国际先进水平。

（3）企业实力明显增强

新兴领域技术创新平台建设逐步完善，推动产业发展的作用进一步凸显，培育了一批具有竞争力的骨干企业，部分产品在国内外市场中的竞争力不断增强。

（4）两化融合成效初显

工业企业两化融合水平明显提高，正在由单项应用向集成应用过渡，重大产品和成套装备开始向智能化迈进。

（5）新业态新模式不断涌现

大数据、云计算、移动互联等前沿技术与商业模式创新融合发展趋势初显，催生新业态发展；先进制造业企业逐步由单纯的制造企业向“制造+服务集成”方向转型升级。

---

① 宁夏回族自治区发展和改革委员会。

虽然宁夏战略性新兴产业发展取得了一定成效，但仍然存在一些问题，如产业规模总体偏小、重点产业优势不突出、创新能力仍需提升、产业环境有待优化等。

宁夏未来战略性新兴产业应在“创新、协调、绿色、开放、共享”五大发展理念指引下，促使宁夏进一步依靠产业结构调整、产业技术升级等创新发展理念实现战略性新兴产业持续快速发展，培育形成新的经济增长点。

2.3.1.2　民族特色产业发展

宁夏民族特色产业是宁夏经济发展的一个重要组成部分，也是享受国家优惠政策扶持力度较大的领域。如民族特色文化产业在国家与自治区相关文化产业发展政策的支持下，开展了以下工作：

第一，宁夏回族自治区及有条件的市、县（区）财政设立文化产业发展专项资金。2009—2012 年，宁夏回族自治区财政每年安排 1000 万元专项资金支持文化产业发展，重点扶持有发展前景和竞争力的优势文化产业项目和产品。

第二，有重点地规划建设动漫游戏、出版发行、印刷、影视和文化产品出口等文化产业基地及产业园区。按照“社会力量投资为主、政府专项资金补助为辅”的原则，国家对文化产业基地和园区的公共设施服务平台建设实行财政补助。

第三，鼓励民营资本进入文化产业领域，具体政策按照《国务院办公厅关于印发文化体制改革中经营性文化事业单位转制为企业和支持文化企业发展两个规定的通知》（国办发〔2008〕114 号）文件执行。

第四，鼓励文化产业单位充分运用市场运作方式筹措发展资金，允许文化产业单位以占有和使用的国有资产作为国有资本金参与文化产业领域投资经营。支持符合国家文化产业政策、信誉度好、有实力的文化企业，按照国家有关规定，发行中长期企业债券和短期融资债券，积极推介符合条件的文化企业上市。

2.3.2　宁夏产业结构变化

自新中国成立到 2018 年，宁夏产业结构有了明显改善，由自治区成立时的“一三二”变为现在的“三二一”，结构逐渐趋于合理（见表 2–7）。

表 2–7　1958—2018 年宁夏产业结构变化情况

%

项目	总值	1958 年	1978 年	1990 年	2000 年	2005 年	2010 年	2015 年	2018 年
第一产业	100	73.2	23.5	26	17.3	11.9	9.4	8.1	7.6
第二产业	100	8.9	50.8	39.1	45.2	46.4	49.0	47.6	44.5
第三产业	100	17.9	25.7	34.9	37.5	41.7	41.6	45.4	47.9

数据来源：《宁夏回族自治区统计公报》。

从表 2–7 可以看出三次产业的变动轨迹如下：

第一产业的比重呈现不断下降的趋势。解放初期，宁夏几乎没有现代工业、建筑业，第一产业和第三产业都十分落后。1958 年自治区成立前基本上是以传统的第一产业为主体，占宁夏地区生产总值的 73.2%，第二产业仅占 8.9%，第三产业相对较大，占 17.9 %。60 年来，第一产业在 GDP 中的比重呈持续下降态势，到 1978 年时三次产业结构已变为 23.5：50.8：25.7。20 世纪 90 年代以后，第一产业的比重明显下降，直到 2018 年，第一产业比重已降为 7.6%。

第二产业在 GDP 中所占的比重经历了先升、后降、再升、再降的过程，但总体上看，没有发生大幅变化。在 GDP 结构中，第二产业的比重从 1958 年的 8.9% 上升到 1978 年的 50.8%，然后下降到 1990 年的 39.1%，到 2005 年，再次回升到 46.4%，2008 年上升到 52.9% 的峰值，之后开始缓慢下降，直到 2017 年第三产业比重超过第二产业。

第三产业占 GDP 的比重总体呈现不断攀升之势。第三产业由自治区成立前的 17.9% 上升到 1978 年的 25.7%，1990 年为 34.9%，2000 年为 37.5%，2005 年为 41.7%，2015 年为 45.4%，2017 年为 46.8%，2018 年为 47.9%。

2.4　西部大开发战略与宁夏社会经济发展成果

进入 21 世纪后，党和政府为了帮助西部贫困地区社会经济发展，以提升西部地区人民生活水平与质量，同时也为了缩小东西部间的地区发展差距，国家已先后具体实施了两轮西部大开发战略。宁夏正是国家西部大开发战略的主战场之一。在西部大开发战略实施期间，宁夏不仅积累了许多宝贵的经验，而且社会经济发展成效显著。

2.4.1 西部大开发战略实施背景与总体规划

2.4.1.1 西部大开发战略实施背景

我国西部地区[①]总面积为685万平方千米，约占全国国土总面积的71%，西部地区资源丰富，市场潜力大，战略地位十分重要。但由于自然、历史、社会经济发展等原因，西部地区经济发展相对落后，人均国内生产总值仅相当于全国平均水平的2/3，不到东部地区平均水平的40%，因而迫切需要加快改革开放和现代化建设步伐，以缩小东西部地区间的发展差距，实现地区间的协调发展。所以，支持西部地区开发建设，实现东西部地区协调发展，是我们党和政府领导经济工作的一条重要方针，也是我国现代化建设中的一项重要战略任务。为此国家于1999年正式出台西部大开发战略，2000年3月，九届全国人大四次会议通过的《中华人民共和国国民经济与社会发展第十个五年计划纲要》对实施西部大开发战略进行了具体部署。因此，2000年成为西部大开发战略实施的开启之年。

2.4.1.2 西部大开发战略总体规划

国家西部大开发战略的实施范围包括陕西、甘肃、宁夏、青海、新疆、四川、重庆、云南、贵州、西藏、广西、内蒙古12个西部省、自治区和直辖市。国家确定的西部大开发战略总体规划按50年划分为三个阶段，具体时间划分如下：

（1）奠定基础阶段（2001—2010年）

重点是调整结构；搞好基础设施、生态环境、科技教育等基础建设；建立和完善市场体制，培育特色产业增长点；使西部地区投资环境初步改善；生态和环境恶化得到初步遏制；经济运行步入良性循环，增长速度达

① 西部地区涵盖陕西、甘肃、宁夏、青海、新疆、四川、重庆、云南、贵州、西藏、广西、内蒙古12个省、自治区和直辖市。

到全国平均增长水平。

（2）加速发展阶段（2010—2030年）

重点是巩固提高基础；培育特色产业；实施经济产业化、市场化、生态化和专业区域布局的全面升级；实现经济增长的跃进。

（3）全面推进现代化阶段（2031—2050年）

重点是着力加快边远山区、落后农牧区开发，普遍提高西部人民的生产、生活水平，全面缩小地区差距。

2.4.2 第一轮西部大开发战略与宁夏社会经济发展成果

2.4.2.1 第一轮西部大开发战略的宁夏背景

从当时宁夏面临的经济大环境来看，亚洲经济的继续复苏以及中国即将加入世贸组织，都有利于宁夏增加出口，吸引更多的外资。宁夏当时主要面临的经济工作的指导思想和总体要求是：高举邓小平理论伟大旗帜，认真贯彻落实党的十五大、十五届三中、四中全会和中央经济工作会议精神，抓住西部大开发的历史性机遇，以改革开放与科技进步为动力，以提高经济效应与提高人民生活水平为中心，突出经济结构调整优化和国有企业改革脱困，稳定提高农业产量，进一步抓好工业发展，积极发展第三产业，加快基础设施建设，加快生态环境建设，着力培养新的经济增长点，着力发展优势特色产业、产品，完善市场机制，争取完成"九五"计划，迎接新世纪。

2.4.2.2 第一轮西部大开发战略的宁夏社会经济发展成果

自国家实施西部大开发战略以来，宁夏生态环境保护成效显著，森林资源快速增长，防沙治沙走在了全国前列，退耕还林人均面积位列全国第一，特色林业产业成为农民增收和区域经济发展的新亮点；基础设施建设有了明显改进，公路、高速路全面开建；教育投入大幅增加，各级各类学校办学条件进一步改善，建立了比较完善的具有区域特征和民族特色的现代国民教育体系，基本解决了有学上的问题等。整体来看，宁夏在第一轮西部大开发战略实施后取得的主要成就表现在以下几个方面：

（1）经济实力大幅提升

在改革开放前，宁夏地区GDP尚未突破1000亿元大关。但在西部大开发战略实施阶段，宁夏在 2008 年就突破 1000 亿元达到 1098.51 亿元，到 2010 年，地区生产总值已达 1696.39 亿元（见图 2-6）。在第一轮西部大开发时期，宁夏的 GDP 增长了 4.75 倍。

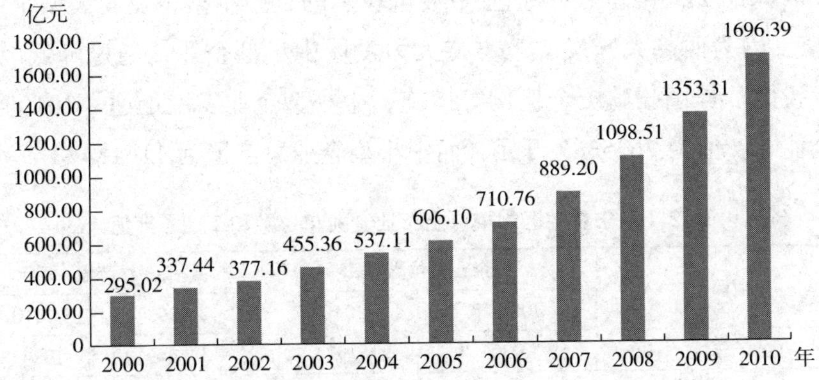

图 2-6 第一轮西部大开发时期（2000—2010 年）宁夏 GDP 变化

资料来源：根据《宁夏统计年鉴》绘制。

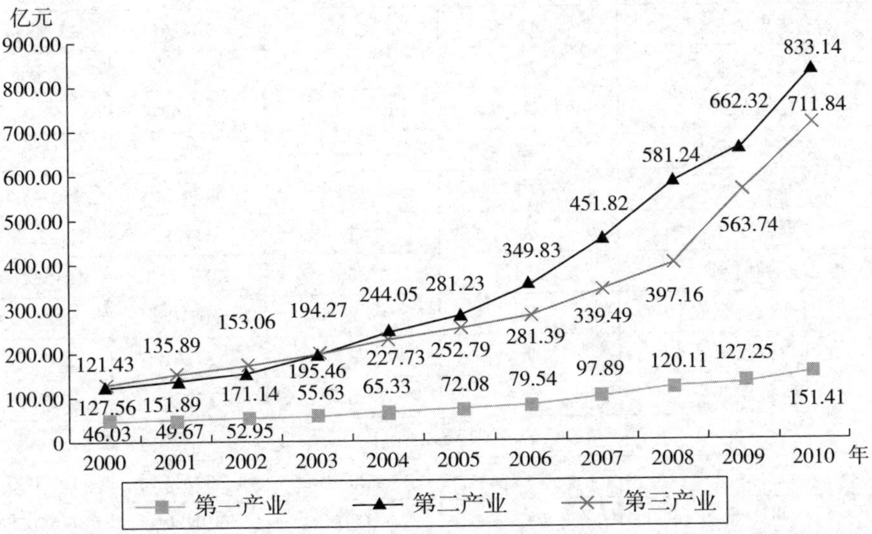

图 2-7 第一轮西部大开发时期（2000—2010 年）宁夏三次产业生产总值变化

资料来源：根据《宁夏统计年鉴》绘制。

图 2-6 和图 2-7 显示，不仅 GDP 总值在发生改变，而且产业结构也在发生变化。在宁夏三次产业结构中，第一产业在第一轮西部大开发的

10年间，发展较为缓慢，增长趋势不明显；第二产业和第三产业在政策的支持下，发展迅速，增长幅度较大，特别是第二产业，到2010年，生产总值已达833.14亿元，工业企业数目达975家（见表2-8），是2000年409家的2.38倍。工业企业中数量较多的是中小型企业，大型企业仅17家。因为西部大开发政策支持大力发展中小型企业，通过降低门槛、减少税收、提高贷款资金比例等措施，中小型企业发展迅速。2010年大型企业总产值为7625387万元，而中小型企业总产值为11618478万元。

表2-8　宁夏地区规模以上工业企业单位数和工业总产值

指标	企业单位数/家		工业总产值/万元	
	2009年	2010年	2009年	2010年
全区总计	970	975	14644914	19243865
在总计中：国有及国有控股企业	111	117	7092454	9622326
按经济类型分				
国有企业	41	31	1894959	2648922
中央企业	12	12	1734261	2525854
地方企业	29	19	160698	123068
集体企业	4	3	11662	5093
股份合作企业	2	6	17001	106909
私营企业	602	593	4434326	5624866
联营企业	2	1	11128	12228
股份制企业	854	856	11821423	15152818
外商投资企业	34	35	607105	819170
港澳台商投资企业	7	8	57761	206955
其他企业	2	6	12270	28328
按轻重工业分				
轻工业	283	285	2692423	3153090
重工业	687	690	11952491	16090775
按企业规模分				
大型企业	17	17	5572301	7625387
中型企业	127	136	5279519	6848766
小型企业	826	822	3793095	4769712

数据来源：《宁夏统计年鉴（2011）》。

（2）全社会固定资产投资和基本建设投资明显增加

2000年，宁夏地区全社会固定资产投资额为1608204万元，其中基本建设投资额为888744万元，而到2010年，宁夏地区全社会固定资产投资额增加到14646971万元，基本建设投资额增加到8755326万元（见表2-9），10年间全社会固定资产投资额增长了8.11倍，基本建设投资额增长了8.85倍。

表2-9　2010年与2000年宁夏全社会固定资产投资与基本建设投资比较

指标	2000年	2010年	2010年比2000年增长倍数
全社会固定资产投资额/万元	1608204	14646971	8.11
基本建设投资额/万元	888744	8755326	8.85

数据来源：《宁夏统计年鉴（2011）》。

（3）农业生产条件明显改善

第一轮西部大开发后，宁夏农业生产条件明显改善，技术水平及设备设施数量逐年增加（见表2-10）。其中，大中型拖拉机、大中型配套农具及联合收割机等设施从2000年到2010年数量大幅增加，农业机械总动力从2000年的380633万瓦特增加到2010年的729125万瓦特。

表2-10　2000—2010年宁夏农业机械拥有量

年份	农业机械总动力/万瓦特	大中型拖拉机/台	小型及手扶拖拉机/台	大中型配套农具/部	农用排灌机械/台	联合收割机/台
2000	380633	4774	157061	—	—	1689
2002	447513	5734	169856	8083	—	1996
2004	528493	12084	169150	13613	26325	1955
2006	592197	15207	169951	18469	26158	2718
2008	657846	18752	173062	33673	29818	3374
2010	729125	27962	179866	51489	27733	6333

数据来源：《宁夏统计年鉴（2011）》。

（4）城乡人民生活水平明显改善

城市居民消费价格总指数明显提高，以改革开放初期1978年为基期，2000年，宁夏城市居民消费价格指数为476.7，到2010年，消费价格指数达到613.6，人民生活水平、消费水平日益改善。同时，城市居民家庭年收入不断提高，2000年人均家庭总收入为4945元，到2010年时，已提升到17537元，10年间提高了2.55倍。

农村居民人均纯收入从2000年的1724元增长到2010年的4675元，10年来提高了1.71倍。农村人民生活条件也得到了较大改善，2010年，农村居民人均住房面积达24.89平方米，相比2000年的人均17.98平方米增加了6.91平方米；住房材料逐渐由砖木结构偏向于混凝土结构。农村居民教育水平有一定幅度的提高，截至2010年，村民劳动力文盲占18.5%，相比2000年降低了1%。

（5）对外贸易步伐加快

由表2-11可知，2010年宁夏的进出口贸易总额达1330934万元，是2000年的3.63倍。宁夏出口产品主要包括铁合金、钽铌铍及制品、金属镁、碳化硅、无毛绒、红霉素、双氰胺、羊绒衫等特色产品。产品出口主要地区包括亚洲、欧洲、非洲、拉丁美洲、北美洲、大洋洲。到2010年，宁夏签订利用外资协议项目共27个，签订利用外资协议额达55210万美元，实际利用外资额23175万美元。

表2-11　2000—2010年宁夏进出口贸易总额　单位：万元

年份	进出口总额	进口总额	出口总额
2000	366656	270998	95658
2004	751829	535026	216803
2008	1317616	881241	436375
2010	1330934	794462	536472

数据来源：《宁夏统计年鉴》。

2.4.3　第二轮西部大开发战略与宁夏社会经济发展成果

2.4.3.1　第二轮西部大开发战略背景与主要内容

2010年6月29日，中共中央、国务院印发了《关于深入实施西部大开发战略的若干意见》（中发〔2010〕11号）（以下简称《若干意见》）。这是党中央、国务院在胜利实施西部大开发战略10周年之际，为了深入推进今后10年西部大开发的关键时刻作出的重大战略部署，也称为第二轮西部大开发战略。第二轮西部大开发战略是西部地区进一步加快发展的又一次重大战略机遇。

代表第二轮西部大开发战略的《若干意见》，其主要内容包括：

（1）加快基础设施建设，提升发展保障能力

继续把交通、水利等基础设施建设放在优先地位，加快构建功能配套、安全高效的现代化基础设施体系。

（2）加强生态建设和环境保护，构筑国家生态安全屏障

以重点生态区为依托，以重点生态工程为抓手，加强部门协作和监测评估，促进生态环境整体趋好。

（3）夯实农业基础，统筹城乡发展

坚持以工促农、以城带乡的方针，改善农业基本生产条件，加强农村基础设施建设，提高农民收入水平，完善农村基本经营制度，积极推进城镇化。

（4）发展特色优势产业，增强自我发展能力

深入实施以市场为导向的优势资源转化战略，坚持走新型工业化道路，建设国家重要战略资源接续区，努力形成传统优势产业、战略性新兴产业和现代服务业协调发展新格局。

（5）强化科技创新，加强人才资源开发

坚定不移地实施科教兴国战略和人才强国战略，着力促进科技进步，提升自主创新能力，加大人才开发力度。

（6）大力发展社会事业，着力保障和改善民生

加快推进以改善民生为重点的社会建设，建立覆盖城乡居民的公共服务体系，中央有关投入向西部地区倾斜，着力促进基本公共服务均等化。

（7）加强重点经济区开发，支持老少边穷地区发展

一手抓重点经济区的培育和壮大，一手抓老少边穷地区脱贫致富，有序有力有效推进西部大开发。

（8）坚持体制机制创新，扩大对内对外开放

坚持发挥市场在资源配置中的基础作用，鼓励和支持西部地区大胆探索、先行先试，以改革促开放，以开放促开发，建立有利于西部地区又好

又快发展的体制机制。

（9）提高公共管理水平，促进社会和谐稳定

切实加强基层组织建设，全面提高社会服务和管理水平，扎实推进民族团结进步，维护社会和谐稳定。

2.4.3.2　第二轮西部大开发战略的宁夏社会经济发展成果

第二轮西部大开发战略属于西部大开发战略加速阶段（2010—2030年）的前期。目前，西部大开发战略正处于前期末端。在这一阶段，通过国家西部大开发战略的进一步推动，宁夏获得了一些特殊优惠政策，如关于中国与阿拉伯经贸论坛优惠政策、综合保税区政策等，这体现了中央对少数民族地区、对宁夏的信任和支持。2010—2018 年，宁夏在第二轮西部大开发战略政策支持下，获得的主要成果体现在以下 4 个方面：

（1）财政政策加大了专项转移支付力度

财政政策专项转移支付重点体现在教育、人才、医疗、社会保障、扶贫开发等方面。2012—2017 年，教育从 2012 年的 106.45 亿元增长到 2017 年的 170.65 亿元，增长幅度提升了 64.20 亿元；文化体育与传媒从 2012 年的 14.44 亿元增长到 2017 年的 22.82 亿元；社会保障和就业支出从 2012 年的 89.60 亿元增加到 2017 年的 162.32 亿元；医疗卫生与计划生育从 2012 年的 46.09 亿元增加到 2017 年的 97.98 亿元，增加了 51.89 亿元；城乡社区事务与农林水事务 2017 年比 2012 年分别增加了 77.36 亿元、82.59 亿元。具体情况见表 2-12。

表 2-12　2012—2017 年宁夏公共财政支出　　单位：万元

年份	一般公共服务	教育	文化体育与传媒	社会保障和就业	医疗卫生与计划生育	城乡社区事务	农林水事务	其他
2012	614428	1064541	144441	896035	460892	1096330	1397982	2968967
2013	641499	1129532	165998	1027729	537729	1337881	1493837	2890614
2014	616790	1226824	160171	1164310	652693	1040745	1570466	3572527
2015	670870	1425106	209656	1462268	741106	1459604	1662705	3753543
2016	757915	1525692	252281	1642422	820297	1821429	2012876	3712468
2017	861544	1706535	228151	1623230	979826	1869973	2223884	4234698

数据来源：《宁夏统计年鉴》。

从图 2-8 可以看出，2012—2017 年，宁夏在教育、医疗、社保、文化、一般公共服务等民生领域的财政支出数额几乎呈线性增长趋势。

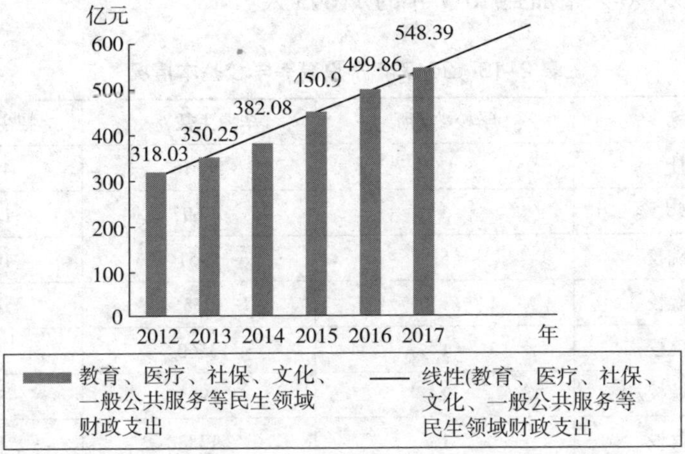

图 2-8　2012—2017 年宁夏在民生领域财政支出变化情况

资料来源：根据《宁夏统计年鉴》绘制。

（2）投资政策重点向基础设施和生态环境等领域倾斜

2017 年，宁夏的公路通车里程达到 2.1 万千米，比 1999 年增加了 1.1 万千米，所有乡镇通油路，高速公路突破 1000 千米，所有市县在 1 小时内可上高速。铁路营业里程达 1059.9 万千米，比 2000 年增加了 276.9 万千米。

（3）金融政策重点发展对外经济

2018 年，全部金融机构本外币各项存款余额为 6046.14 亿元，比 2018 年初增加了 178.92 亿元；全部金融机构本外币各项贷款余额为 7038.52 亿元，比年初增加了 577.14 亿元。同时，2018 年宁夏全区实际使用外商直接投资 2.14 亿美元，全区新批准外商直接投资项目 32 个，合同外资金额 1.59 亿美元，其中，信息传输、软件和信息技术服务业签订利用外商直接投资合同额达 0.5 亿美元，比上年增长 7.3%。

（4）人才政策重点是加大教育投入

加大教育投入，使宁夏教育事业发展迅速，“两基攻坚”、高中教育、教育信息化实现突破性进展，职业教育、高等教育成效显著。到 2017 年，宁夏普通高等学校数量已达18所（见表2–13），其中综合型大学为3所，高等学校总数比2000年多出13所。教职工数量也得到了进一步提升，由2000年的3996人增加到2017年的11695人。

表2–13 2017年宁夏高等学校基本情况

指标	学校数/所	毕业生数/人	招生数/人
总计	18	38616	45380
综合型大学	3	13697	17437
理工院校	5	9451	10753
林业院校	1	255	606
医药院校	1	3560	4299
师范院校	2	3995	3969
民族院校	1	1383	1641
财经院校	2	3738	4310
政法院校	1	1086	1166
艺术院校	1	80	249
成人高校	1	1371	950

数据来源：《宁夏统计年鉴（2018）》。

2.5 “一带一路”倡议与宁夏经济发展

2.5.1 “一带一路”倡议的背景

“一带一路”（The Belt and Road，B&R）是“丝绸之路经济带”和“21世纪海上丝绸之路”的简称。2013年9月和10月习近平主席分别提出建设“新丝绸之路经济带”和“21世纪海上丝绸之路”的合作倡议。它将充分依靠中国与有关国家既有的双多边机制，借助行之有效的区域合作平台，高举和平发展的旗帜，积极发展与沿线国家的经济合作伙伴关系，共同打造政治互信、经济融合、文化包容的利益共同体、命运共同体和责任共同体。

2.5.2 “一带一路”倡议中宁夏的定位与发展策略

2015 年 3 月 28 日，国家发展改革委、外交部、商务部联合发布了《推动共建丝绸之路经济带和 21 世纪海上丝绸之路的愿景与行动》。“一带一路”经济区开放后，承包工程项目突破 3000 个。2015 年，中国国企共对“一带一路”相关的 49 个国家进行了直接投资，投资额同比增长 18.2%。2015 年，我国承接“一带一路”相关国家服务外包合同金额 178.3 亿美元，执行金额 121.5 亿美元，同比分别增长 42.6% 和 23.45%。

在国家战略愿景的发展下，宁夏在“一带一路”战略布局中的定位是：形成面向中亚、南亚、西亚国家的通道、商贸物流枢纽、重要产业和人文交流基地。“一带一路”倡议实施以来，宁夏紧跟国家战略步伐，定位自治区自身经济发展程度，发挥本地产业与文化特色，推动特色产业发展。从 2015 年起，宁夏陆续开展了“一带一路”文化方面的相关活动，发扬“一带一路”精神，带动全民加入特色文化传承。截至 2018 年，宁夏贸促会已经与 8 个国家的 11 个商协会签订了商事法律合作备忘录，覆盖中亚、西亚和北非 3 个区域。

2.5.3 “一带一路”倡议带动下宁夏的经济社会发展成果

2.5.3.1 宁夏地区旅游业发展势头良好

近年来，自治区旅游发展委员会先后举办中阿旅行商大会、中美旅游高层对话、海峡两岸旅游圆桌会议等，积极“走出去”开展宁夏旅游境外宣传推广，在重点入境旅游客源市场投放形象宣传和渠道构建广告项目。随着近两年印度尼西亚旅游包机及“新东方快车·丝路国际专列”陆续入宁以及台湾、香港地区入宁旅游团队的快速增长，境外越来越多的游客开始认识宁夏、来到宁夏。

2.5.3.2 对外进出口增加

据银川海关统计，2018 年全区货物进出口总额 249.16 亿元，比上年下降 27.0%。其中，出口总额 180.48 亿元，下降 27.2%；进口总额 68.68 亿元，下降 26.8%。货物进出口差额（出口减进口）111.8 亿元。2017 年全区货物进出口总额341.29亿元，比上年增长58.9%。其中，出口总额247.71亿元，增长50.5%；进口总额93.58亿元，增长86.7%。货物进出口差额（出口减进口）154.12亿元。对“一带一路”沿线国家进出口总额82.66亿元，增长14.4%。其中，出口总额66.54亿元，增长21.7%；进口总额16.12亿元，下降8.3%。2015—2018年在“一带一路”倡议支持下，对外经济总体来说进出口金额呈上升趋势，如图2-9所示。

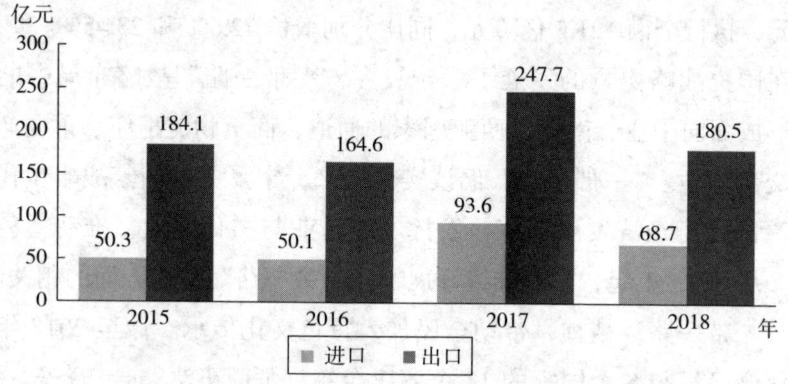

图2-9 2015—2018年宁夏全区货物进出口总额

资料来源：根据《宁夏回族自治区2015—2018年统计公报》整理绘制。

2.5.3.3 宁夏经济试验区与自然资源利用紧密结合

2017年，自治区自然资源厅为深入推进“一带一路”和宁夏地区内陆开放型经济试验区建设工作，加快步伐做好基础工作，在试验区建设中发挥自然资源底图底盘底数作用。一是持续开展土地利用现状变更调查工作。通过年度土地利用现状变更调查，摸清查实全区土地资源家底，全面掌握宁夏地区各类用地的分布和利用情况，为自治区“一带一路”“宁夏内陆开放型经济试验区”建设等重大战略规划实施提供有力支撑。二是积极争取5.1万亩新增建设用地计划指标。经与自然资源部反复沟通对接，争取2018年新增建设用地计划指标5.1万亩，在保障重点交通、水利、基础设施、民生等项目的基础上，对符合用地报批条件的现代煤化工、先进装备制造、新能源、新材料、酿酒葡萄、枸杞等优势产业项目，用地计划指标应保尽保。三是扎实推进不动产登记制度落地生根。不动产统一登记工作实现登记机构、登记簿册、登记依据和信息平台“四统一”，基本建立权界清晰、权责一致、方便群众的不动产登记体系。2018 年，全区共颁发不动产权证书 16.86 万本，不动产登记证明 17.05 万份。四是发挥地理信息数据成果服务职能。充分利用地理信息数据，为宁夏内陆开放型经济试验区能源化工基地建设及公路、铁路、机场等基础设施建设项目提供了控制点、地形图、地理信息数据、遥感影像数据等测绘地理信息成果服务，组织编制了《宁夏回族自治区丝路开放态势地图集》，为政府部门决策、行业产业规划、对外经贸合作等提供准确翔实的参考。

2.5.3.4　特色产业发展迅速

“一带一路”倡议实施以来，宁夏地区积极搭建与国外的商品贸易桥梁，扩大特色商品贸易范围，拓宽特色产业发展道路，因而使特色产业迅速发展。如自治区商务厅积极拓展对俄经贸合作，2017 年，宁夏与俄罗斯实现进出口总额 13.02 亿元，其中出口总额 4.35 亿元，进口总额 8.67 亿元，俄罗斯已成为宁夏拓展与“一带一路”沿线国家合作的重要目标市场。宁夏葡萄酒产业也发展迅速，2018 年，以“紫色梦想 · 丝路明珠”为主题的国际葡萄酒大赛——国际葡萄酒博览在银川国际会展中心举行，邀请 500 余家国内外企业到会采购，其中国际展团包括智利展团、澳大利亚展团、法国展团、意大利展团、葡萄牙展团、西班牙展团、中东欧展团 7 个国家展团 40 家参展企业。

2.5.3.5　脱贫攻坚成效显著

按照每人每年 2300 元[①]（2010 年不变价）的农村贫困标准计算，2018 年宁夏地区农村贫困人口 12 万人，比 2017 年末减少 11.5 万人；贫困发生率为 3.0%，比上年下降 3.0 个百分点。全年全区生态移民人均可支配收入 7602 元，比上年增长 10.9%。同时助力“一带一路”、服务“走出去”企业发展工作的深入推进，宁夏国税局在开展广泛宣传、全面了解掌握本地“走出去”企业经营情况的基础上，提升站位，主动创新，将精准扶贫融入服务“走出去”企业工作中，及时汇集贫困群众生活就业需求，搭建税

① 宁夏回族自治区 2018 年国民经济和社会发展统计公报 [EB/OL].（2019-04-30）[2019-04-30].http：//tj.nx.gov.cn/tjsj_htr/tjgb_htr/201904/t20190430_1470251.html.

务、企业和贫困群众多边沟通渠道，四个“倾心”助力特色农产品平稳顺利走出国门，解决贫困群众就业、农民增收问题，实现精准扶贫。

参考文献

[1] 宁夏回族自治区统计局，国家统计局宁夏调查总队 . 宁夏统计年鉴 (2018)[M]. 北京 : 中国统计出版社 , 2018.

[2]《宁夏财政年鉴》编纂委员会 . 宁夏财政年鉴 (2017)[M]. 银川 : 宁夏人民出版社 , 2018.

[3] 陈超美 . 加大对宁夏民族贸易和民族用品生产的扶持力度 [J]. 市场经济研究 , 2000(3): 38−40.

[4] 项宗西 . 抓住西部大开发机遇 加快宁夏经济和社会发展 [J]. 市场经济研究 , 1999(6): 7−9.

[5] 王娟 , 吴素芳 . 充分利用国家政策 促进宁夏大开发 [J]. 宁夏党校学报 , 2010, 12(6): 23−26.

[6] 继续实施积极的财政政策 着力推进宁夏经济社会又好又快发展 [J]. 中国人大 , 2010(6): 58−59.

[7] 魏淑清 . 宁夏人口问题与政策研究 [J]. 北方民族大学学报 (哲学社会科学版), 2010(2): 75−79.

[8] 党的民族政策在宁夏的成功实践 [J]. 回族研究 , 2008(3): 5−8.

[9] 独娟 . 促进内陆开放型产业发展的财税政策探析——基于宁夏的调研 [J]. 现代商贸工业 , 2016, 37(19): 125−127.

[10] 杨琼 , 杨钟健 . 宁夏清真肉制品产业发展中的财税支持政策分析 [J]. 回族研究 , 2015, 25(3): 112−118.

[11] 李珏 . 宁夏农业政策与贸易政策相协调浅析 [J]. 现代经济信息 , 2015(10): 476−477, 483.

[12] 陈晓伟 . 宁夏 : 政策发力破解人才发展难题 [J]. 中国人才 , 2015(5): 49.

[13] 马瑾．宁夏回族自治区公共政策的发展与完善 [D]. 西安：陕西师范大学，2014.

[14] 唐振华．激励宁夏民间投资政策研究 [J]. 宁夏大学学报（人文社会科学版），2002(4): 69–72, 85.

[15] 霍太茹．宁夏出台政策扶持葡萄酒产业发展 [J]. 中国酒，2016(4): 76.

[16] 李胜连，黄立军，张丽颖．清真食品产业集群治理政策研究——以中国宁夏回族自治区为例 [J]. 世界农业，2015(6): 76–80, 219–220.

[17] 宁夏羊绒产业发展优惠政策 [J]. 纺织服装周刊，2008(32): 74.

[18] 余东来，杨万福，张信晖．宁夏产业技术政策探讨 [J]. 科学学与科学技术管理，1990(2): 26–28.

[19] 马怀政．少数民族地区特色文化产业发展问题研究 [D]. 银川：北方民族大学，2017.

第 3 章　宁夏禀赋结构与升级

包泽华[1]　姜太碧[2]

新中国成立 70 年来，宁夏回族自治区在自然资源使用与治理、人口构成与民族团结融合、国民素质提升、基础设施建设等方面都取得了不菲的成绩。本章将从自然资源与地理结构概况、人口结构与民族构成、教育结构与国民素质提升、基础设施结构与改造升级等几个方面进行阐述。

3.1　自然资源与地理结构概况

宁夏地处我国西北内陆，东部接壤陕西省，西部、北部毗邻内蒙古自治区，南部靠近甘肃省，在西北地区拥有优越的地理位置。宁夏南北相距约 456 千米，东西相距约 250 千米，占地面积约为 6.64 万平方千米。宁夏在历史上是著名的"丝绸之路"必经之处，黄河的流经，除带来了农业发展的有利条件，也孕育了悠久的历史文化。

3.1.1　地理结构概况与行政区划

3.1.1.1　宁夏地理结构概况

宁夏回族自治区位于北纬 35°14—39°23，东经 104°17—107°39。宁夏区域轮廓南北长、东西短。南北相距约 456 千米，北起石嘴山市头道坎北

① 包泽华（1996—　），男，湖南湘西人，西南民族大学经济学院硕士研究生。
② 姜太碧（1964—　），女，重庆铜梁人，经济学博士，西南民族大学经济学院教授、硕士生导师，主要研究方向为农村经济、产业经济。

2 千米的黄河江心，南止泾源县六盘山的中嘴梁；东西相距约 250 千米，西起中卫营盘水车站西南 10 千米的田涝坝，东到盐池县柳树梁北东 2 千米处。

宁夏回族自治区地形呈南北狭长状，地处华北台地、阿拉善台地与祁连山所延伸出的褶皱之间，其地形构造复杂，高原与山地交错。自治区的东至西北面，被腾格里沙漠、乌兰布和沙漠和毛乌素沙地等沙漠和沙地所围绕，其南部与黄土高原相连。地形走势南部比北部高，南部为山地，北部为平原，西部的高低差落比较大，而东部则起伏较小。

3.1.1.2　宁夏行政区划

2017 年宁夏回族自治区行政区划（见表 3–1）表明，宁夏主要乡镇数量以银川市、石嘴山市、固原市等市区聚集为中心。例如，银川市下属 6 个乡 21 个镇，乡镇总数占宁夏乡镇总数的 13.99%，但银川街道办事处数量却占宁夏街道办事处总数的 53.19%，以及居委会的比例高达 47.32%，但是其总面积才占到宁夏的 13.37%。我们可以看出，宁夏市区的人口集聚程度还是比较高的。石嘴山市居委会的占比也达到了 21.2%，而其面积占比只有 7.8%，这个指标比较接近我国现有的城镇化水平。

表 3–1　宁夏行政区划

地区	乡数 / 个	镇数 / 个	街道办事处 / 个	居委会 / 个	村委会 / 个	土地面积 / 平方千米
总计	90	103	47	541	2260	66400.00
银川市	6	21	25	256	256	8874.61
兴庆区	2	2	11	90	35	828.39
西夏区	—	2	7	61	17	1129.75
金凤区	—	2	5	46	23	345.47
永宁县	1	5	1	22	66	1193.95
贺兰县	1	4	—	13	63	1530.78
灵武市	2	6	1	24	70	3846.27
石嘴山市	9	11	16	119	194	5208.13
大武口区		1	10	51	12	1214.84
惠农区	3	3	6	43	38	1361.05
平罗县	6	7	—	26	144	2634.23

续表

地区	乡数 / 个	镇数 / 个	街道办事处 / 个	居委会 / 个	村委会 / 个	土地面积 / 平方千米
吴忠市	15	29	3	69	506	21420.14
利通区	4	8	—	21	100	1414.58
红寺堡区	3	2	1	5	65	3523.09
盐池县	4	4	1	17	102	8377.29
同心县	4	7	—	4	154	5666.85
青铜峡市	—	8	1	22	85	2438.32
固原市	41	21	3	62	821	13449.03
原州区	4	7	3	38	153	3501.11
西吉县	15	4	—	8	295	4000.12
隆德县	10	3	—	10	113	1266.70
泾源县	4	3	—	2	104	1442.71
彭阳县	8	4	—	4	156	3238.40
中卫市	19	21	—	35	465	17448.09
沙坡头区	1	10	—	15	168	6877.44
中宁县	6	6	—	12	128	4192.83
海原县	12	5	—	8	169	6377.82

数据来源:《宁夏统计年鉴(2018)》。

3.1.2 自然资源概况

宁夏回族自治区自然资源丰富，其中土地、湿地、森林、矿产等各种自然资源均具有一定优势。下面将对宁夏主要自然资源情况进行分析。

3.1.2.1 森林资源

宁夏虽地处西北干旱地带，植被破碎，水土流失严重，自国家出台“退耕还林”“退牧还草”等政策以来，群众积极响应国家政策，植树造林、退耕还湿、退牧还草，森林覆盖率从 1950 年的 0.5% 提升到 2017 年的 14%，在近 70 年时间内提升了 27 倍。同时，从表 3-2 中可以看到，宁夏在实际自然环境比较恶劣的情况下，其森林覆盖率虽然与全国平均水平相比还有一定差距，但其提升幅度却超过全国平均水平。例如，2010—2017 年，宁夏的森林覆盖率从 12% 提升到 14%，8 年内提升了 2 个百分点，涨幅达 16.67%，但全国同期的森林覆盖率从 20.36% 提升到 21.66%，8 年内提升了 1.3 个百分点，提升幅度只有 6.39%。另据统计，宁夏 2018 年全区营造林面积为 150.08 万亩[①]，比 2017 年的 107.6 万亩增加了 42.48 万亩，提升了 39.48%。

宁夏地区解放初期森林覆盖率只有 0.5%，且天然次生林主要分布在六盘山、贺兰山、罗山 3 个林区，以及灵武干旱草原的灌木丛林地区。1970—1980 年，宁夏地区的森林覆盖率由 1.8% 上升到 6.37%，森林覆盖率的增加主要是由于林业用地的增加。“六五”建设期间，宁夏地区的森林主要以人工营造林为主，占辖区林地面积的 62.6%。1990 年以后，宁夏地区森林覆盖面积增长放缓，但仍稳步增长。自 2000 年开始，随着“三北”防护林的建设，引黄灌区防护林、包兰铁路防护林、中卫南山太子防护林、毛乌素沙地综合治理工程等一系列造林工程的建设，宁夏地区森林覆盖率的增长幅度有所提升。

宁夏森林资源增加的原因主要有：一是宁夏人民对物质美好生活的需求逐渐转向了对生态文明和物质生活的需求；二是为响应习近平总书记提出的“绿水青山就是金山银山”的号召，保持绿色旅游经济发展的原生动力，坚持由粗放式、低效率经济向高效、绿色经济转型，以增强经济发展的内生动力和为新一轮的经济增长打好基础。

表 3-2　宁夏森林覆盖率与全国之比

%

年份	宁夏森林覆盖率	全国森林覆盖率
1950	0.50	—
1960	—	—
1970	1.80	—
1980	6.37	—
1990	9.80	—
2000	10.00	18.21
2010	12.00	20.36
2017	14.00	21.66

数据来源：根据《宁夏统计年鉴》和《中国统计年鉴》整理计算。

① 宁夏回族自治区 2018 年国民经济和社会发展统计公报 [EB/OL].（2019-04-30）[2019-04-30]. http://tj.nx.gov.cn/tjsj_htr/tjgb_htr/201904/t20190430_1470251.html.

3.1.2.2 土地资源

根据2017年的统计数据，宁夏回族自治区2017年的耕地数量为129.32万公顷，园地为5.0万公顷，林地为76.73万公顷，草地为208.80万公顷，交通运输用地为8.2万公顷，城镇村及工矿用地为27.40万公顷，水域及水利设施用地为17.55万公顷，见表3-3。另从有详细土地分类统计数据发布的2001年来看，2001年宁夏各种土地数量为：耕地数量为129.03万公顷，园地为3.34万公顷，林地为28.88万公顷，草地为242.41万公顷，交通运输用地为3.63万公顷，城镇村及工矿用地为16.63万公顷，水域及水利设施用地为15万公顷。由此我们可以计算出宁夏2017年比2001年各类土地资源的变化情况分别为：耕地增加0.29万公顷，增加比率为0.22%，主要得益于近年来“引黄灌溉”措施的实施，加上农业灌溉技术如滴灌的进步；园地增加面积为1.66万公顷，增加比率为49.70%；草地自2001年减少了33.61万公顷，减少幅度为13.86%，主要是因为其他草地的减少；城镇村及工矿用地增加10.77万公顷，增加比率为64.76%，一是得益于宁夏城镇化水平的提升，二是因为其丰富的矿产资源存在的资源优势；水域及水利设施用地则增加2.55公顷，增加比率为17%。

表3-3 2017年宁夏地区土地资源 单位：公顷

指标	数量	指标	数量
耕地	1293243	—	—
灌溉水田	185515	农村道路	41620
水浇地	326156	管道运输用地	96
旱地	781572	机场	983
园地	50041	城镇村及工矿用地	274047.97
果园	27966	城市	41749
其他园地	22075	建制镇	50699
林地	767263	村庄	148719
有林地	165142	采矿用地	21362
灌木林	315593	风景名胜及特殊用地	11519.06
其他林地	286528	水域及水利设施用地	175503
草地	2088003	河流水面	21526
天然草地	1455974	湖泊水面	9296
人工草地	35706	水库水面	6111

续表

指标	数量	指标	数量
其他草地	596323	坑塘水面	30060
交通运输用地	82299	内陆滩涂	33512
铁路	7779	沟渠	71754
公路	31820	水工建筑物	3245

数据来源:《宁夏统计年鉴(2018)》。

3.1.2.3 水资源

宁夏是中国水资源最少的省区,大气降水、地表水和地下水都十分贫乏,空间分布不均、时间变化大等是宁夏水资源的突出特点。

根据宁夏地区的数据统计(见表 3-4),宁夏水资源中有黄河干流流经,其干流的水流量达到 325 亿立方米,其中供宁夏直接或间接利用的就有 40 亿立方米。水资源总体上在 2010 年以后无大的变化。根据数理统计计算,能被利用的黄河干流水能理论蕴量 195.5 万千瓦。虽然拥有 40 亿立方米的可利用水资源,但是宁夏地区水力资源在区域上分布不平衡,其中北部引黄灌区拥有了绝大部分水资源,黄河干流则蕴含了绝大多数的水能。最为缺水的地区为中部干旱高原丘陵区,除地表水量较小以外,其水质含盐量也相较其他地区要高,由于大部分水质属苦水或地下水埋藏较深而无法利用,这导致能用来灌溉的价值较低。南部属于半干旱半湿润山区,该区域河系发育相比其他地区较好,主要河流有清水河、苦水河、葫芦河、泾河、祖厉河等。

表 3-4 2017 年宁夏地区水域及湿地资源保有量 单位:公顷

指标	数量
水域及水利设施用地总计	175503
其中:河流水面	21526
湖泊水面	9296
水库水面	6111
坑塘水面	30060
内陆滩涂	33512
沟渠	71754
水工建筑物	3245

数据来源:《宁夏统计年鉴(2018)》。

3.1.2.4 水文气象资源

宁夏回族自治区深居西北内陆，位于非常典型的大陆性半湿润半干旱气候覆盖区域，一年中的雨季多集中在夏秋之交的6—9月，特点是冬季寒冷期长于夏季酷暑期，一年当中雨雪稀少，气候干燥，风沙大，北部气温反而比南部要高。宁夏地区的平均海拔达1000米以上，夏季的温度不会特别酷热；来年1月平均气温在零下8℃以下，极少有极端低温，且极端低温在零下22℃以下的情况很少。宁夏地区大陆性半湿润半干旱气候的显著特征有：昼夜温差较大，日照时间比一般地区长，太阳辐射比一般地区要强，宁夏地区的年平均气温一般在5～9℃。引黄灌区为全区高温区，固原地区为低温区。

地区降水南多北少，主要集中在夏季6月。年平均降水400毫米地区主要为干旱山区，引黄灌区年平均降水量只有157毫米。统计数据显示，1995年引黄灌区年降水量为203.7毫米，而干旱山区年降水量达317.8毫米。宁夏地区的西海固片区位于自治区南部，由黄土丘陵区的西吉、海原、固原、彭阳、同心等7个国家级贫困县连片组成。年均300毫米左右的雨量，远远小于1000毫米的蒸发量，该区域长年气候干燥，自然灾害多发。据统计，该地区年均降水量在300～677mm。日照时间全年达3000小时，无霜期有150天左右，宁夏地区是我国日照和太阳辐射最充足的区域之一。宁夏地区水文气象资源的历年变化详细情况见表3–5。

表3–5 宁夏引黄灌区与干旱山区的比较

年份	降水量/毫米		无霜期/天		初霜日（日/月）	
	引黄灌区	干旱山区	引黄灌区	干旱山区	引黄灌区	干旱山区
1957	122.3	160.3	166	152	25/9	25/9
1965	115.9	178.7	123	189	6/9	14/10
1970	208.0	260.0	158	199	29/9	29/9
1975	172.4	188.6	166	177	4/10	29/10
1978	283.6	384.6	164	188	18/9	27/10
1985	252.5	477.8	180	208	1/10	20/10
1990	252.8	386.7	161	173	13/10	24/10
1995	203.7	317.8	142	212	24/9	25/9
2000	110.0	214.0	181	181	15/10	1/11

续表

年份	降水量 / 毫米		无霜期 / 天		初霜日（日 / 月）	
	引黄灌区	干旱山区	引黄灌区	干旱山区	引黄灌区	干旱山区
2001	202.1	298.0	165	180	4/10	9/10
2002	259.3	280.0	169	223	5/10	23/10
2003	203.0	281.7	197	185	14/10	5/10
2004	122.3	194.5	150	169	1/10	21/10
2005	83.4	119.4	207	226	8/10	14/10
2006	168.4	224.3	192	191	8/10	14/10
2007	207.9	307.2	193	207	14/10	19/10
2009	181.5	176.9	196	216	17/10	17/10
2010	168.9	202.9	196	194	26/10	25/10
2011	188.7	218.0	236	208	14/10	15/10
2012	295.1	285.7	190	188	17/10	17/11
2013	148.3	248.6	189	187	16/10	16/10
2014	196.1	424.3	227	192	3/11	3/11
2015	195.5	238.3	200	198	29/10	28/10
2017	205.3	346.8	218	212	30/10	30/10

数据来源：《宁夏统计年鉴（2018）》。

3.1.2.5　矿产资源

宁夏的矿产资源主要以煤炭等非金属矿产为主，金属矿藏相较其丰富的煤炭等资源，相对不占优势。其中煤炭探明储量为 340.97 亿吨，保有量为 328.21 亿吨，其储量名列全国前茅，位居第六。非金属矿产主要有熔剂用灰岩、冶金用白云岩、冶金用石英岩、冶金用砂岩、铸型用砂、耐火黏土等，其保有量均在 73% 以上。宁夏矿产资源储量及保有量具体情况见表 3–6。

表 3–6　2017 年宁夏矿产资源储量、保有量

矿产名称	查明资源储量	资源保有量	保有比率 /%
能源矿产			
煤炭 / 亿吨	340.97	328.21	96
金属矿产			
铁矿（矿石）/ 万吨	378.64	227.95	60
铜矿（铜）/ 吨	45904.25	41527.46	90
铅矿（铅）/ 吨	7943.02	7943.02	100
锌矿（锌）/ 吨	2352.13	2352.13	100

续表

矿产名称	查明资源储量	资源保有量	保有比率 /%
镁矿（矿石）/ 万吨	7286.99	6758.02	93
金矿（金）/ 千克	1247.09	1185.00	95
银矿（银）/ 吨	62.29	56.81	91
冶金辅助原料非金属矿产			
熔剂用灰岩（矿石）/ 万吨	2484.10	2430.40	98
冶金用白云岩（矿石）/ 万吨	24105.61	24105.61	100
冶金用石英岩（矿石）/ 万吨	113917.27	113275.62	99
冶金用砂岩（矿石）/ 万吨	442.44	362.87	82
铸型用砂（矿石）/ 万吨	107.80	78.60	73
耐火黏土（矿石）/ 万吨	505.70	461.30	91
化工原料非金属矿			
硫铁矿（矿石）/ 万吨	15.73	15.58	99
芒硝（矿石）/ 万吨	12900.00	12900.00	100
电石用灰岩（矿石）/ 万吨	18947.93	18779.73	99
制碱用灰岩（矿石）/ 万吨	47661.93	47661.93	100
盐矿（矿石）/ 万吨	117971.31	117971.31	100
磷矿（矿石）/ 万吨	1376.98	1268.12	92
建材和其他非金属矿产			
石膏（矿石）/ 万吨	450410.35	449433.10	100
水泥用灰岩（矿石）/ 万吨	437723.00	427097.29	98
玻璃用白云岩（矿石）/ 万吨	143.00	116.00	81
玻璃用砂岩（矿石）/ 万吨	980.74	933.20	95
水泥配料用砂岩（矿石）/ 万吨	755.00	674.80	89
玻璃用砂（矿石）/ 万吨	117.00	80.70	69
陶瓷土（矿石）/ 万吨	187.78	178.13	95
砖瓦用黏土（矿石）/ 万立方米	993.10	776.16	78
水泥配料用黏土（矿石）/ 万吨	3613.00	3305.07	91
建筑用辉绿岩（矿石）/ 万立方米	253.00	253.00	100
饰面用大理岩（矿石）/ 万立方米	208.00	208.00	100
水泥配料用板岩（矿石）/ 万吨	1314.00	1292.00	98
砚石（矿石）/ 万吨	15.32	15.32	100

数据来源：《宁夏统计年鉴（2018）》。

注："保有比率"是指资源保有量与查明资源储量之比，用来衡量一个地区对资源保护性开发的强度。

宁夏矿产资源种类不多，煤炭资源与非金属矿产资源比较丰富，产地相对集中，开发强度不大，开发潜力大。归纳起来，宁夏矿产资源具有以下特点：

（1）矿种较少

在全国探明资源储量的 162 种矿产中，宁夏只有 39 种（含亚矿种），占全国的 24.07%，且以煤为主。

（2）沉积矿产分布广泛，资源潜力大

宁夏含煤地层面积达 1.17 万平方千米，占全区总面积的 17.6%。

（3）矿产地相对集中

煤主要分布在贺兰山、宁东、宁南和香山 4 个煤田，90% 以上的石膏资源分布在中宁、同心与盐池县。

（4）少数矿种质量特优

石炭井矿区、石嘴山矿区是宁夏地区最大的焦煤生产基地；汝箕沟矿区所产的无烟煤（“太西煤”）是世界珍稀煤种，具有低灰、低硫和高发热量、高化学活性、高含碳量、高块煤率等优质特点，质量排全国首位，可以用于造气、生产碳素制品、冶金高炉喷吹；不黏结煤的主产区位于宁东煤田，该地区所出产的煤炭是气化和生产活性炭的优质原料；固原炭山的长焰煤是目前全国少有的液化用煤，液化率达 70% 左右。银川市地热田的地热水为含锶、溴、碘、硼酸、偏硅酸的氯－钠型医疗热矿水，具有多种医疗作用，对人体有益，该地区的医疗热矿水国内外罕见。

（5）多数矿产埋藏浅，开发技术条件好

根据宁夏回族自治区 2020 年规划，其目标是基本建立安全、稳定、经济的资源保障体系，以求能够比较稳定地形成节约高效、环境友好、矿地和谐的绿色矿业发展格局，以此有效且快速地提升矿业发展的质量和效益，开创资源开发保护与矿业发展新局面。

3.1.2.6　*旅游资源*

宁夏旅游资讯网 2016 年的统计数据显示，地文景观类旅游资源全国共有 16 个，宁夏占了 6 个，占比为 37.5%；水文景观类全国共有 7 个，宁夏有 3 个，占比为 42.9%；历史遗产类，全国有 21 个，宁夏占 16 个，达 76.2%；旅游服务类资源，全国共有 7 个，宁夏地区占 5 个，占比为 71.4%。除丰富的旅游资源类型外，宁夏目前有沙漠旅游、历史遗迹、回乡文化等特色旅游文化资源，已形成沙湖、沙坡头、西夏王陵、六盘山、青铜峡、金水六大旅游景区共 98 个对外开放的旅游景点，开发的旅游项目比较丰富，如黄河漂流、沙漠探险、沙湖观鸟、西夏访古、徒步长城、生态农业旅游、回乡风情等。

宁夏由于拥有丰富的旅游资源，因此 2017 年接待游客人次达 6.53 万人，其中国外游客人数达 3.32 万人，占比超过 50%，带来了 3763 万美元的外汇收入，即平均每一位外国游客带来了接近 1000 美元的外汇收入。宁夏 2017 年旅游业发展情况与全国比较，见表 3-7。

从表 3-7 可以看出，2017 年宁夏的旅游人数和旅游收入基本位列全国末位，这显然与宁夏拥有的旅游资源在全国的排位极不相称，说明宁夏的旅游资源尚未充分利用，今后对旅游资源的开发尚有较大空间。

表 3-7　2017 年全国旅游人数与外汇收入

地区	旅游人数 / 万人次	外国人 / 万人次	旅游外汇收入 / 百万美元
北京	392.56	332.00	5129.81
天津	79.21	68.53	3751.47
河北	91.01	70.40	578.69
山西	67.00	43.47	350.14
内蒙古	184.83	175.70	1245.56
辽宁	278.85	217.05	1778.06
吉林	148.43	128.34	765.79
黑龙江	103.88	98.46	479.58
上海	719.33	589.48	6698.65
江苏	370.10	241.75	4194.72
浙江	589.06	430.13	3586.44
安徽	351.09	205.28	2880.78
福建	691.74	292.87	7588.03
江西	174.69	57.05	629.92
山东	440.52	316.14	3174.04
河南	155.89	99.69	661.55

续表

地区	旅游人数 / 万人次	外国人 / 万人次	旅游外汇收入 / 百万美元
湖北	368.14	277.95	2104.74
湖南	322.28	155.48	1295.37
广东	3654.52	864.83	19960.40
广西	512.44	255.38	2395.63
海南	111.95	78.70	681.02
重庆	224.85	136.21	1947.59
四川	336.17	241.29	1446.54
贵州	32.40	13.49	283.27
云南	667.69	507.52	3550.33
西藏	34.35	26.88	197.51
陕西	383.74	262.06	2704.40
甘肃	7.88	4.22	20.86
青海	7.02	5.70	38.29
宁夏	6.53	3.32	37.63
新疆	77.41	67.15	810.81

数据来源：《中国统计年鉴（2018）》。

3.2 人口结构与民族人口发展

宁夏回族自治区作为中华人民共和国的五大自治区之一，自1958年成立以来，在中国共产党的领导下经历了艰苦卓绝的奋斗，无论是在民族团结建设方面，还是在人口与经济社会的稳定发展方面，都取得了令人瞩目的成就。

3.2.1 宁夏回族自治区人口与民族人口结构变化历程

在宁夏回族自治区的人口组成中，虽然包含汉族、回族、藏族、满族等35个民族，但人口最多的是汉族和回族，见表3-8。根据宁夏回族自治区2018年国民经济和社会发展统计公报，截至2018年末，宁夏地区总人口为688.11万人，其中回族人口251.49万人，回族人口占总人口的比重为36.55%。

表 3–8 宁夏民族人口和构成

年份	汉族		回族		其他少数民族	
	人口数 / 人	比重 /%	人口数 / 人	比重 /%	人口数 / 人	比重 /%
1950	876725	69.60	381806	30.31	1088	0.09
1953	1009963	66.86	498783	33.02	1737	0.12
1958	1303335	67.35	629797	32.54	2031	0.11
1960	1515958	71.16	612379	28.75	1979	0.09
1965	1569719	69.22	695061	30.65	3071	0.13
1970	1931177	69.63	839353	30.26	2950	0.11
1975	2280396	69.54	995202	30.35	3630	0.11
1978	2457551	69.11	1094660	30.78	3617	0.11
1980	2565593	68.65	1167257	31.23	4319	0.12
1985	2797427	67.47	1337561	32.26	11227	0.27
1990	3098093	66.53	1538925	33.05	19756	0.42
1995	3374813	65.86	1724148	33.65	24884	0.49
1996	3424762	65.71	1761876	33.80	25461	0.49
1997	3465287	65.51	1797247	33.98	26867	0.51
1998	3507446	65.37	1829700	34.10	28520	0.53
1999	3537134	65.11	1865903	34.34	29854	0.55
2000	3602104	64.98	1910101	34.46	31009	0.56
2001	3649994	64.81	1950424	34.63	31793	0.56
2002	3694928	64.65	1987129	34.77	33319	0.58
2003	3741161	64.48	2024723	34.90	36028	0.62
2004	3774150	64.22	2064854	35.13	38138	0.65
2005	3816891	64.02	2105192	35.31	39946	0.67
2006	3856020	63.87	2140903	35.46	40382	0.67
2007	3874218	63.49	2182260	35.76	46040	0.75
2008	3909502	63.29	2220417	35.95	47020	0.76
2009	3952260	63.22	2251503	36.01	48260	0.77
2010	4096692	64.72	2191810	34.63	41048	0.65
2011	4062457	63.53	2286692	35.76	45400	0.71
2012	4121574	63.68	2301225	35.56	49109	0.76
2013	4163420	63.64	2328975	35.60	49543	0.76

续表

年份	汉族		回族		其他少数民族	
	人口数 / 人	比重 /%	人口数 / 人	比重 /%	人口数 / 人	比重 /%
2014	4197864	63.45	2361434	35.70	56078	0.85
2015	4214914	63.11	2407400	36.05	56464	0.84
2016	4250493	62.98	2441466	36.18	56998	0.84
2017	4284479	62.84	2475664	36.31	57730	0.85
2018	—	—	2514900	36.55	—	—

数据来源：根据《宁夏统计年鉴（2018）》和《宁夏回族自治区 2018 年国民经济和社会发展统计公报》整理。

新中国成立后，根据宁夏地区人口构成和民族人口发展变化情况，大致可以分为以下 5 个阶段：

（1）第一阶段（1950—1958 年）：社会主义改造时期，回族人口增长较快

新中国成立以来，到 1957 年我国完成了社会主义三大改造，标志着我国正式成为一个社会主义国家。宁夏作为我国西北少数民族聚居区，在 1950—1965 年，宁夏回族自治区社会主义发展的 15 年，也取得了不错的成绩。首先，在人口增长上，从 1950 年开始，汉族与回族的人口总数增长都接近翻了一番；其次，从人口占比变化看，汉族人口比例由 1950 年的 69.60% 降为 1958 年的 67.35%，下降了 2.25%，相反，回族人口比例由 1950 年的 30.31% 上升为 1958 年的 32.54%，上升了 2.23%。

（2）第二阶段（1959—1965 年）：经历了三年自然灾害，人口增长缓慢

在经历了三年自然灾害（1959—1961 年）后，1960—1965 年，总人口数从 1960 年的 2130316 人增加到 1965 年的 2267851 人，增长了 137535 人，增长比例为 6.5%，这在新中国早期的人口增长速度上，属于放缓阶段。不过值得一提的是，1950—1965 年其他少数民族人口增长有了大幅提升，同比 1950 年增长了 182.3%。这除了与早期的民族政策有关，也受到当时国家对西部的援建以及人口在地区间的自由流动的影响。

（3）第三阶段（1966—1971 年）：国民经济逐渐恢复，总人口开始再次增长

总体而言，在新中国成立 70 年来，我国取得了举世瞩目的成就，仅仅用几十年的时间走过了西方发达国家几百年走过的发展历程，但是我们也经历了一些磨难。如在 1966—1976 年“文化大革命”期间，宁夏回族自治区经历了不少考验，单从人口增长来看，1965 年总人口增长了 98980 人、1970 年总人口增长了 503157 人，增长比率分别为 4.7% 和 22.78%。其他少数民族人口增长自 1965 年来开始放缓，1970 年其他少数民族人口为 2950 人，相比 1965 年的 3071 人减少了 121 人，增长率为 -4.1%。

（4）第四阶段（1972—2011 年）：计划生育开始与人口增长的变化

1972 年，随着社会经济的发展，人们进一步认识到人与自然的关系，在马寅初等经济学家的大力推动下，我国开始实行计划生育政策，这是符合当时我国国情的政策，在当时有效地缓解了人口急剧增长带来的环境与自然治理的压力。自计划生育政策实施开始，全国的人口增长总量得到了控制，社会与环境治理压力有所下降，从而使国家有了更好的能力去发展经济。宁夏回族自治区于 1972 年成立计划生育机构，首先在银川市、石嘴山市等人口密集与汉族人口较多的地区开始实施试点。人口节育率从 1979 年的 46.28% 上升到 2017 年的 91.99%，上升了 45.71 个百分点，相比计划生育开始时的节育率有大幅上升。其中，少数民族同胞中采取各种节育措施人数，从 1985 年的 134011 人增加到 2005 年的 368432 人，节育率从 1985 年的 66.11% 上升至 2005 年的 88.73%，虽然以后年份未再作详细统计，但能够充分说明宁夏回族自治区的群众开始接受计划生育这一国策。

表 3–9　宁夏人口计划生育状况

年份	已婚育龄妇女人数 / 人		采取各种节育措施人数 / 人		节育率 /%		领取独生子女证人数 / 人	
	合计	少数民族	合计	少数民族	合计	少数民族	合计	少数民族
1979	508985	—	235560	—	46.28	—	—	—
1980	522377	—	274823	—	52.61	—	3249	—
1985	642996	202714	502048	134011	78.08	66.11	34961	6204

续表

年份	已婚育龄妇女人数 / 人		采取各种节育措施人数 / 人		节育率 /%		领取独生子女证人数 / 人	
	合计	少数民族	合计	少数民族	合计	少数民族	合计	少数民族
1990	854353	273182	695877	200383	81.45	73.35	79400	6995
1995	986322	324715	890234	284327	90.26	89.56	124105	11128
1996	1019995	338682	933088	303927	91.48	89.74	129738	11294
1997	1045379	351026	952531	313232	91.12	89.23	130714	11732
1998	1070721	363660	968450	317290	90.45	87.25	135032	12218
1999	1090681	371306	979795	323070	89.83	87.01	135864	11514
2000	1101214	369538	993341	327596	90.20	88.65	135866	11867
2001	1119278	363471	1011630	334608	90.38	92.06	138694	10990
2002	1137026	344071	1022832	330093	89.96	95.94	141848	11814
2003	1151773	396789	1039803	349116	90.28	87.99	139662	12563
2004	1161088	404450	1053142	357673	90.70	88.43	126280	11456
2005	1173526	415211	1066291	368432	90.86	88.73	127570	11983
2006	1155239	—	1045821	—	90.53	—	114095	—
2007	1192461	—	1082676	—	90.79	—	121201	—
2008	1219697	—	1103869	—	90.50	—	118034	—
2009	1249649	—	1132844	—	90.65	—	121836	—
2010	1263078	—	1143429	—	90.53	—	122687	—
2011	1276589	—	1167638	—	91.47	—	126842	—
2012	1252766	—	1167043	—	93.16	—	120289	—
2013	1257262	—	1153318	—	91.73	—	112217	—
2014	1255662	—	1159024	—	92.30	—	111515	—
2015	1275934	—	1176100	—	92.18	—	112682	—
2016	1324565	—	1224065	—	92.41		—	—
2017	1340427	—	1233001	—	91.99	—	—	—

数据来源：《宁夏统计年鉴（2018）》。

1982 年 8 月 18 日，宁夏第四届人民代表大会常务委员会第十五次会议通过并颁布了《宁夏回族自治区计划生育暂行条例》（以下简称《条例》）。《条例》规定，国家干部、职工、城镇居民这类人群，根据全国标准推行“独生子女”制度；农村人口最多只能生两个，部分少数民族地区如固原、西吉、隆德等县农村地区最多只能生三个，这形成了宁夏城乡有别、民族有别的生育政策。

宁夏自 1982 年开始全面推行计划生育政策，在人口的增长与控制上取得了突出的成就，同时对民族政策的贯彻，使得其他少数民族的人口比例尽量稳定不变。因此，1982 年计划生育政策推行后，到 1996 年增长率控制在 1.25%，已经达到了低速增长阶段，在后来的 15 年中依然保持着相对较低的增长速度，并且呈现出稳步下降的趋势，且较 1995 年之前平均下降了 8.62 个百分点。

（5）第五阶段（2012 年至今）：放开计划生育，“二胎”政策出台，但效果不明显

2012 年以来，我国为缓解“未富先老”所带来的人口老龄化，以及避免青壮年劳动力出现断层，因此放开了自 1982 年开始执行的“城镇只生一胎”计划生育人口政策，也就是说，国家准备在政策层面放开“二胎”政策。但是 2012 年以来，“二胎”政策对新生人口增长效果并不明显，2012—2017 年，平均年增长率为 1.05%，低于 1996 年的 1.25%，而随着人口自然增长率的降低、老龄化人口的增加，即使出生率有细微上升，其对人口增长的效应还是微小的。究其原因，主要表现在：第一，现在生育小孩的夫妻多是从计划生育政策过来的，一般都是独生子女，只生一个的观念还是比较稳固；第二，现在社会生活压力加大，20 世纪 80 年代出生的人，多处于事业上升期，他们会更多地考虑晚生晚育，以及生二胎所带来的各种成本，这又会导致相当一部分人选择放弃生二胎。所以，“二胎”政策收效甚微也是有原因的。

宁夏回族自治区各阶段人口变化具体情况，详见宁夏六次人口普查数据。具体而言，第六次人口普查情况为：宁夏常住人数为 6301350 人。其中，男性人数为 3228812 人，占总人口的 51.24%；女性人数为 3072538 人，占总人口的 48.76%。男女性别比（设女性为 100，男性人数对女性人数之比）为 104.99。总人口中 14 岁以下的有 1353743 人，占总人数的 21.48%；15～64 岁有 4543690 人，占总人数的 72.11%；65 岁及以上有 403917 人，占总人数的 6.41%。汉族人口为 4069412

人，占总人数的64.58%；各少数民族人数为2231938人，占总人数的35.42%，其中回族人数为2190979人，占总人数的34.77%。具有大专以上大学文化程度的人数为576702人；具有中专及高中文化程度的人数为784596人；初中文化程度的人数有2120623人；包括各类学校的毕业生、肄业生和在校生在内，拥有小学文化程度的人数有879440人。城镇常住人口有3018347人，占总人数的47.90%；乡村的常住人口有3283003人，占总人数的52.10%。

3.2.2 宁夏回族自治区人口发展特点

根据对宁夏地区六次人口普查数据的解读，再结合宁夏回族自治区人口增长五个阶段进行分析，得出宁夏人口增长的几大特点。

3.2.2.1 人口增速放缓

根据宁夏回族自治区六次人口普查数据（见表3–10），宁夏回族自治区在前三次普查中，人口不断增长，并且增长速度逐次递增；而后三次普查处于实行计划生育阶段，其人口增速不断下降。“二普”比“一普”增加60.13万人，“三普”比“二普”增加178.81万人；但从“四普”开始，人口增速明显放缓，其中，“四普”比“三普”只增加75.98万人，“五普”比“四普”增加83.1万人，“六普”比“五普”增加81.49万人。实际上，1990年以来宁夏回族自治区的人口增长速度，也是中国人口自然增长的一个缩影，人口增速下降是自然增长率下降所导致的。宁夏回族自治区人口自然变动情况见表3–11。由表3–11可知，从2007年开始，宁夏的人口自然增长率已降至10‰以内了，且呈现出不断下降的趋势。

表3–10 宁夏六次人口普查数据

指标	1953.7.1（一普）	1964.7.1（二普）	1982.7.1（三普）	1990.7.1（四普）	2000.11.1（五普）	2010.11.1（六普）
总人口/万人	150.62	210.75	389.56	465.54	548.64	630.13
男/万人	80.74	110.84	200.68	238.95	281.35	322.74
女/万人	69.88	99.91	188.87	226.60	267.29	307.40
性别比（以女性为100）	115.55	110.95	106.25	105.45	105.26	104.99
家庭户规模（人/户）	5.10	4.98	5.09	4.57	3.82	3.17

续表

指标	1953.7.1（一普）	1964.7.1（二普）	1982.7.1（三普）	1990.7.1（四普）	2000.11.1（五普）	2010.11.1（六普）
各年龄组人口 / 万人						
14 岁以下 / 万人	61.27	91.39	160.71	157.07	155.67	134.80
15 ~ 64 岁 / 万人	84.84	114.56	216.39	292.13	368.42	455.05
65 岁及以上 / 万人	4.51	4.80	12.45	16.34	24.55	40.29
民族人口构成						
汉族 / 万人	100.07	145.71	265.13	310.74	359.06	408.64
占总人口比重 /%	66.43	69.14	68.06	66.75	65.45	64.85
回族 / 万人	50.37	64.70	123.52	152.44	186.24	217.38
占总人口比重 /%	33.44	30.70	31.71	32.75	33.95	34.50
其他少数民族 / 万人	0.17	0.34	0.91	2.36	3.34	4.12
占总人口比重 /%	0.13	0.16	0.23	0.50	0.60	0.65
每十万人拥有的各种受教育程度人口 / 人						
大专及以上 / 人	—	380	659	1610	3690	9316
高中和中专 / 人	—	1250	5294	8010	10934	12580
初中 / 人	—	4080	15542	20272	27859	33813
小学 / 人	—	18730	25686	29424	31845	29656
文盲人口及文盲率						
文盲人口 / 万人	—	—	105.01	103.27	61.77	41.92
文盲率 /%	—	—	45.89	33.48	15.72	6.65
城乡人口 / 万人						
城镇人口 / 万人	—	24.94	75.58	119.75	180.39	302.21
乡村人口 / 万人	—	185.81	313.98	345.79	368.25	327.93

数据来源：《宁夏统计年鉴（2018）》。

表 3-11　宁夏人口自然变动情况

年份	年平均人口 / 人	出生		死亡		自然增长	
		人数 / 人	出生率 /‰	人数 / 人	死亡率 /‰	人数 / 人	自然增长率 /‰
1950	1228560	49536	40.32	25284	20.58	24252	19.74
1953	1467318	58707	40.01	28437	19.38	30270	20.63
1958	1864485	73316	39.32	27936	14.98	45380	24.34
1960	2109436	34970	16.58	29331	13.90	5639	2.68
1965	2208416	106191	48.08	20509	9.29	85682	38.79
1970	2711573	109191	40.27	17168	6.33	92023	33.94
1975	3225840	117747	36.50	25073	7.77	92674	28.73
1978	3511449	99991	28.48	19169	5.46	80822	23.02

续表

年份	年平均人口/人	出生		死亡		自然增长	
		人数/人	出生率/‰	人数/人	死亡率/‰	人数/人	自然增长率/‰
1980	3689265	92069	24.96	17430	4.72	74639	20.24
1985	4107443	70552	17.18	15934	3.88	54618	13.30
1990	4655451	113470	24.34	25759	5.52	87711	18.82
1995	5081264	97967	19.28	27896	5.49	70071	13.79
1996	5167972	98347	19.03	27132	5.25	71215	13.78
1997	5250750	99239	18.90	28511	5.43	70728	13.47
1998	5327534	96908	18.19	27224	5.11	69684	13.08
1999	5399279	97025	17.97	30506	5.65	66519	12.32
2000	5488053	90501	16.49	25090	4.57	65411	11.92
2001	5587713	92477	16.55	27045	4.84	65432	11.71
2002	5673794	93164	16.42	27575	4.86	65589	11.56
2003	5758644	90296	15.68	27238	4.73	63057	10.95
2004	5839527	93257	15.97	27971	4.79	65286	11.18
2005	5919586	94299	15.93	29302	4.95	64997	10.98
2006	5999667	93175	15.53	29038	4.84	64137	10.69
2007	6069912	89835	14.80	30592	5.04	59243	9.76
2008	6139729	87860	14.31	28366	4.62	59494	9.69
2009	6214481	89364	14.38	29208	4.70	60156	9.68
2010	6290787	88981	14.14	32110	5.10	56871	9.04
2011	6362050	86842	13.65	29774	4.68	57068	8.97
2012	6433229	85305	13.26	27856	4.33	57449	8.93
2013	6506923	85371	13.12	29281	4.50	56090	8.62
2014	6578657	86180	13.10	29801	4.53	56379	8.57
2015	6647077	83886	12.62	30444	4.58	53442	8.04
2016	6713868	91946	13.69	31697	4.72	60249	8.97
2017	6783415	91169	13.44	32221	4.75	58948	8.69

数据来源：《宁夏统计年鉴（2018）》。

3.2.2.2 生育水平下降，再生产类型发生根本变化

宁夏回族自治区六次人口普查数据，反映出宁夏人口再生产类型具有以下两个特征：

（1）家庭户人口规模在减少

由1953年的平均每户5.1人到1982年的每户5.09人，家庭户人口规模相对稳定，但是从1990年开始，家庭户人口规模在逐渐下降，由1990

年的每户 4.57 人降到 2000 年的每户 3.82 人，减少幅度达到了 19.63%，说明我国的户人口数变化较大。

（2）14 岁以下的青少年的人口规模在逐年下降

14 岁以下的青少年人口 1982 年为 160.71 万人，之后逐年下降，如果以上年普查年度数据为基期，1990 年的 157.07 万人相比 1982 年的 160.71 万人，下降幅度为 2.26%；2000 年较 1990 年下降幅度为 0.899%；2010 年较 2000 年下降幅度为 13.41%。14 岁以下的青少年的人口规模逐年下降，说明宁夏回族自治区的生育水平在不断地下降。年轻人口的减少，也预示着未来宁夏再生产类型将发生变化。

由图 3-1 可知，根据 1953—2017 年宁夏地区统计的第一产业与第二产业的增长比率，可以看出以农业为主的第一产业增速在不断下降。2017 年，第一产业生产总值为 250.62 亿元，而第二产业生产总值已经达 1580.57 亿元。第二产业生产总值是第一产业的 6.3 倍。第二产业的年增长率接近第一产业的 1.5 倍，以工业等制造业为代表的第二产业的产值大大超出第一产业产值，说明宁夏的产业结构不断优化，工业即第二产业在其经济增长中属于最重要的支柱。而工业的高速发展为不断增长的人口提供了就业机会。同时，从事第一产业人口的挤出，也迫使劳动力转向劳动密集型的工业、制造业等第二产业。

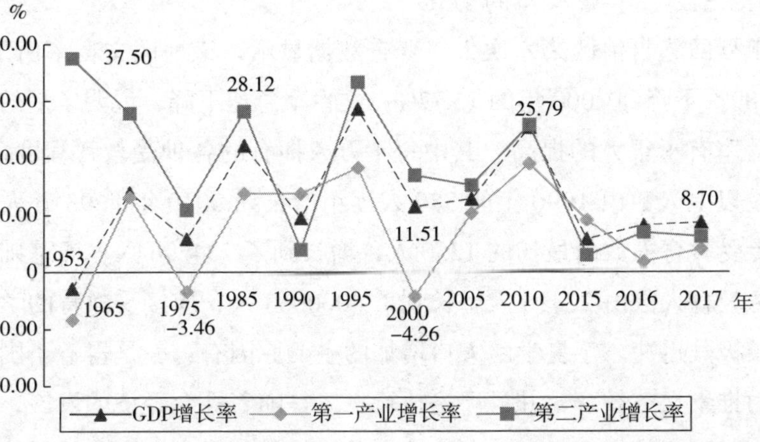

图 3-1 1953—2017 年宁夏地区 GDP、第一产业与第二产业增长率变化

资料来源：根据《宁夏统计年鉴》绘制。

3.2.2.3 人口老龄化趋势加强

宁夏回族自治区65岁及以上的人口由1953年的4.51万人增长到了2017年的89.59万人，占总人口比重由1953年的2.99%提升到2017年的13.14%。而随着14岁以下的青少年人口规模的逐年下降，生育水平也将逐渐下降，人口老龄化趋势将进一步增强，这势必会对宁夏65岁及以上的老年人退休、社保、护理等基础社会保障或设施提出新的要求。

3.2.3 宁夏回族自治区未来人口展望

3.2.3.1 宁夏人口总量变化

宁夏人口统计数据显示，2018年末全区总人口688.11万人（占全国大陆总人口13.95亿人的4.93‰），其中回族人口247.71万人，占全区总人口的36%，宁夏是全国最大的回族聚居区。其人口总量自1953年第一次人口普查以来，一直在不断增长，虽然在1990年以后增速开始放缓，但是2011年以后人口依然实现年平均0.8%以上的增长率，2017年人口自然增长率为8.69‰。如果按人口自然增长率逐年递减0.28‰（如2016—2017年），在现有人口基数与人口增速基础上，到2021—2022年，宁夏回族自治区将实现全区人口总数突破700万人。

3.2.3.2 学龄人口的变化

宁夏回族自治区第六次人口普查数据显示，该地区文盲率由1982年的45.89%下降到2000年的15.77%，文盲率急速下降，说明宁夏的基础教育覆盖率有了很大的提高。其中每十万人拥有的各种受教育程度人口中，大专及以上人数由1990年的380人逐年增长到2010年的9316人；高中和中专受教育人数由最初的1250人，增长到了784596人；而基础的中小学义务教育人数由22810人增长到了4000063人，应接受教育的学龄人口数增长极其迅速。宁夏学龄人口增加的主要原因有：一是得益于国家和政府大力推崇义务教育，并且严格执行；二是随着社会经济的发展，宁夏人民拥有了更好的物质条件，以及社会分工结构的根本改变，使得接受进一步的教育成为每个人的共识。

3.2.3.3 劳动人口变化

根据宁夏回族自治区第六次人口普查数据，随着出生率的下降，以及人口老龄化程度的加深，宁夏的劳动人口数量在不断发生变化，由1953年第一次人口普查的84.84万人增长到454.3690万人。但值得注意的是，其中14岁以下的青少年人口在逐渐减少，由155.67万人减少到135.3743万人；而老年人口则由4.51万人增长到40.3917万人。随着新生儿的减少以及65岁以下的劳动人口的逐渐老去，未来劳动力不足的局面应引起重视。

3.2.3.4 人口老龄化

根据宁夏回族自治区第六次人口普查数据，老龄化人口数量正在快速递增，在2010年就已达到6%，2017年末宁夏参加城镇职工基本养老保险居民数为216.32万人，较上年度增加10.41万人。宁夏回族自治区2018年国民经济和社会发展统计公报显示，目前城乡人数为688.11万人，15岁以下人口只有152万人，能参加城乡居民基本养老保险的人数理论上应有536万人，然而事实上，2018年末参加城乡居民基本养老保险人数为181.37万人，只占能参加基本养老保险总人数的33.83%。“未富先老”的局面正在成为中国社会治理的又一社会难题。

3.3 教育结构与国民素质提升

新中国成立70年以及改革开放40年来，宁夏回族自治区的科技、教育与国民素质提升等方面都取得了较大成就。本节将主要分析宁夏回族自治区70年来教育与国民素质提升方面的发展与变化。

3.3.1 教育事业取得重大发展

据《宁夏统计年鉴（2018）》（见表3-12），截至2017年，全区各级各类学校如普通高等院校、中等技术学校等教育场所共1725所，在校学生人数达121.58万人，占全区总人口的17.83%。其中普通高等教育规模一直处于增长阶段，且增长较快，2017 年普通高等教育在校生人数是 1978 年的 43.73 倍。中等职业技术教育规模也在增长，虽然总体在校生人数相对减少，但是 2017 年中等职业技术教育的在校生人数仍是 1978 年的 14.37 倍。其中，2017 年相对 2012 年减少 30015 人，减少比例为 28.65%。普通中学和小学的就读人数减少 59107 人，占中小学在校人数的 5.5%。特殊教育在校生人数增长迅速，2017 年在校生人数是 1990 年的 26.33 倍。

表 3-12　宁夏教育发展情况

指标	1978 年	1980 年	1990 年	2000 年	2010 年	2017 年
普通高等教育						
普通高等学校 / 所	5	4	7	5	15	19
地方高等教育场所 / 所	5	4	6	4	14	18
教职工数 / 人	1523	1896	3579	3996	9174	11695
专任教师 / 人	652	787	1609	1894	5931	8196
毕业生数 / 人	623	356	2213	3054	21011	33133
招生数 / 人	1234	1277	2324	7107	26394	39422
在校学生数 / 人	2890	4156	7992	17163	83415	126392
中等职业技术教育						
中等技术学校 / 所	14	20	26	25	23	15
成人中等专业学校 / 所	—	—	25	21	3	2
职业高中学校 / 所	—	—	32	29	13	13
教职工数 / 人	923	1744	5173	6150	3388	3482
专任教师数 / 人	446	801	2420	3532	2444	2752
毕业生数 / 人	1863	2571	10328	11867	28493	24660
招生数 / 人	2780	3450	12278	15731	42521	25067
在校学生数 / 人	5198	8420	33021	41719	101878	74742
普通中学教育						
普通中学 / 所	667	508	450	433	337	310
教职工数 / 人	11856	14101	20635	23782	30496	35178
专任教师数 / 人	8759	10437	16182	20145	27484	31075
毕业生数 / 人	75977	63800	85054	89091	129695	142484

续表

指标	1978 年	1980 年	1990 年	2000 年	2010 年	2017 年
招生数 / 人	103214	79100	93667	119559	151166	145751
在校学生数 / 人	232929	223747	284440	318263	449147	428017
小学教育						
小学 / 所	5318	5107	4242	3267	2027	1353
教职工数 / 人	23429	25532	29685	36586	33849	32552
专任教师数 / 人	21559	22657	27165	34694	33212	34239
毕业生数 / 人	82305	75000	87189	104758	109658	99430
招生数 / 人	128425	123100	99938	119419	101270	96628
在校学生数 / 人	612983	583687	667296	657352	653669	581350
特殊教育						
特殊教育学校 / 所	—	—	1	3	7	13
在校学生数 / 人	—	—	202	414	1516	5319

数据来源：《宁夏统计年鉴（2018）》。

近年来，因各级各类学校办学条件显著改善，教育普及程度不断提高，宁夏率先在西部地区基本普及高中阶段教育，建成西部最大的职业教育园区，营养改善计划“宁夏模式”在全国得到推广，教育综合指数居西部前列。

3.3.2　教职工队伍不断壮大

由表 3–12 可知，截至 2017 年，全区的地方高等教育场所达 18 所，毕业生达 33133 人次，占在读普通高等院校总人数的 26.21%。其中普通高等教育的教师队伍一直在不断扩大，且增长较快，2017 年普通高等教育院校的教职工队伍是 1978 年的 7.67 倍；中等职业技术教育院校的教师队伍规模也在增长，虽然总体人数相比普通高等教育人数较少，而且自 2000 年以来其教师规模有了大幅下降，但是 2017 年中等职业技术教育的教职工人数仍是 1978 年的 3.77 倍；普通中学和小学的教职工人数也一直在增长，2017 年为 67730 人；特殊教育学校的规模增长迅速，2017 年在校生人数是 1980 年的 26.33 倍，毋庸置疑的是，其教职工人员的数量相比 1990 年有了较大幅度的增长。

3.3.3 国民素质提升显著

宁夏地区第六次人口普查显示，2010 年度辖区内具有大学（指大专以上）文化程度的人口为 576702 人，具有高中（含中专）文化程度的人口为 784596 人，具有初中文化程度的人口为 2120623 人。另外，全区人口的文盲率由 1982 年“三普”时的 45.89% 下降到 2010 年“六普”时的 6.65%，在近 30 年时间内下降了 39.24%，说明宁夏人口的总体文化水平与总体人口素养都有了较大幅度的提升。另根据统计数据，宁夏地区 1978 年受高等教育的人数仅有 3513 人（包括毕业生与在校生人数），2017 年的总人数增长到 159525 人，2017 年受高等教育的人数是 1978 年的 45.4 倍，近 40 年的年均增长率在 116% 以上。

3.4 基础设施结构与改造升级

随着经济与社会的发展，宁夏的基础设施经历了一系列的结构改造与升级。本节将从卫生机构、基础设施建设、交通运输里程、能源生产、城镇化等方面分析宁夏的变化情况。

3.4.1 卫生事业发展成就显著

根据《宁夏统计年鉴（2018）》，宁夏地区医疗卫生机构总数由 1950 年的 156 个增长到 2017 年的 4272 个，近 70 年间增长了 26.38 倍，年均增长率达 40.87%。2017 年宁夏地区医疗卫生机构中，公立医院有 209 个，基层医疗卫生机构有 3966 个，各乡镇有卫生院 220 个，所有城市及市区拥有社区卫生服务中心 166 个，2000 多个村落共有 2301 个村卫生室；2017 年，辖区有疾控中心 25 个，卫生监督机构、卫生监督所共 25 个。

这里我们拟用 2017 年与 2001 年的数据进行对比，分析全区卫生事业的发展变化情况。2001 年，全区卫生技术人员共 27942 人，2017 年末辖区卫生技术人员共 49714 人，2017 年相比 2001 年增长了 77.9%，年均增长率为 4.87%。2001 年拥有执业医师及执业助理医师资格证书的共 10523

人，其中注册护士人数达 6922 人，占 2001 年全区卫生技术人员的比例为 24.77%；2017 年 49714 名卫生技术人员中，拥有执业医师及执业助理医师资格证书的共 18187 人，其中注册护士人数达 21568 人，占总卫生技术人员比例为 43.3%，2017 年注册护士占比相比 2001 年有所上升，主要是因为宁夏地区的医疗卫生机构总数增长迅速，对卫生技术人才的需求大幅增长。2001 年，乡镇卫生院拥有床位共 1566 张，2017 年末，乡镇卫生院共有床位 3354 张，2017 年比 2001 年增长了 114%，年均增长率为 7.14%；2001 年城区医院拥有床位共 12142 张，2017 年城区医院拥有床位共 34822 张，2017 年比 2001 年增长了 187%，年均增长率为 11.67%。

3.4.2　社会基础设施建设投资额大幅提升

根据宁夏回族自治区 2018 年国民经济和社会发展统计公报，宁夏地区的全社会固定资产投资额，1952 年只有 502 万元，到 2017 年已达 3813.38 亿元[①]，年均增长 1150 倍。该地区的基础设施建设日益完善，辖区内所有市县高速公路全通、所有乡镇油路全通、所有行政村公路全通。

2017 年，宁夏建成并已投入使用中南部城乡饮水、400 万吨煤制油、宁夏至浙江直流输电工程等一批有利于促进宁夏地区经济社会发展的重大基础设施项目。随着吴忠市至中卫市的城际高铁、银西高铁、中兰高铁、包银高铁等一系列快速铁路运输工程的投资与建设，宁夏地区实现更高质量的发展蓝图，宁夏地区人民多样化、品质化出行的梦想正在不断地成为现实。

3.4.3　交通运输里程大幅增长

由表 3–13 可知，宁夏全区铁路运营里程总数由 1978 年的 421 千米增长到 2017 年的 1059.9 千米，近 40 年间增长了 1.52 倍，年均增长率达 3.9%。全区公路运输里程由 1978 年的 5227 千米增长到 2017 年的 34561 千米，增长了 5.61 倍，40 年间年均增长率为 14.39%。宁夏的民航运输事

① 宁夏回族自治区 2018 年国民经济和社会发展统计公报 [EB/OL].（2019–04–30）[2019–04–30]. http：//tj.nx.gov.cn/tjsj_htr/tjgb_htr/201904/t20190430_1470251.html.

业增长迅猛，由1978年的1300千米增长到2017年的118925千米，40年间增长了90.4倍，年增长率达232.00%。宁夏社会固定投资额的大幅上升，又对其基础设施改造与升级提供了大量的资金支持，这将进一步促进宁夏的陆、空运输事业的快速发展。

表3-13 宁夏交通运输里程变化情况 单位：千米

年份	铁路营业里程	公路	民航
1978	421.0	5227	1300
1979	437.7	6848	1300
1980	421.0	6848	1300
1985	421.0	7016	1300
1990	421.0	8200	1400
1995	769.0	8554	8683
2000	780.0	10171	16823
2001	780.0	10899	21242
2002	780.0	11245	27336
2003	780.0	11916	30101
2004	780.0	12456	28627
2005	785.6	13078	21248
2006	783.0	19903	21219
2007	783.0	20562	36253
2008	783.0	21008	44197
2009	783.0	21805	50602
2010	1032.0	22518	54221
2011	1029.0	24506	52388
2012	1029.3	26522	61406
2013	1029.0	28554	76720
2014	1029.0	31276	117107
2015	1029.3	33240	114286
2016	1059.9	33940	108041
2017	1059.9	34561	118925

数据来源：《宁夏统计年鉴（2018）》。

3.4.4 能源生产情况

由表3-14可知，截至2017年底，宁夏地区一次能源生产量（以电热当量计算）达到5260万吨标准煤，是1958年86.4万吨标准煤的60.88

倍。另外，2017 年原煤生产占据了整个一次能源的 94.5%，这很大程度上得益于其庞大的煤炭储量以及优质的煤炭资源。水电、风电及光伏发电占比只有 5.5%。2017 年，原煤与水电、风电及光伏发电的增长分别是 1958 年的 57.53 倍、27.68 倍。

表 3–14　电热当量计算法

年份	一次能源生产量 / 万吨标准煤	占能源生产总量的比重 /%			
		原煤	原油	天然气	水电、风电及光伏发电
1958	86.4	100.0	—	—	—
1965	219.9	100.0	—	—	—
1970	348.3	97.0	—	—	3.0
1975	580.4	92.1	1.3	—	6.6
1978	806.4	88.5	7.0	—	4.5
1980	810.8	85.5	10.0	—	4.5
1985	973.1	89.6	5.9	—	4.5
1990	1115.2	92.4	3.3	0.1	4.2
1995	1132.1	93.4	4.9	0.7	1.0
2000	1238.3	83.0	16.0	0.2	0.8
2005	1756.8	98.4	0.3	—	1.3
2010	4503.3	98.9	0.3	—	0.8
2011	5339.2	99.0	0.2	—	0.8
2012	5680.3	98.3	0.3	—	1.4
2013	5839.9	97.8	0.2	—	2.0
2014	5717.7	97.3	0.2	—	2.5
2015	5371.6	96.6	0.3	—	3.1
2016	4838.5	95.0	0.2	—	4.8
2017	5260.0	94.5	—	—	5.5

数据来源：《宁夏统计年鉴（2018）》。

虽然水电、风电及光伏发电在 2017 年只占能源生产总量的 12.6%（以发电煤耗计算），但是我们可以看到其增长百分比呈现逐年上升的趋势（见表 3–15）。这说明宁夏地区在能源生产总量大幅增加的同时，清洁能源的生产结构正在不断优化，当然也意味着宁夏的能源结构正在优化。其中原油、天然气等由于大部分时间数据缺失等原因未能显示。

表 3-15　发电煤耗计算法

年份	一次能源生产量 / 万吨标准煤	占能源生产总量的比重 /%			
		原煤	原油	天然气	水电、风电及光伏发电
2000	1261.3	81.5	15.7	0.2	2.6
2001	1333.2	79.7	17.9	0.1	2.3
2002	1499.8	78.8	18.8	0.3	2.1
2003	1783.2	80.0	17.7	0.6	1.7
2004	1621.7	97.5	0.4	—	2.1
2005	1800.5	96.0	0.3	—	3.7
2006	2205.3	96.5	0.4	—	3.1
2007	2616.5	97.0	0.4	—	2.6
2008	2947.0	96.9	0.5	—	2.6
2009	3782.0	97.4	0.4	—	2.2
2010	4564.1	97.6	0.3	—	2.1
2011	5408.4	97.7	0.2	—	2.1
2012	5803.1	96.3	0.2	—	3.5
2013	6014.7	95.0	0.2	—	4.8
2014	5926.7	93.9	0.2	—	5.9
2015	5622.1	92.2	0.3	—	7.5
2016	5182.1	88.7	0.2	—	11.1
2017	5682.5	87.4	—	—	12.6

数据来源：《宁夏统计年鉴（2018）》。

由表 3-15 可见，截至 2017 年底，宁夏地区一次能源生产量（以发电煤耗计算）达到 5682.5 万吨标准煤，是 2000 年 1261.3 万吨标准煤的 4.5 倍。另外，原煤生产占据了整个一次能源的 87.4%。水电、风电及光伏发电占比达到了 12.6%，2017 年，原煤与水电、风电及光伏发电的增长分别是 2000 年的 4.83 倍、21.66 倍。即使考虑到一次能源生产统计方法存在差异，我们仍可以看到宁夏对清洁能源的利用和开发的技术水平正在不断提升。

3.4.5　城镇化发展

根据《宁夏统计年鉴》，宁夏的城镇化率从 2000 年的 32.54% 增长到 2017 年的 57.98%，城镇化率的增长率为 78.18%，年均增长率为 4.6%。相比而言，2000 年全国城镇化率为 36.2%，2017 年为 58.52%，全国城镇化率的增长率为 61.65%，年增长率为 3.62%。2000—2017 年，宁夏城镇化率虽然比全国城镇化率同期分别低 3.66% 和 0.54%，但从城镇化率的年增长率来看，宁夏地区的城镇化率增长率超过全国水平。由此可以预见，宁夏的城镇化速率正在不断追赶全国城镇化水平，差距在不断缩小。

在宁夏回族自治区城镇化建设中，宁夏乡村建设成就显著，乡镇数量不断优化和调整（见表 3-16）。

表 3-16　宁夏乡镇与村民委员会变化情况　　单位：个

年份	乡镇数			村民委员会
	合计	乡数	镇数	
1978	246	—	—	2168
1979	247	—	—	2189
1980	251	—	—	2285
1985	279	256	23	2393
1990	288	248	40	2501
1995	295	238	57	2595
1996	299	241	58	2586
1997	299	239	60	2592
1998	299	239	60	2602
1999	299	238	61	2607
2000	309	245	64	2692
2001	291	233	58	2732
2002	293	234	59	2664
2003	188	96	92	2627
2004	188	95	93	2527
2005	191	97	94	2382
2006	187	93	94	2362
2007	191	93	98	2311
2008	191	93	98	2308
2009	191	93	98	2319
2010	192	93	99	2319
2011	193	92	101	2283
2012	192	91	101	2263
2013	193	92	101	2269
2014	193	91	102	2260
2015	192	90	102	2272
2016	193	90	103	2269
2017	193	90	103	2260

数据来源：《宁夏统计年鉴（2018）》。

宁夏城镇化发展成就还可从城市建设上体现出来（如图 3-2 所示）。其中，建成区面积由 2004 年的 236 平方千米增加到 2017 年的 458 平方千米，同比增长 194.06%；城市建设用地面积也在逐年上升，由 2004 年的 217 平方千米增长到 2017 年的 403 平方千米，同比增长 187.55%；征用土地情况，由 2004 年的 25 平方千米下降至 2014 年的 3 平方千米，而后逐渐上升到 2017 年的 14 平方千米；城市人口密度由 2012 年的 1251 人 / 平方千米，上升到 2017 年的 1388 人 / 平方千米，同比增长 110.95%。

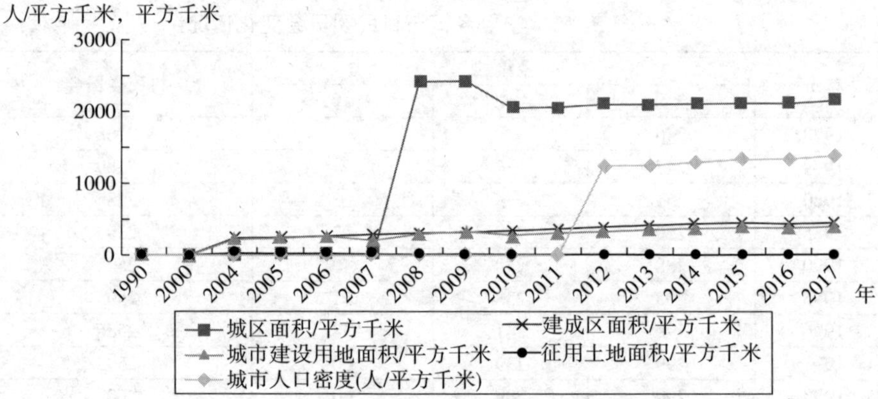

图 3-2 宁夏城市建设变化情况

资料来源：根据《中国统计年鉴（2018）》和《宁夏统计年鉴（2018）》绘制。

参考文献

[1] 宁夏回族自治区统计局 . 宁夏奋进跨越 60 年 [M]. 北京 : 中国统计出版社 , 2009.

[2] 宁夏回族自治区统计局，国家统计局宁夏调查总队 . 宁夏统计年鉴 (2018)[M]. 北京 : 中国统计出版社 , 2018.

[3] 李澜，等 . 宁夏回族自治区经济史 [M]. 太原 : 山西经济出版社 , 2016.

[4] 刘尚梅，等 . 宁夏回族自治区卫生事业发展状况分析 [J]. 宁夏医学杂志 , 2003.

第 4 章　宁夏 70 年来经济增长与结构优化

吴雨轩[①]　姜太碧[②]

宁夏回族自治区在新中国成立 70 年来，经济总量增长迅速；经济结构不断优化，产业结构不断完善，并对经济增长结构优化的贡献突出；社会就业结构明显改善；城乡和县域经济发展逐步协调。因此，本章主要对以上各方面内容进行详细分析与说明。

4.1　经济总量增长态势

新中国成立 70 年来，宁夏回族自治区的经济总量增长迅速。首先，1949 年，地区生产总值仅为 1.03 亿元，人均地区生产总值不足 90 元，到 2018 年地区生产总值增加到 3705.18 亿元，人均地区生产总值为 54094 元。70 年来，如果不考虑价格因素，宁夏地区生产总值增加 3704.15 亿元，人均地区生产总值提高 54004 元，2018 年宁夏地区生产总值和人均地区生产总值分别是 1949 年的 3597 倍和 601 倍，是 1958 年宁夏回族自治区成立时的 1122 倍和 307 倍，是 1978 年改革开放时的 285 倍和 146 倍。其次，对经济总量增长有重要贡献的固定资产投资总额增加较快，2018 年由于投资结构和国家整体经济发展速度放缓等因素，全区固定资产投资增速比 2017 年下

① 吴雨轩（1996—　），女，四川广元人，西南民族大学经济学院硕士研究生。
② 姜太碧（1964—　），女，重庆铜梁人，经济学博士，西南民族大学经济学院教授、硕士生导师，主要研究方向为农村经济、产业经济。

降 18.2%，但总额仍然很大，达到 3119.34 亿元，因此，2018 年的固定资产投资总额仍是 1958 年 0.9 亿元的 3465 倍，是 1978 年 4.3 亿元的 725 倍，是 2008 年 858.7 亿元的 3.63 倍。最后，从代表经济发展质量高低的地方财政收入变化来看，2018 年全区地方一般公共预算财政收入达 444.43 亿元，是 1950 年 0.1 亿元的 4444 倍，是 1978 年 3.2 亿元的 138 倍，是 2008 年 95.0 亿元的 4.67 倍。下面，将对上述几个方面进行详细分析。

4.1.1 生产总值增长态势

生产总值指的是一个国家或地区的经济中所生产出的全部最终产品和劳务的价值，被公认为是衡量一个国家或地区经济状况的最佳指标。它不仅可以反映一个地区的经济表现，更能反映一个地区的经济实力和财富。

表 4–1 宁夏地区生产总值变化情况

年份	地区生产总值 / 亿元	第一产业 / 亿元	第二产业 / 亿元	第三产业 / 亿元	人均地区生产总值 / 元
1949	1.03	0.85	0.05	0.13	90
1952	1.73	—	—	—	126
1958	3.30	—	—	—	176
1978	13.00	3.07	6.60	3.33	370
1979	14.36	3.41	7.36	3.58	399
1980	15.96	4.26	7.27	4.42	433
1981	17.42	5.47	6.97	4.97	460
1982	18.22	5.66	7.02	5.54	469
1983	20.79	6.62	7.87	6.29	525
1984	24.78	7.82	9.46	7.49	615
1985	30.27	8.90	12.12	9.25	737
1986	34.54	10.36	12.97	11.20	823
1987	39.63	10.44	15.77	13.42	922
1988	50.29	13.39	19.74	17.16	1143
1989	59.21	14.80	24.39	20.02	1317
1990	64.84	16.84	25.34	22.66	1393

续表

年份	地区生产总值/亿元	第一产业/亿元	第二产业/亿元	第三产业/亿元	人均地区生产总值/元
1991	71.78	17.90	27.77	26.10	1511
1992	83.14	18.31	34.05	30.78	1718
1993	104.49	20.84	45.61	38.04	2148
1994	136.26	29.94	56.01	50.31	2740
1995	175.19	35.41	74.67	65.10	3448
1996	202.90	43.28	80.54	79.09	3926
1997	224.59	44.87	88.67	91.05	4277
1998	245.44	48.75	95.11	101.58	4607
1999	264.58	48.08	103.82	112.67	4900
2000	295.02	46.03	121.43	127.56	5376
2001	337.44	49.67	135.89	151.89	6039
2002	377.16	52.95	153.06	171.14	6647
2003	445.36	55.63	194.27	195.46	7734
2004	537.11	65.33	244.05	227.73	9199
2005	612.61	72.07	281.05	252.79	10349
2006	725.90	79.54	351.58	294.78	12099
2007	919.11	97.89	455.04	366.18	15142
2008	1204.02	119.04	609.98	475.00	19609
2009	1353.31	127.25	662.32	563.74	21777
2010	1696.39	151.41	833.14	711.84	26966
2011	2111.43	175.00	1063.48	872.95	33188
2012	2352.71	189.03	1168.56	995.12	36571
2013	2590.34	210.72	1269.89	1109.73	39809
2014	2766.76	216.92	1352.75	1197.09	42057
2015	2927.01	236.82	1392.33	1297.86	44034
2016	3167.99	241.00	1488.44	1438.55	47186
2017	3443.56	250.62	1580.57	1612.37	50765
2018	3705.18	279.85	1650.26	1775.07	54094

数据来源：《宁夏统计年鉴》《宁夏回族自治区 2018 年国民经济和社会发展统计公报》。

由表 4-1 可知，总体来看，宁夏地区生产总值在改革开放前虽然有所增长，但增长缓慢，1979—2018 年持续快速增长，从 14.36 亿元增加到 3705.18 亿元。从不同产业的发展来看，1979—2018 年，第一产业从 3.41 亿元增加到 279.85 亿元；第二产业从 7.36 亿元增加到 1650.26 亿元；第三产业从 3.58 亿元增加到 1775.07 亿元。

为了更直观地展现地区生产总值和人均生产总值的变化趋势，根据相应数据可以绘制出两者的走势图，见图 4-1。从图 4-1 可以看出，1979—2000 年宁夏地区生产总值的变化幅度比较平缓，而从 2001 年开始到 2018 年，全区地区生产总值增长图形逐步变得陡峭，说明增长速度明显加快。其中，第一产业的发展速度总体较为平稳，增幅较第二产业和第三产业都更小，第二产业发展速度适中，而第三产业发展速度最快，到 2018 年，第三产业生产总值再次超过第二产业，占地区生产总值的 47.9%。另外，从人均生产总值变化曲线来看，其曲线变陡的时间比总量曲线变陡时间提前约 10 年左右，即从 1991 年开始人均地区生产总值曲线的斜率明显变大，而总量曲线的斜率大概是从 2001 年开始明显变大的，这说明地区生产总值总量增长速度高于人口增长速度，才会导致人均生产总值曲线斜率提前变大。

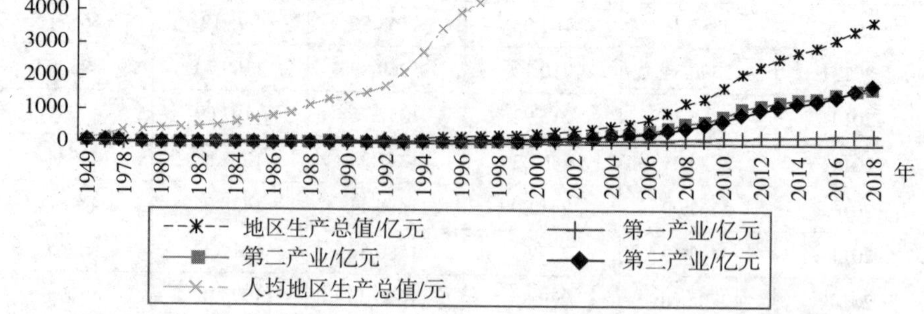

图 4-1 1949—2018 年宁夏地区生产总值和人均生产总值

资料来源：《宁夏统计年鉴》和《宁夏回族自治区 2018 年国民经济和社会发展统计公报》。

4.1.2 固定资产投资总量增长态势

固定资产，是社会再生产的主要生产资料。通过建造和购置固定资产的活动，国民经济不断采用先进技术装备，建立新兴部门，进一步调整经济结构和生产力的地区分布，增强经济实力，为改善人民物质文化生活创造物质条件，这对一个地区的社会主义现代化建设具有重要意义。

固定资产投资额是以货币表现的建造和购置固定资产活动的工作量，它是反映固定资产投资规模、速度、比例关系和使用方向的综合性指标。全社会固定资产投资按经济类型可分为国有、集体、个体、联营、股份制、外商、港澳台商、其他等。按照管理渠道，全社会固定资产投资总额分为基本建设、更新改造、房地产开发投资和其他固定资产投资 4 个部分。

表 4-2 是宁夏改革开放以来的固定资产投资的变化情况。除了 2018 年由于结构调整和经济增速下降导致固定资产投资总额有所减少外，1980—2018 年，固定资产投资总额基本呈现持续增长的态势，由 1980 年的 39758 万元增加到 2018 年的 3119.34 亿元，增加了近 783 倍。投资总额呈现初期增长较为缓慢，中期逐渐加快，到现在增速逐渐放缓的特点。2000—2010 年是宁夏增速最快的 10 年，因为西部大开发战略在 2000 年开始实施，到 2010 年为止第一轮西部大开发战略已顺利结束，目前已进入第二轮西部大开发战略时期。从表 4-2 中还可以看到，西部大开发战略进入第二轮时，地方投资增速明显高于中央投资增速。

表 4-2 1980—2018 年宁夏固定资产投资总额变化情况 单位：万元

年份	投资总额	中央投资额	地方投资额
1980	39758	9104	30654
1990	219603	78568	141035
2000	1608204	281567	1326637
2010	14646972	3927196	10719776
2011	16541517	3049816	13491701
2012	21095182	2510472	18584710
2013	26811429	3702227	23109202
2014	32009849	3634621	28375228

续表

年份	投资总额	中央投资额	地方投资额
2015	35329268	4351953	30977315
2016	38354633	3060619	35294014
2017	38133788	2998250	35135538
2018	31193400	—	—

数据来源：《宁夏统计年鉴》。

另外，从直观的固定资产投资变化图（见图 4-2）可以更清楚地看到，从 1990 年开始，投资总额、中央投资总额和地方投资总额都在持续稳定地上升。1990—2000 年是一个阶段，在这个阶段投资额增长缓慢；2000—2010 年是投资额增长速度最快的 10 年，中央的投资总额增速超过地方投资总额；2010 年以后投资总额的增长速度逐渐放缓，地方与中央的投资额的差距不断缩小，也说明地方投资增速快于中央投资增速。

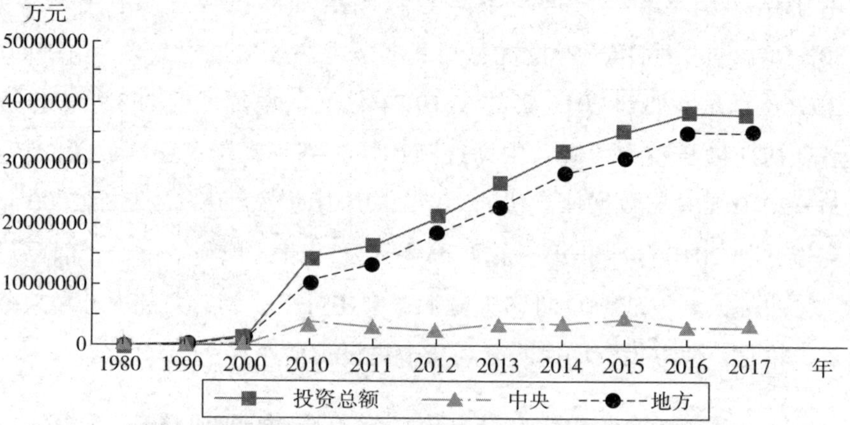

图 4-2　1980—2017 年宁夏固定资产投资总额变化情况

资料来源：《宁夏统计年鉴》。

另外，固定资产投资额按经济类型划分（见表 4-3），可分为国有经济、房地产、集体经济、私营个体经济和其他经济。1980—2017 年，国有经济的固定投资额从 3.9 亿元增加到 1351.8 亿元，增加了约 345 倍；房地产固定投资额从 2834 万元增加到了 46.1 亿元，增加了约 161.6 倍；集体经济从 446 万元增加到了 6.4 亿元，增加了约 142.3 倍；私营个体经济的固定投资额从3.2亿元增加到了1432.9亿元，增加了约460倍，成为固定投资额中增加最多的投资类型；其他经济的投资额从28.0亿元增加到了1022.4亿元，增加了约35.6倍。

表4-3　按经济类型划分的固定投资额　　单位：万元

年份	国有经济	房地产	集体经济	私营个体经济	其他经济
1980	39312	—	446	—	—
1990	175126	2834	12614	31863	—
2000	1011732	47471	57002	226346	279970
2010	6101779	282063	339822	3730652	4780559
2011	7185170	362197	23359	5077707	4255281
2012	7165054	450138	49131	8738842	5142155
2013	10002359	477194	225181	11765382	4818507
2014	12799204	542091	186530	13778299	5245816
2015	15350462	577604	45315	14599730	5333761
2016	14445394	632502	16753	14341710	9550776
2017	13517502	461090	63944	14328528	10223814

数据来源：《宁夏统计年鉴》。

回顾宁夏回族自治区70年来全社会固定资产投资发展的总体历程，大致可分为以下4个阶段：

第一阶段：新中国成立至改革开放以前（1949—1978年）。由于国家建设尚处于探索阶段，宁夏经济发展也刚起步，固定资产投资主要集中于基本建设领域，一批三线建设时期从沿海搬迁企业奠定了自治区工业发展的基础，近30年时间内累计完成投资41亿元，而1978年投资就突破4亿元，达42719万元。

第二阶段：改革开放以后至西部大开发以前（1979—1999年）。随着改革开放和社会主义市场经济体制的建立，投资成为拉动经济的“三驾马车”中的主动力，投资领域从主要集中在基本建设逐步向基本建设、更新改造和其他领域拓展。民营企业、股份公司、外商等非公有制投资主体从无到有，规模迅速扩大。20年间累计完成投资795亿元，是改革开放前30年的19倍。

第三阶段：西部大开发以后至党的十八大以前（2000—2012年）。该阶段得益于西部大开发战略的实施，自治区抢抓国家重大政策机遇，深入实施项目带动战略，在国家政策、资金和项目的强力支持下，全区投资规模不断扩大，工业化、城镇化和农业产业化步伐明显加快，基础设施和生态环境极大改善。12 年间累计完成投资 10075 亿元，是 1979—1999 年的 12.6 倍。

第四阶段：党的十八大以来（2013—2018 年）。全区以习近平新时代中国特色社会主义思想为指引，认真贯彻党中央决策部署，牢固树立和践行新发展理念，积极推进供给侧结构性改革，着力优化投资结构，注重补短板、调结构、提效益，推动经济高质量发展，5 年累计完成投资 16889 亿元，占改革开放以来投资总额的 61%。特别是 2017 年以来，全区以新旧动能转换为契机，致力于培育发展新经济、新业态、新模式，进一步压缩化工、冶金、煤炭等传统高耗能行业投资，进一步扩大电子设备、通用设备、生态环保等新兴产业投资，转型步伐明显加快。

4.1.3 地方公共财政收入增长态势

公共财政收入是政府为了保障政府公共活动支出的需要，履行政府的公共管理、公共服务以及国民经济的市场化管理等职能而从企业、家庭等社会目标群体中所获得的一切货币收入的总和。

一方面，公共财政收入的规模在很大程度上决定着公共财政支出的规模，从而决定着政府活动的范围，进而影响到一个国家或地区的经济增长和社会发展。因此，政府一般都十分重视对公共财政收入的管理，科学设定财政收入的规模、结构以及整体负担水平，促进公共财政分配的科学化和规范化，有效实现政府的各项管理职能。另一方面，公共财政收入的高低也反映了当地经济发展水平，因为公共财政收入来自税收，在税负水平一定的条件下，经济繁荣程度与税收数量呈正相关关系。宁夏财政收入的变化情况见表 4–4 和表 4–5。

表 4–4　1950—2006 年宁夏公共财政收入　　单位：万元

年份	地方公共财政收入	工商税收	农牧业税	企业所得税
1950	1087	294	766	—
1955	2891	1028	1155	—

续表

年份	地方公共财政收入	工商税收	农牧业税	企业所得税
1958	5774	1683	1680	—
1960	10469	2763	887	—
1970	9894	5006	1049	—
1975	22324	10172	963	—
1978	30225	13163	995	—
1980	19389	13514	827	—
1985	28064	25655	1092	8900
1990	62300	56481	2649	8805
1995	85740	67672	4901	7690
2000	197082	148958	9318	26147
2001	275700	163307	10797	60084
2001	264700	192083	8757	18412
2003	300300	219847	7480	16846
2004	374677	276898	5440	21364
2005	477216	341609	333	26077
2006	613570	417266	8757	32246

数据来源:《宁夏统计年鉴》。

由表 4-4 可知，1950—2006 年，宁夏地方公共财政收入从 1087 万元增加到 613570 万元，增幅达到 563 倍。农牧业税收的征收一直十分稳定，工商税的征收一直在不断增长，这与宁夏大力发展农业和工商业有关。企业所得税的征收较晚，但一直呈持续增长趋势。

由表 4-5 可以看出，到 2018 年，宁夏地方公共财政收入为 4441300 万元，税收收入为 2982900 万元，占公共财政收入的一半以上。而其中增值税为 1254237 万元，企业所得税为 261413 万元。2007—2017 年，地方公共财政收入从 800312 万元增加到 4175888 万元，增幅约为 521%；税收收入从 587871 万元增加到 2703027 万元，增幅为 459%；增值税从 141997 万元增加到 1254237 万元；企业所得税从 45767 万元增加到 261413 万元，增幅为 571%。2007 年，增值税只占税收收入的 24%，而营业税占税收收入的 39%；到 2017 年，增值税占税收收入的 46%，在 10 年之间上涨了 22%。由此可以看出增值税的比重越来越大，成为税收收入的主要部分。

表 4-5　2007—2018 年宁夏公共财政收入　　单位：万元

年份	地方公共财政收入	税收收入	增值税	营业税	企业所得税
2007	800312	587871	141997	230485	45767
2008	950090	777432	183793	300884	62400
2009	1115755	907389	168098	389831	92946
2010	1535507	1267854	202475	562367	140805
2011	2199767	1771261	244000	801126	241746
2012	2639569	2070171	262329	924759	253904
2013	3083376	2374913	318832	1057226	258691
2014	3398627	2503273	385563	1050303	283263
2015	3734474	2563126	357323	998292	245572
2016	3876576	2465538	840408	452755	244686
2017	4175888	2703027	1254237	—	261413
2018	4441300	2982900	—	—	—

数据来源：《宁夏统计年鉴》。

从图 4-3 可以看出，工商税的征收占宁夏地方公共财政收入的主要部分，到 2017 年，约占总财政收入的 68%。1985—1995 年，宁夏地方公共财政收入增长较缓慢，从 1995 年开始增长速度加快，到 2001 年增长速度又开始放缓，2003 年速度开始加快；工商税前半段变化和总的公共财政收入相似，从 2000 年开始一直呈上升的趋势；企业所得税从 1985 年到 2001 年呈上升状态，然后从 2001 年开始下降；农牧业税变化稳定。

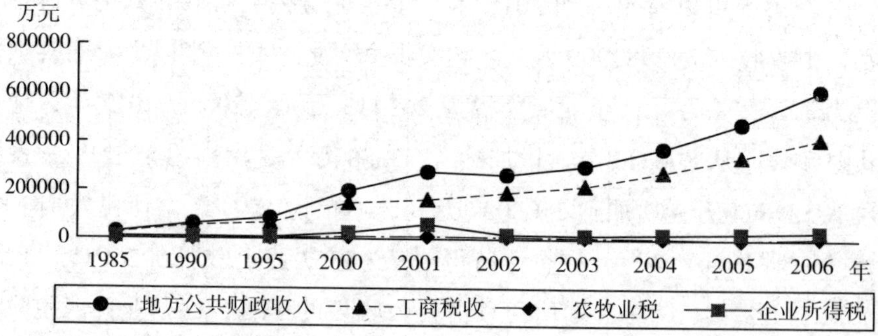

图 4-3　宁夏公共财政收入的变化情况

资料来源：《宁夏统计年鉴》。

4.2　经济总量增长结构分析

第一节主要分析了经济总量的增长态势，本节则从根据支出法计算的经济总量结构、最终消费和资本形成总额 3 个方面分析经济总量的增长结构。在由支出法构成的宁夏生产总值结构中，资本形成总额占主要地位；在宁夏最终消费结构中，城镇居民消费是最终消费的主要部分，农村居民消费能力相比城镇居民较低；在资本形成总额结构中，固定资本占比更大。

4.2.1　根据支出法计算的生产总值结构

支出法计算国内生产总值是从最终使用角度反映一个国家或地区一定时期内生产活动最终成果的一种方法。最终使用包括最终消费、资本形成总额及净出口三个部分，即支出法国内生产总值 = 最终消费 + 资本形成总额 + 净出口。宁夏按支出法计算的地区生产总值结构变化，见表 4–6。

表 4–6　宁夏按支出法计算的地区生产总值结构　　单位：亿元

年份	地区生产总值	最终消费				资本形成总额		货物和服务净出口
		居民消费	农村居民	城镇居民	政府消费	固定资本形成总额	存货增加	
1978	13.00	7.61	4.86	2.75	2.26	7.95	1.09	–5.91
2000	295.02	135.49	52.74	82.75	58.40	160.82	13.65	–73.34
2001	337.44	145.90	51.89	94.01	86.09	195.81	26.15	–116.51
2002	377.16	163.02	53.99	109.03	97.36	230.83	34.57	–148.62
2003	445.36	189.37	63.49	125.88	102.32	318.21	5.82	–170.36
2004	537.11	226.17	72.84	153.33	112.49	379.72	32.41	–213.68
2005	612.61	264.57	80.50	184.07	136.54	469.62	36.11	–294.23
2006	725.90	304.18	84.94	219.24	156.23	574.59	14.24	–323.34
2007	919.11	348.58	96.31	252.27	189.92	652.20	36.38	–307.97
2008	1203.92	436.43	112.60	323.83	216.52	898.25	70.20	–417.48
2009	1353.31	492.05	119.85	372.20	164.00	1185.35	123.48	–611.57

续表

年份	地区生产总值	最终消费				资本形成总额		货物和服务净出口
		居民消费	农村居民	城镇居民	政府消费	固定资本形成总额	存货增加	
2010	1696.39	565.65	129.81	435.84	258.94	1497.24	73.30	–698.74
2011	2111.43	695.83	165.83	530.00	323.88	1663.11	101.39	–672.78
2012	2352.71	779.80	190.73	589.07	403.75	1979.3	119.67	–929.81
2013	2590.34	880.82	223.57	657.25	458.64	2236.47	111.22	–1096.81
2014	2766.76	999.48	262.41	737.07	468.05	3003.52	116.03	–1820.32
2015	2927.01	1143.92	274.12	869.8	574.83	3533.96	103.8	–2429.5
2016	3167.99	1246.76	296.40	950.36	644.83	3757.09	70.76	–2551.45
2017	3443.56	1428.50	347.61	1080.89	684.66	3835.67	–28.80	–2476.47
2018	3705.18	—	—	—	—	—	—	—

数据来源：《宁夏统计年鉴》。

由表 4–6 可知，1978—2017 年，宁夏居民消费从 7.61 亿元增加到 1428.5 亿元，增加了约 186.7 倍；农村居民消费从 4.86 亿元增加到了 347.61 亿元，增加了约 70.5 倍；城镇居民消费从 2.75 亿元增加到了 1080.89 亿元，增加了约 392 倍；政府消费从 2.26 亿元增加到了 684.66 亿元，增加了约 301.9 倍。资本形成总额主要由固定资本形成总额和存货组成，固定资本从 7.95 亿元增加到了 3835.67 亿元，增加了约 481.47 倍；存货从 1.09 亿元逐渐减少到了 –28.8 亿元。而货物和服务净出口逆差越来越大，从 –5.91 亿元减少到了 –2476.47 亿元，下降了约 418 倍。

由此可以看出，虽然宁夏随着经济的不断发展，经济总量在提升，但宁夏的城乡差距仍然较大，城乡二元结构明显。可能的原因有如下两点：第一，随着城镇经济的持续繁荣，大量农村居民离开农村来到城市务工，一方面使农村劳动力流失，另一方面促进了城市制造业的发展；第二，宁夏第三产业的迅速崛起扩大了居民的消费选择，提高了居民的消费能力。政府消费的增加速度仅次于资本形成总额，政府消费增加的主要原因是税收的增加，其主要用于政府转移支付和基础设施投资等用途，政府消费的增加能够增加居民社会福利，保证企业生产，稳定国家安全。固定资产的增加方式主要有外购、自行建造、投资者投入、非货币性资产交换、债务重组、企业合并和融资租赁。因此，宁夏固定资产投资的增加与宁夏产业的集聚和企业的重组兼并有关。净出口的不断下降说明宁夏地区企业的对外吸引力还不够大，自主创新能力也需要加强。政府应加强对企业的政策扶持和技术支持，企业自身也应该努力创新，引进国外先进的技术和国内外优秀人才。

4.2.2　宁夏回族自治区最终消费与构成结构

最终消费是指常住单位在一定时期内对于货物和服务的全部最终消费支出，也就是常住单位为满足物质、文化和精神生活的需要，从本国经济领土和国外购买的货物和服务的支出，不包括非常住单位在本国经济领土内的消费支出。最终消费分为居民消费和政府消费。

现在的中国市场已完全消除了日用品和食物短缺的现象，居民消费结构也发生很大变化。在居民全部消费支出中，反映基本生存需要的食品、衣着和基本生活用品支出所占的比重大幅下降，而体现发展与享受需求的住房、交通通信、医疗保健、文教娱乐、休闲旅游等支出的比重则迅速上升，生活质量进一步提高。宁夏最终消费结构与构成比重分别见表 4–7 和表 4–8。

表 4–7　1978—2017 年宁夏最终消费结构　　单位：亿元

年份	最终消费	居民消费	农村居民消费	城镇居民消费	政府消费
1978	9.87	7.61	4.86	2.75	2.26
1979	10.90	8.11	4.63	3.48	2.79
1980	12.81	9.78	5.44	4.34	3.03
1985	25.72	17.67	10.60	7.07	8.05
1990	47.87	33.88	17.91	15.97	13.99
1995	114.82	85.79	40.50	45.29	29.03
1996	126.78	95.51	45.64	49.87	31.27
1997	133.78	100.97	46.29	54.68	32.81
1998	145.54	109.00	48.20	60.80	36.54
1999	159.16	115.57	48.63	66.94	43.59

续表

年份	最终消费	居民消费	农村居民消费	城镇居民消费	政府消费
2000	193.89	135.49	52.74	82.75	58.40
2001	231.99	145.90	51.89	94.01	86.09
2002	260.38	163.02	53.99	109.03	97.36
2003	291.69	189.37	63.49	125.88	102.32
2004	338.66	226.17	72.84	153.33	112.49
2005	401.11	264.57	80.50	184.07	136.54
2006	460.41	304.18	84.94	219.24	156.23
2007	538.50	348.58	96.31	252.27	189.92
2008	652.95	436.43	112.6	323.83	216.52
2009	656.05	492.05	119.85	372.20	164.00
2010	824.59	565.65	129.81	435.84	258.94
2011	1019.71	695.83	165.83	530.00	323.88
2012	1183.55	779.80	190.73	589.07	403.75
2013	1339.46	880.82	223.57	657.25	458.64
2014	1467.53	999.48	262.41	737.07	468.05
2015	1718.75	1143.92	274.12	869.80	574.83
2016	1891.59	1246.76	296.4	950.36	644.83
2017	2113.16	1428.5	347.61	1080.89	684.66

数据来源：《宁夏统计年鉴》。

由表 4-7 可知，宁夏的最终消费从 1978 年的 9.87 亿元增加到了 2017 年的 2113.16 亿元，增加了约 213 倍；居民消费从 7.61 亿元增加到了 1428.5 亿元，增加了约 187 倍，其中农村居民消费从 4.86 亿元增加到了 347.61 亿元，增加了约 71 倍，城镇居民消费从 2.75 亿元增加到了 1080.89 亿元，增加了近 392 倍。另外，政府消费从 2.26 亿元增加到了 684.66 亿元，增加了 302 倍。

表 4-8　1978—2017 年宁夏最终消费构成

%

年份	最终消费 =100%		居民消费 =100%	
	居民消费	政府消费	农村居民	城镇居民
1978	77.10	22.90	63.86	36.14
1979	74.40	25.60	57.09	42.91

续表

年份	最终消费 =100%		居民消费 =100%	
	居民消费	政府消费	农村居民	城镇居民
1980	76.35	23.65	55.62	44.38
1985	68.70	31.3	59.99	40.01
1990	70.78	29.22	52.86	47.14
1995	74.72	25.28	47.21	52.79
1996	75.34	24.66	47.79	52.21
1997	75.47	24.53	45.85	54.15
1998	74.89	25.11	44.22	55.78
1999	72.61	27.39	42.08	57.92
2000	69.88	30.12	38.93	61.07
2001	62.89	37.11	35.57	64.43
2002	62.61	37.39	33.12	66.88
2003	64.92	35.08	33.53	66.47
2004	66.78	33.22	32.21	67.79
2005	65.96	34.04	30.43	69.57
2006	66.07	33.93	27.92	72.08
2007	64.73	35.27	27.63	72.37
2008	66.84	33.16	25.80	74.20
2009	75.00	25.00	24.36	75.64
2010	68.60	31.40	22.95	77.05
2011	68.24	31.76	23.83	76.17
2012	65.89	34.11	24.46	75.54
2013	65.76	34.24	25.38	74.62
2014	68.11	31.89	26.25	73.75
2015	66.56	33.44	23.96	76.04
2016	65.91	34.09	23.77	76.23
2017	67.60	32.40	24.33	75.67

数据来源:《宁夏统计年鉴》。

由表 4-8 可见，在宁夏的最终消费总额构成中，居民消费占了 60% 以上。因此在消费总量的增长结构中，居民消费占据主导地位。生产决定消费，消费反作用于生产。因此，要想保持宁夏经济总量的持续增长，消费必须跟上生产的速度且持续增加。在拉动国民经济的“三驾马车”中，居民的消费能力占重要地位。

4.2.3 宁夏回族自治区资本形成总额与结构

宁夏回族自治区资本形成总额主要分为固定资本形成总额和存货。1978—2017年，由表4-9可知，宁夏固定资本不断增加，存货不断下降。因此在宁夏的资本总量增长过程中，固定资本基本为资本增长的主要贡献力量。

表4-9 1978—2017年宁夏资本形成总额

年份	资本形成总额/亿元	固定资本		存货增加	
		形成总额/亿元	构成/%	形成总额/亿元	构成/%
1978	9.04	7.95	87.94	1.09	12.06
1979	9.37	8.78	93.7	0.59	6.3
1980	8.07	7.48	92.69	0.59	7.31
1985	19.12	17.05	89.17	2.07	10.83
1990	37.22	25.47	68.43	11.75	31.57
1995	86.16	70.12	81.38	16.04	18.62
1996	105.07	77.32	73.59	27.75	26.41
1997	112.61	88.1	78.23	24.51	21.77
1998	140.56	108.65	77.3	31.91	22.7
1999	152.37	130.61	85.72	21.76	14.28
2000	174.47	160.82	92.18	13.65	7.82
2001	221.96	195.81	88.22	26.15	11.78
2002	265.4	230.83	86.97	34.57	13.03
2003	324.03	318.21	98.2	5.82	1.8
2004	412.13	379.72	92.14	32.41	7.86
2005	505.73	469.62	92.86	36.11	7.14
2006	588.83	574.59	97.58	14.24	2.42
2007	688.58	652.2	94.72	36.38	5.28

续表

年份	资本形成总额 / 亿元	固定资本		存货增加	
		形成总额 / 亿元	构成 /%	形成总额 / 亿元	构成 /%
2008	968.45	898.25	92.75	70.2	7.25
2009	1308.83	1185.35	90.57	123.48	9.43
2010	1570.54	1497.24	95.33	73.3	4.67
2011	1764.5	1663.11	94.25	101.39	5.75
2012	2098.97	1979.3	94.3	119.67	5.7
2013	2347.69	2236.47	95.26	111.22	4.74
2014	3119.55	3003.52	96.28	116.03	3.72
2015	3637.76	3533.96	97.15	103.8	2.85
2016	3827.85	3757.09	98.15	70.76	1.85
2017	3806.87	3835.67	100.76	–28.8	–0.76

数据来源：《宁夏统计年鉴》。

在宁夏以后的发展中，为保证资本总额的增加能为宁夏经济总量的稳定增长奠定基础，宁夏回族自治区应把扩大精准有效投资作为调结构、促转型、稳增长的主要抓手，增加产业发展、基础设施和民生领域的一大批打基础、利长远和增后劲的重大项目，达到带动经济增长、促进转型升级、改善发展条件、增进民生福祉的目的。将各类投资领域逐步向社会开放，使投资领域形成投资主体多元化、投资渠道多样化、投资建设市场化、投资管理科学化的格局。

近年来，宁夏回族自治区在交通设施方面的投资取得了显著的效果。2017 年，按照宁夏固定资产投资增加 10% 的目标要求，全区公路水路交通基础设施固定资产计划完成投资 220 亿元，高速公路年度投资首次突破 100 亿元大关。高速公路在建、新开工里程争取分别达到 700 千米、400 千米，均再创历史新高。2016 年，全区公路、铁路、民航完成固定资产投资 283.6 亿元，成为拉动经济增长的重要引擎。2017 年，全区公路、铁路、民航计划完成投资 370 亿元以上。据宁夏交通运输厅厅长介绍，2016 年宁夏公路水路交通基础设施固定资产投资再创历史新高，实际完成投资

200.6 亿元，超额完成了年度目标任务，同比增长 13.8%，超过全区固定资产投资增速近 4 个百分点，年度完成投资相当于“十二五”时期累计完成投资的 40%。完成了全区 97 个收费站 196 条 ETC 车道建设和联网工作，实现了全区高速公路 ETC 全覆盖。推广新能源汽车在公共交通领域的应用，指导有关市县投入 2 亿余元，购置新能源公交车辆 343 辆，银川市绿色清洁能源公交车辆比例达到 100%。

2017 年，继续推进青银高速银川至宁东和京藏高速石嘴山至中宁段 2 条国家高速公路“四改八”扩容改造，加快建设同心至海原、石嘴山至平罗、泾源至华亭、西吉至会宁、银昆高速河东机场改线工程等高速公路以及叶盛、红崖子黄河公路大桥。同时，加大前期工作力度，加快银百高速宁东至甜水堡、乌玛高速青铜峡至中卫 2 个新增国家高速公路项目前期准备工作，争取早日开工建设。

4.3 产业发展总体结构趋向协调与产业内部结构逐步改善

本节主要从产业发展总体结构现状、经济新常态与产业结构的调整、产业内部结构分析以及宁夏产业结构优化的对策 4 个方面来阐释宁夏产业发展的总体现状以及产业内部结构的变化。当前，宁夏产业总体发展呈“三二一”的趋势，第三产业为宁夏生产总值的增长贡献了主要份额，但宁夏第三产业的发展仍然存在很多问题。当然在积极发展第三产业的同时，也不能忽视第一产业的基础性作用和第二产业的支撑地位。

4.3.1 产业发展总体结构现状

由表 4-10 可知，1979 年，第一产业占宁夏生产总值的 23.7%，第二产业占宁夏生产总值的 51.3%，第三产业占宁夏生产总值的 25%。1979—2018 年，第一产业在经历短期上升后逐渐下降到生产总值的 7.6%；而第二产业总体来说变化幅度并不大，一直维持在 50% 左右浮动；第三产业从 1979 年的 25% 增加到 2018 年的 47.9%，发展迅速。可见，产业总体结构逐步趋于合理与协调。

表 4-10　宁夏地区生产总值构成

%

年份	第一产业	第二产业	第三产业
1979	23.7	51.3	25.0
1980	26.7	45.6	27.8
1981	31.4	40.0	28.6
1982	31.1	38.5	30.4
1983	31.9	37.9	30.2
1984	31.6	38.2	30.2
1985	29.4	40.0	30.5
1986	30.0	37.6	32.4
1987	26.4	39.8	33.8
1988	26.6	39.3	34.1
1989	25.0	41.2	33.8
1990	26.0	39.1	34.9
1991	24.9	38.7	36.4
1992	22.0	41.0	37.0
1993	19.9	43.6	36.5
1994	22.0	41.1	36.9
1995	20.2	42.6	37.2
1996	21.3	39.7	39.0
1997	20.0	39.5	40.5
1998	19.9	38.7	41.4
1999	18.2	39.2	42.6
2000	15.6	41.2	43.2
2001	14.7	40.3	45.0
2002	14.0	40.6	45.4
2003	12.5	43.6	43.9
2004	12.2	45.4	42.4
2005	11.8	45.9	42.3
2006	11.0	48.4	40.6
2007	10.7	49.5	39.8
2008	9.9	50.7	39.4

续表

年份	第一产业	第二产业	第三产业
2009	9.4	48.9	41.7
2010	8.9	49.1	42.0
2011	8.3	50.4	41.3
2012	8.0	49.7	42.3
2013	8.1	49.0	42.9
2014	7.8	48.9	43.3
2015	8.1	47.6	44.3
2016	7.6	47.0	45.4
2017	7.3	45.9	46.8
2018	7.6	44.5	47.9

数据来源:《宁夏统计年鉴》。

1979 年，第二产业占生产总值的一半以上，而第一产业和第三产业只占生产总值的 1/4 左右，经过几十年的发展，第三产业迅速发展，第二产业和第三产业的生产总值逐渐达到均衡状态，而第一产业占生产总值的比率逐渐下降。这些数据也符合我国的国情。

从图 4-4 可以看出，总体而言，第一产业占宁夏地区生产总值的占比呈逐年下降趋势，而第三产业的总体趋势却在上升，第二产业总体来看波动幅度较小。

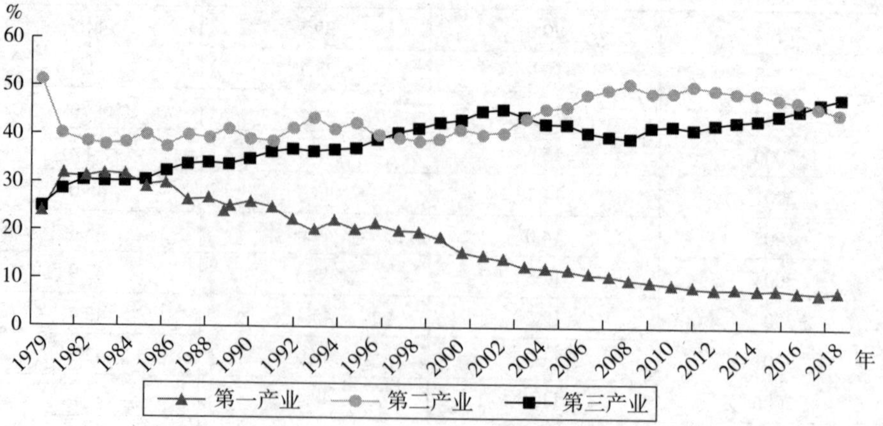

图 4-4　宁夏地区生产总值构成

资料来源:《宁夏统计年鉴》。

4.3.2　经济新常态与产业结构调整

经济新常态主要是指我国经济由 2013 年之前年均 10% 以上的 GDP 增速发展非常态逐渐过渡到 2013 年后年均 GDP 增速为 6%～7% 常态化的过程。

改革开放初期，我国经济基础薄弱，年均 GDP 增速计算的分母较小，因而在 GDP 绝对值增长的情况下容易保持较高的增速。但随着我国经济的快速发展，GDP 水平有了质的飞跃，因而在绝对值增加的情况下也难以维持原来的增速。除此之外，人口红利和全球化红利的减退也是我国步入经济新常态的重要原因。除年均 GDP 增速所展现的特点之外，在经济新常态的大背景下，我国经济结构不断优化升级，由原来破坏性开发的粗放型经济向集约型的发展模式转变。同时，经济增长也开始从要素驱动、投资性驱动向服务发展及创新驱动发展转变，正如党的十九大所指出的，我国经济已开始由高速增长阶段转向高质量的发展阶段。

产业结构调整主要包括产业结构的合理化和高级化两个方面。简单来说，合理化就是产业之间相互协调并有良好的适应性，高级化则是指产业结构由较低级的形式向更高级的形式转化。这是促进我国经济发展并且使人们的物质生活得到改善的主要课题之一。产业结构调整主要包括优化传统农业结构、进行产业化变革以及注重高科技产业发展 3 个方面。我国在产业结构的优化调整过程中要进一步加强调整意识，顺应产业结构调整趋势，加快转变经济发展方式，从而达到更具有发展活力和长期稳定性的产业结构水平。

具体从宁夏产业结构调整的历程来看，1979—2018 年宁夏地区生产总值以及第一、第二、第三产业生产总值的绝对值均处于不断上涨的状态，但各产业结构比重则在不断调整变化。其中，第三产业的增速最为明显，而第一产业和第二产业的增速在 2013 年后逐渐放缓。并且在 2017 年底，第三产业生产总值占地区生产总值的比重已经超越第二产业，达 46.8%，2018 年则进一步上升为 47.9%。第三产业已成为宁夏回族自治区的主体产业部门，也是全区 GDP 贡献最大的产业部门，因此这也标志着宁夏产业结构类型由“二三一”正式转变为“三二一”。总体来看，宁夏地区GDP的增速变化与全国的GDP增速变化基本保持一致，都在2013年后逐渐放缓，并趋于常态化。

4.3.3 宁夏产业内部结构分析

宁夏产业结构虽然逐步趋于合理，但根据宁夏地区各产业发展的实际条件分析，宁夏产业内部结构还存在以下几个方面的问题：

第一，农业的基础设施薄弱，农业科技水平较低。宁夏回族自治区位于我国内陆干旱半干旱的过渡区，季风区的西缘，远离海洋，因此干旱少雨、日照充足、风大沙大，同时生态环境恶劣，气象灾害也较多。多年来黄河流域的水土流失造成了大面积土地资源的流失和破坏，宁夏地区农业可持续发展的任务非常艰巨。除客观的恶劣自然条件外，宁夏种植农业的发展对灌溉基础设施的要求很高，且畜牧业的发展对地区抵抗水土流失以及沙尘暴等气象灾害的能力要求也很高。所以，宁夏地区要进行农业的可持续发展，现有的农业基础设施建设以及农业科技水平是远远不够的。农业基础设施薄弱这一问题的长期存在也进一步制约了宁夏现代化农业的发展，阻碍了宁夏农业产业内部结构的进一步调整与优化。

第二，轻重工业发展差距较大，重工业的发展过度依赖不可再生资源。宁夏地区在经历了多年的工业发展后形成了相当完善的工业体系。但总的来看，宁夏地区工业发展仍然呈现出粗放式资源拉动型工业增长模式。轻重工业发展差距较大，已经成为制约宁夏地区工业发展的重要因素。除此之外，由于重工业的发展对资源的依赖性较强，像煤炭这类不可再生资源，其可持续开发能力弱，过度开采对环境不可避免地带来了污染和破坏。而且重化工业主要以机械化为主，对地区就业的带动力远不如劳动密集型的制造业。总的来说，工业发展过度依赖重化工业，而加工型轻工业发展落后，导致了宁夏工业结构的畸形，不利于现代化工业体系的建设以及宁夏地区产业结构的优化升级。

第三，第三产业发展分布不平衡，缺乏优势主导产业。西部大开发战略实施以来，宁夏地区第三产业取得了快速发展，对地区经济贡献率起到一定的提升作用，但仍然存在一些问题制约其水平的进一步提升。2018年，宁夏服务业增长率为10.9%，全国服务业增长7.7%，尽管其增长率高于全国增长率，但宁夏服务业的绝对值在全国范围内仍处于落后状态，宁夏服务业对区域经济的刺激和带动作用还有较大的提升空间。宁夏第三产业发展分布不平衡，银川地区的发展最为快速，相反的，石嘴山地区发展较慢、效益回报慢，地区间发展有较大的差异。除此之外，相较于北京中关村高科技产业集群的兴盛，浙江义乌小商品市场的繁荣，温州皮革制造业的蓬勃发展，以及近年来东莞电脑及配件生产、广东顺德家电生产的崛起，宁夏地区第三产业发展中缺乏具有独特优势的主导产业。

4.3.4　宁夏产业结构优化的对策

深化宁夏供给侧结构性改革，把握“一带一路”发展机遇。在经济新常态的大背景下，宁夏需要抓好我国供给侧结构性改革相关政策的落实，把传统煤炭、电力产业中的过剩产能转移到生态化节水农业、高科技农业中去，在优化社会资源配置、推动自主创新能力提升的同时，将经济发展的刺激手段由需求侧向供给侧转移。此外，由于宁夏是“一带一路”中陆上丝绸之路的重要沿线地区和枢纽，所以更要把握好地域优势，积极加强与其他国家和地区的经济文化交流，宣传宁夏的旅游资源及生态产品，同时积极引进其他国家和地区的先进农业种植、工业生产以及科技研发技术，推动宁夏各产业技术水平的提升，让宁夏成为路上丝绸之路上的明珠。具体而言，宁夏产业结构优化的对策可从以下几个方面进行考虑：

第一，加强农业基础设施建设，推动现代农业体系的形成。在干旱半干旱地区发展更为优质的现代化农业，相关基础设施的完善是宁夏地区农业发展的首要任务。在宁夏北部的引黄灌区，可以借鉴以色列滴灌节水农业发展技术，引进更为优质的灌溉技术和经验，但同时也要注意与引黄灌区内的实际情况相结合，例如，在防范风沙和保持水土方面，应加强技术的提升，从而更具针对性地完善地区农业基础设施建设，推动现代农业体系建设。另外，在宁夏平原的枸杞、大枣等特色种植业发展区域，也应不断提升产品种植技术，利用好宁夏日照和温差的优势，发展更具竞争力的效益性较强的规模化农业。

第二，提高能源市场进入门槛，加快现代化工业体系建设。要去除并转移传统行业的过剩产能，首先要针对能源行业进行严格整治，加大监管力度。例如，提高现有能源产业的排污标准，同时加强抽查和监管，对不达标的企业进行关停处理。此外，也需要限制更多的资本和人员流向已经产能过剩的领域，因而需要提高宁夏能源市场的进入门槛，对资本和企业提出更为细致和更高标准的要求。同时，企业自身也应加快提升自主创新能力，在提高劳动生产率的同时加快企业转型，从而适应更高的市场要求，有利于企业自身的可持续发展和宁夏现代化工业体系的建设。

第三，推动第三产业的高水平建设，形成具有竞争优势的主导产业体系。近年来，宁夏回族自治区的第三产业发展已经取得了卓越成效，成为自治区内国民经济发展的主体部门。因而，要进一步推动其高水平发展，应从主导产业建设入手。自治区政府应深挖第三产业发展优势，在吸引外部资金、承接东部产业转移的同时，挖掘宁夏的独特优势。例如，加大沙漠特色体验游的宣传，加强区域农业生态体验区的建设、"一带一路"自贸区建设等。在刺激内需、挖掘需求的同时，充分调动宁夏地区内企业的活力，并利用更加优惠的政策吸引创新型人才，提升宁夏的产业创新能力，从而推动区域特色优势产业体系的形成。

4.4　社会就业结构进一步完善

本节主要从宁夏社会就业现状、就业问题以及如何完善宁夏社会就业结构 3 个方面具体进行阐述。当前，宁夏回族自治区存在就业难问题、劳动力过剩以及外来劳动力较多等问题。政府应该从以上问题出发，着力解决宁夏人民的就业问题。

4.4.1　宁夏社会就业现状

就业是一项事关民生及社会稳定的大事，历来为各级政府高度重视。扩大就业、提高就业质量是我国当前和今后相当长时期内所面临的一项重大而艰巨的任务。宁夏回族自治区属于西部欠发达地区，就业问题相对发达地区更为突出和艰巨。因此，宁夏的就业问题，不仅事关能否促进全区劳动力的充分就业，增加居民收入，而且是事关民族团结、社会和谐稳定的重大问题。从宁夏社会就业现状来分析，其社会就业呈现出以下几个方面的特征。

4.4.1.1　经济增长是就业增加的主要原因

经济发展的一般规律表明，一定的经济增长总会带来相应的就业增长。2000 年以来，宁夏经济步入了一个高速发展阶段。据统计，2000—2013 年，宁夏地区生产总值增长速度仅 2013 年低于 10%，其他年份均在 10% 以上，其中 2010 年达到了 13.5% 的峰值。经济发展在一定程度上带动了就业增加，2013 年与 2000 年相比，GDP 增长了 3.2 倍，就业人口增加了 1.28 倍。其中，2009 年、2011 年的就业增幅较上年分别扩大了 8.09% 和 4.17%。如果从反映就业与经济增长关系的就业弹性系数来分析，除 2008 年、2010 年受经济危机影响出现负值外，其余年份均为正值，尤其是 2009 年、2011 年就业弹性系数分别达到 0.68 和 0.34，说明这些年宁夏经济增长带动了就业增加，宁夏地区生产总值平均每提高一个百分点带动就业增加 0.16 个百分点。

4.4.1.2　三次产业就业结构正在发生明显改变

由表 4–11 和表 4–12 可以看出，截至 2017 年，宁夏回族自治区总就业人数达到 375.9 万人，相比 1995 年增长了约 0.6 倍。其中第一产业的总就业人数为 153.5 万人，第二产业的总就业人数为 67.8 万人，第三产业的总就业人数为 154.6 万人。宁夏的就业结构现状可概括为以下几个方面：

（1）第一产业就业人数逐渐减少，但在总的就业结构中仍占有很大的比例

首先，随着经济的发展和产业的不断转型，第一产业地位逐渐下降，

因此许多人开始转向第二产业和第三产业。其次，随着农业技术的不断进步、无人灌溉的推广和无人机的广泛应用，第一产业所需劳动力和人力资源在不断地减少，造成农村剩余劳动力增多；第一产业的比值占生产总值的比重虽然在不断下降，但是由于宁夏农村人口基数大、人口素质相对较低，所以从事农业生产的劳动力仍然占有很大一部分。

（2）第二产业就业人口增速相对第三产业较为缓慢

对于第一产业和第三产业来说，宁夏第二产业大多为重工业，其所需要的劳动力相对较少。但从 1995 年至今，尽管相比其他两个产业，增长人数较少，但宁夏第二产业的劳动力仍处于缓慢增长中。

（3）第三产业就业人数快速增加，第三产业已成为吸纳劳动力最多的产业

众所周知，“配第 - 克拉克”定理揭示了经济发展中劳动力在三次产业中分布结构的演变规律。根据“配第 - 克拉克”定理，随着经济的发展，第一产业的国民收入和劳动力相对比重逐渐下降，第二、第三产业比重会逐渐增加。近年来，随着经济结构的调整，宁夏第三产业有了较快发展，成为带动就业增长的主要力量，2017 年，宁夏第三产业的就业人数已超过第一产业，达 154.6 万人（见表 4–11），占总就业人数的 41.1%（见表 4–12），第三产业成为吸纳劳动力最多的产业。从产业增长与就业增长的弹性系数可以看出，“十五”“十一五”时期及“十二五”时期前三年，第三产业的就业弹性都在 0.4 以上，即第三产业每增长一个百分点，带动就业增加 0.4 个百分点。其中，“十五”时期第三产业的就业弹性系数最高，达到了 0.5060，“十一五”时期略有下降，为 0.4018，“十二五”时期前三年又有所提高，达到 0.4671。而与同期相比，第一产业的就业弹性系数分别为 0.0583、0.0186、0.1944；第二产业的就业弹性系数分别为 0.0371、0.0363、0.2427。由此可见，第三产业的就业弹性系数远高于第一、第二产业，已成为宁夏回族自治区就业的核心动力。①

① 宁夏发展改革委《“十三五”宁夏就业问题研究》课题组 . 宁夏就业形势分析及趋势预测 [J]. 宁夏党校学报 , 2015（2）：89.

表 4-11 宁夏总体就业变化情况 单位：万人

年份	总就业人数	第一产业	第二产业	第三产业
1995	240.6	143.5	46.7	50.4
2000	275.5	158.6	50.0	66.8
2005	299.6	160.8	51.8	87.0
2010	326.6	162.0	53.8	110.2
2011	339.6	166.2	55.4	118.0
2012	344.5	167.1	56.9	120.5
2013	351.3	167.1	60.4	123.8
2014	357.2	161.8	68.6	126.8
2015	362.2	159.9	66.0	136.3
2016	369.2	159.4	63.2	146.6
2017	375.9	153.5	67.8	154.6

数据来源：《宁夏统计年鉴》。

表 4-12 宁夏就业人员构成 %

年份	第一产业	第二产业	第三产业
1995	59.7	19.4	20.9
2000	57.6	18.1	24.3
2005	53.7	17.3	29.0
2010	49.7	16.5	33.8
2011	48.9	16.3	34.8
2012	48.5	16.5	35.0
2013	47.6	17.2	35.2
2014	45.3	19.2	35.5
2015	44.2	18.2	37.6
2016	43.2	17.1	39.7
2017	40.8	18.0	41.1

数据来源：《宁夏统计年鉴》。

4.4.1.3 非公经济成为创造就业的主力

随着经济的发展，宁夏以个体和私营为主要特征的非公经济发展迅速，目前已成为带动就业人数增加的核心力量。由表 4-13 可知，1995—

2017年，私营企业的就业人数从1.9万人增加到了48.5万人，增加了约25倍，年均增加2.12万人。个体经营就业人数由4.3万人增加到45.6万人，增加了约9.6倍，年均增加约1.88万人。从1995—2017年宁夏城镇的不同经济类型的就业情况来看，私营企业及个体经营就业人数占全部就业人数的比率由1995年的7.6%增加到了2017年的56.96%。港澳台商及外商企业的就业人数由1995年的1.4万人增加到了2017年的2.6万人，就业占比从1.7%减少到了1.5%。若加上港澳台商及外商投资企业，非公经济所吸纳的就业人数占全部就业人数的一半以上。

表4-13　1995—2017年宁夏城镇按经济类型划分就业情况　单位：万人

年份	总就业人数	国有单位	集体单位	股份合作单位	联营单位	有限责任公司	股份有限公司	其他	港澳台商投资单位	外商投资单位	私营企业	个体
1995	81.1	62.9	9.9	—	0.2	—	0.5	—	0.5	0.9	1.9	4.3
2000	77.6	52.0	5.0	1.1	0.1	4.0	1.6	—	0.3	1.0	4.8	7.6
2005	87.6	38.5	1.4	1.0	0.1	13.0	4.0	0.6	—	1.0	14.0	13.9
2010	108.0	37.2	0.8	0.5	0.1	15.8	3.3	0.4	0.1	1.2	20.0	28.6
2011	131.2	37.9	0.8	0.6	0.1	16.1	3.5	0.5	0.1	1.4	39.2	31.0
2012	134.4	41.0	0.8	0.5	0.1	19.0	3.8	0.8	0.2	1.4	28.3	38.5
2013	140.1	36.7	0.8	0.2	0.1	24.1	7.3	0.9	0.7	1.3	37.3	30.7
2014	144.1	36.7	0.7	0.3	—	24.6	6.8	0.9	1.9	1.4	38.4	32.4
2015	151.5	35.4	0.7	0.4	—	25.3	7.5	1.1	1.5	1.2	40.2	38.1
2016	154.5	35.4	0.7	0.4	—	23.1	7.4	1.3	1.3	1.1	43.9	39.9
2017	165.2	35.6	0.6	0.3	—	22.6	8.4	1.0	1.5	1.1	48.5	45.6

数据来源：《宁夏统计年鉴》。

4.4.1.4　就业趋向多样化

从表4-14所示的宁夏不同时期分行业就业率变化情况可知，早期宁夏就业人员主要集中在农林牧渔业，但在经济不断发展和我国经济体制不断完善的过程中，从事农林牧渔业的劳动力逐渐下降，各行各业的劳动力人数有了不同程度的增加或下降。一些劳动密集型产业和污染密集型产业（如采矿业）的就业人数不断下降，而一些知识密集型和技术密集型产业以及服务业（如金融业）的就业人数明显上升。

表 4-14 宁夏不同时期分行业就业率变化情况 %

指标	2005 年	2010 年	2013 年	2017 年
合计	100.00	100.00	100.00	100.00
农、林、牧、渔业	48.42	39.36	47.57	40.8
采矿业	6.62	7.20	2.54	1.7
制造业	4.85	4.85	7.73	9.2
电力、燃气及水的生产和供应业	1.20	1.16	1.34	1.4
建筑业	9.59	13.23	5.60	5.6
交通运输、仓储和邮政业	4.45	4.31	3.22	10.1
信息传输、计算机服务和软件业	0.47	0.78	0.61	5.6
批发和零售业	8.41	10.72	12.75	5.3
住宿和餐饮业	2.77	3.72	2.64	0.84
金融业	0.79	0.88	1.16	1.21
房地产业	0.36	0.54	1.01	1.33
租赁和商务服务业	0.59	1.00	1.84	1.84
科学研究、技术服务和地质勘查业	0.36	0.49	0.64	0.7
水利、环境和公共设施管理业	0.59	0.56	0.78	0.83
居民服务和其他服务业	0.83	1.69	2.46	4.00
教育	2.42	2.43	3.07	2.7
卫生、社会保障和社会福利业	0.91	1.09	1.47	2.00
文化、体育和娱乐业	0.39	0.37	0.46	0.97
公共管理与社会组织	2.46	2.54	3.11	3.52

资料来源：《宁夏统计年鉴》。

由表 4-13 也可以看出，国有和集体单位从业人员的减少幅度较大，国有单位的就业人数从 1995 年的 62.9 万人减少到了 2017 年的 35.6 万人，集体单位的从业人员由 1995 年的 9.9 万人减少到了 2017 年的 0.6 万人。改革开放以来，以公有制经济为主体、多种所有制经济共同发展的基本经济制度促进了我国私有经济的发展，也由此创造了大量就业岗位，带动非公经济的就业增加，就业趋向多样化。

4.4.2 宁夏的就业问题

4.4.2.1 人口总量不断扩大，就业压力逐年增加

表 4–15 显示，1950—2017 年，劳动力人数从 57.6 万人增加到了 514.4 万人，增加了 456.8 万人，2017 年劳动力人数占总人口的比重为 75.45%。而就业人员从 1950 年的 47.2 万人增加到了 2017 年的 375.9 万人，2017 年就业人员占总人口的比重仅为 55.14%。随着人口持续快速增长，劳动力供应总量越来越大，社会提供的就业岗位远远不能满足就业需求，就业压力逐年增加，而劳动力和就业人数之间的缺口也越来越大。

表 4–15 1950—2017 年劳动力资源和就业人数

年份	劳动力资源		就业人员		
	人数 / 万人	占总人口比重 /%	人数 / 万人	占总人口比重 /%	占劳动力资源比重 /%
1950	57.6	45.71	47.2	37.50	82.07
1955	77.6	46.97	67.7	41.00	87.30
1960	99.5	46.77	96.6	45.32	94.17
1965	107.1	47.20	98.6	43.52	92.18
1970	130.2	46.94	112.5	40.56	86.43
1975	158.1	48.20	125.6	38.30	79.49
1980	194.3	51.20	146.5	39.20	75.40
1985	221.8	53.49	177.4	42.79	82.01
1990	259.6	55.73	211.1	45.35	81.36
1995	324.8	63.39	240.6	46.96	74.08
1996	337.4	64.74	245.4	47.08	72.73
1997	346.3	65.48	256.8	48.55	74.16
1998	355.5	66.25	254.8	49.49	71.69
1999	363.3	66.87	272.3	50.13	74.95
2000	380.9	68.71	275.5	49.70	72.13
2001	393.4	69.90	279.0	49.54	70.92
2002	399.9	70.00	282.4	49.40	70.62
2003	406.0	70.00	291.4	50.22	71.77
2004	411.7	70.10	298.8	50.84	72.58

续表

年份	劳动力资源		就业人员		
	人数 / 万人	占总人口比重 /%	人数 / 万人	占总人口比重 /%	占劳动力资源比重 /%
2005	416.1	69.79	299.6	50.25	72.00
2006	422.6	70.00	308.1	51.00	72.90
2007	427.6	70.10	309.5	50.70	72.40
2008	432.3	69.99	303.9	49.20	70.30
2009	437.9	70.40	328.5	52.54	75.02
2010	473.6	74.84	326	51.50	68.82
2011	478.5	74.82	339.6	53.11	70.99
2012	487.9	75.39	344.5	53.23	70.61
2013	494.0	75.51	351.3	53.70	71.11
2014	499.15	75.45	357.2	54.00	71.57
2015	503.1	75.34	362.2	54.24	71.99
2016	509.4	75.48	369.2	54.71	72.48
2017	514.4	75.45	375.9	55.14	73.08

数据来源:《宁夏统计年鉴》。

4.4.2.2　劳动力供大于求，矛盾突出

截至 2017 年末，宁夏回族自治区劳动力资源人口为 514.4 万人，而就业总人口只有 375.9 万人，尚有 100 多万人还未就业。但目前城镇每年提供的就业岗位最多只有 4 万～4.5 万个；农村地区每年通过劳务输出或就地开发解决就业 50 多万人次，另有 50 多万人需要通过发展第二产业和第三产业或就地开发解决就业。并且，随着产业的不断发展和产业结构的不断优化，企业对劳动力的要求也变得越来越高。如果不提高劳动力的素质和能力，一些需要高层次的人才的行业仍然会缺少人才输入，因此劳动力供大于求的矛盾会越来越突出。

4.4.2.3　失业人数不断增长导致就业压力增大

一是城市失业人员造成的压力。1979—2017 年，宁夏城市登记失业率在 4.5% 左右，登记失业人员从 5.93 万人逐年增加到 13.98 万人。如果加上未登记的失业人员，城镇失业人口将在 15 万人以上。同时，再就业的难

度较大，据统计，1979—2017年，城镇登记失业人员累计为266.81万人。

二是农村剩余劳动力带来的压力。宁夏农村有近百万剩余劳动力，剩余劳动力转移就业中存在的体制性和素质型制约因素，严重影响了剩余劳动力的转移速度，因此农村剩余劳动力带来的就业压力逐年增大。

三是大中专毕业生就业压力较大。当前，大中专毕业生由于“产、销”不对路及就业环境等因素，以致部分学生“无业可就”；加之用人单位用工制度不规范、社会保障体系制度不健全以及部分毕业生就业观念落后等原因，大中专毕业生的就业压力依然很大。

四是外来劳动力对就业带来的压力。据公安部门统计，每年到宁夏办理暂住手续的人员达9万余人，大部分劳动适龄人员是到宁夏求职。本已存在的大量劳动力再加上外来劳动力使得宁夏就业现状更加困难。

4.4.2.4　就业难和招工难同时存在

当前，经济发展进入了新一轮增长周期，由于经济增长内涵的变化，就业市场出现了就业难和招工难同时存在的现象。一方面，由于宁夏劳动者充分就业的要求与劳动力总量过大、劳动力供求比例悬殊、长期失业群体过大、劳动力素质与企业发展需求不相适应等矛盾突出，就业难的问题依然存在；另一方面，部分用工需求量大、劳动环境较差、待遇和管理水平较低的企业，同时也存在不同程度的招工难问题，加之进城务工人员合法权益得不到有效保障，也增加了城市中苦、累、脏、险行业的招工难度。

4.4.2.5　职业培训不能适应就业需要

主要原因在于：一是部分职业培训机构培训能力不强，不能适应职业培训的需要；二是部分有就业需求的人员观念落后，缺乏参加培训的积极性和自觉性；三是政府有关部门对培训资金投入不足，培训效果不佳；四是进行职业培训的主体是企业，但在培训实践中，有相当部分企业和领导对员工实施培训的积极性不高；五是职业培训内容与实际需要脱节，培训缺乏实用性和有效性，学用结合不紧密，培训质量不高；六是职业培训中介机构短缺、服务不顺畅，职业培训与企业用工需求联系不紧密，培训内容缺乏针对性。

4.4.2.6　下岗失业人员再就业困难不断加大

据2017年抽样调查，宁夏失业者中，以40岁以上居多（占44%）、女性居多（达64.36%）、文化素质低的人员偏多（初中及以下文化占61.38%），且多为破产的工矿区的下岗人员，再就业较为困难。究其原因主要在于：一是现有的下岗失业人员中有些是经过多次选择而未能实现再就业的人员，除年龄偏大、文化程度较低、劳动技能单一、实现再就业的竞争能力不强等原因外，还有自身就业意识落后的问题，从而增加了实现再就业的难度。二是部分企业用工意识不强、用工制度不规范，随意解雇人员，致使一些再就业人员在短期内再次失业。三是扶持下岗失业人员的优惠政策落实不够，需要进一步完善和改进。

4.4.2.7　低素质人口就业困难

宁夏劳动力资源中，有62.78%的劳动者受教育程度仅仅为小学和初中，由于劳动力普遍素质较低，适合先进技术发展要求的劳动力不多，特别是受教育年限少、低素质人员就业难的问题更加突出，就业愿望难以实现。

4.4.2.8　劳动力市场基础设施建设落后

宁夏目前有25家公共职业介绍机构，其中有15家工作场地未能达标。许多街道（乡镇）的劳动保障事务所和劳务管理站的人员、经费、办公场地未能落实，影响了劳动力市场和基层劳动保障服务平台职能的发挥。由于劳动力市场基础设施和信息网络建设的滞后，用工信息的搜集和发布渠道不畅，无法及时为下岗失业人员和外出就业人员提供用工信息服务。

4.4.3　完善宁夏就业结构和增加就业的对策建议

4.4.3.1　高度重视就业和再就业，采取多种措施、增加就业岗位、扩大就业规模

（1）正视就业和失业问题，将增加就业、减少失业当作一项基本政策执行

当前，失业和就业问题已成为关系到每个人切身利益的重大问题，直

接影响经济发展和社会稳定。在对待失业和就业问题上，我们必须直面现实，将解决失业与就业问题作为各级党委和政府工作中的头等大事，继续坚持“一把手”负责制，制定相关政策，采取多种措施，努力增加就业岗位、扩大就业规模，将失业率控制在社会能够承受的范围内，促进经济发展和保持社会稳定。

（2）保持较快的经济增长速度，加大结构调整力度，创造就业岗位

采取的办法包括：第一，加快经济发展。实践证明，经济增长的快慢是影响就业的一个最重要因素。但是，经济增长与就业之间也有一个“度”的问题，要处理好经济增长与就业之间的关系，必须要把握好经济增长的度。因此，要解决好宁夏的失业与就业问题，继续保持适度较高的经济增长速度是十分必要的。建议在今后一段时期内，要努力使 GDP 的增长速度保持在 10% 左右，这样对扩大就业规模和缓解失业压力将会产生较好的效果。第二，大力发展经济增长与就业增长并举的产业部门，努力扩大就业规模。建议第一产业应以畜牧业、林业、渔业、农产品加工业为主；第二产业应以新兴产业、建筑业、橡胶制品业、石油和天然气开采与加工业、煤炭深加工业、煤气生产和供应业等为主；第三产业应以交通运输、仓储和邮电通信业、批发零售业、餐饮业、房地产业、旅游业以及社会服务业等为主。第三，大力发展劳动密集程度较高、资本密集程度较低、技术能力适中的产业。同时，有选择地发展资本密集和技术密集产业。根据宁夏资本稀缺、劳动力资源丰富的特点，在产业结构调整中要积极发展以能源工业、基础材料工业、石化冶金业、农副产品加工业等为主的有比较优势和市场需求的劳动密集型企业，尤其要支持吸纳就业能力较强的非公有制经济和中小企业进入这些部门，努力增加就业岗位、扩大就业规模。

4.4.3.2 完善公共就业服务体系，培育并发展劳动力市场

（1）完善公共就业服务体系

鼓励发展以公共职业介绍为主，民办、合资、合作等多种形式的劳动力中介服务体系，特别要发挥街道和社区在职业中介领域的优势，建设社区就业信息网，建立街道社区劳动保障工作平台，完善基层就业服务组织

网络，提倡有条件的地区和单位积极创办职业介绍所等中介机构。

（2）完善劳动力市场机制

按照社会主义市场经济发展要求，逐步建设开放型、多层次、多功能、形式不同、规模不等的劳动力市场体系。首先，要建立和发展局部地区的劳动力市场，使部分劳动力在一定时间和空间内能进行有限制的流动。

（3）完善城镇失业统计制度

失业统计能够有效地掌握劳动力资源和劳动力市场的供求情况。在失业统计方面，可以逐步增加季度失业统计和月度失业统计，随时反映失业率变化，以便政府有关部门能及时掌握情况并采取相应对策，努力把城镇失业率控制在可以承受的范围之内。

（4）建立城镇失业监测预警制度

失业预警系统是由失业预警模型、失业信息网和失业问题研究专家委员会组成的一个向政府及时提供失业信息，以便有关部门能及时采取失业对策的系统。为了解决好宁夏的失业和就业问题，应建立失业预警制度，并逐步建立和完善失业预警系统，及时为政府制定宏观决策提供信息。同时，政府应组织有关部门和专家根据失业率、长期失业者比例、不充分就业率、集体裁员规程以及其他相关指标，确定失业预警线。当失业率超过预警线时，采取紧急措施，以减少失业并缓解就业压力，缓和由失业造成的社会震荡。①

4.5 县域和地区经济结构明显改善

本节主要分析宁夏回族自治区的县域结构和地区经济结构。总体来看，宁夏回族自治区各个地区生产总值均有上升，固定资产投资和公共财政收入均有一定的增长，县域和地区经济结构明显改善。

① 李晋红．宁夏劳动力就业的现状、问题及对策 [J]. 中共银川市委党校学报，2016（3）.

4.5.1 宁夏各市（县、区）生产总值均有所上升，差距逐渐减小

表 4-16 显示的是 2017 年宁夏各市（县、区）的生产总值及结构。从表中可以看出，2017 年，宁夏各市（县、区）平均生产总值为 258 亿元，平均各市（县、区）人均生产总值为 4.8 亿元。相比之前，宁夏回族自治区各地区的平均生产总值和平均人均生产总值都有一定提升。从不同产业来看，第一产业各地区平均生产总值约为 185708 万元；第二产业平均生产总值为 131 亿元；第三产业平均生产总值为 109 亿元。由此可以看出，三种产业之间的经济差距并不是很大，并在逐渐缩小。

表 4-16　2017 年宁夏各市（县、区）生产总值

地区	地区生产总值 / 万元	第一产业 / 万元	第二产业 / 万元	第三产业 / 万元	人均地区生产总值 / 元
银川市	18032581	613745	9042897	8375939	81660
兴庆区	5464917	77125	1099461	4288330	73463
西夏区	3390113	60630	1802040	1527443	94904
金凤区	2184215	42341	1056234	1085640	69232
永宁县	1359380	155510	701451	502418	56431
贺兰县	1277278	175002	629458	472818	49417
灵武市	4356679	103137	3754253	499289	149061
石嘴山市	5350118	277025	3232683	1840410	66956
大武口区	2164167	9828	1286635	867704	70468
惠农区	1607738	60934	1067464	479340	78675
平罗县	1578213	206263	878584	493366	54728
吴忠市	5081146	578026	2990179	1512941	36394
利通区	1895153	176594	1174851	543707	45931
红寺堡区	193421	47465	90402	55554	9604
盐池县	855304	63369	516364	275571	54627
同心县	633354	114092	279305	239957	19192
青铜峡市	1503914	176505	929257	398152	50881
固原市	2700952	510211	736357	1454384	22061
原州区	1176599	150385	322526	703688	27768
西吉县	615062	151004	145734	318324	17725

续表

地区	地区生产总值 / 万元	第一产业 / 万元	第二产业 / 万元	第三产业 / 万元	人均地区生产总值 / 元
隆德县	250126	52693	74769	122665	16054
泾源县	159689	27278	51798	80613	15814
彭阳县	499476	128852	141530	229094	25379
中卫市	3741277	528058	1671547	1541672	32374
沙坡头区	1716929	232124	663713	821091	42041
中宁县	1500752	177521	829939	493292	43271
海原县	523596.1	118413.1	177894.1	227288.9	13076

数据来源:《宁夏统计年鉴》。

4.5.2 宁夏各地区固定资产投资现状

表 4–17 显示，2017 年，宁夏回族自治区平均各地区计划总投资为 906 亿元；本年各地区完成投资为 267 亿元；各地区平均新增固定资产为 164.60 亿元；各地区平均施工房屋面积为 616 万平方米；各地平均竣工房屋面积为 119 万平方米；各地平均施工项目为 360 个。

表 4–17　2017 年宁夏各市（县、区）固定资产投资

地区	计划总投资 / 万元	本年完成投资 / 万元	本年新增固定资产 / 万元	本年施工房屋面积 / 平方米	本年竣工房屋面积 / 平方米	施工项目个数 / 个
银川市（总）	60230539	15553976	9117842	45697364	9166526	1554
银川市	32323125	8414902	5336855	36175193	7122913	631
兴庆区	16848219	3549632	2248932	17519312	3777995	231
西夏区	4615716	1548999	1690338	1793839	623753	209
金凤区	10859190	3316271	1397585	16862042	2721165	191
永宁县	3799846	1133800	396924	3944740	556871	189
贺兰县	4134633	1767892	1335208	2564322	642844	420
灵武市	19972935	4237382	2048855	3013109	843898	314
石嘴山市（总）	10729368	4245903	2786264	2957714	497150	865
石嘴山市	7276059	2948782	2081327	2212711	390641	545
大武口区	4369628	1325571	760046	1676998	101527	264

续表

地区	计划总投资/万元	本年完成投资/万元	本年新增固定资产/万元	本年施工房屋面积/平方米	本年竣工房屋面积/平方米	施工项目个数/个
惠农区	2906431	1623211	1321281	535713	289114	281
平罗县	3453309	1297121	704937	745003	106509	320
吴忠市	18975458	6856304	4146409	8537762	1065354	927
利通区	7562322	2485447	1424941	5264461	678361	264
红寺堡区	933439	658282	575387	178894	54746	139
盐池县	4680471	1707097	761937	1056295	30113	149
同心县	2275295	717949	652477	1277824	238938	188
青铜峡市	3523931	1287529	731667	760288	63196	187
固原市	9454232	3795198	2135028	5386660	1084504	672
原州区	3898676	1609955	624684	3286035	471547	142
西吉县	1445468	559594	315438	431089	18180	128
隆德县	1517551	576135	561492	1134767	378819	135
泾源县	1083577	478529	304875	319700	172455	123
彭阳县	1508960	570985	328539	215069	43503	144
中卫市	12225846	2624966	1971792	7586624	1736749	620
沙坡头区	4858205	1257884	1101859	4732087	1697469	213
中宁县	6149932	860774	520024	2648786	37280	151
海原县	1217709	506308	349909	205751	2000	256

数据来源：《宁夏统计年鉴》。

4.5.3 宁夏各地区公共财政收入现状

2017 年，宁夏回族自治区全区总计公共财政收入约为 417.6 亿元。由表 4-18 可知，1985—2017 年，宁夏公共财政收入从 2.8 亿元增加到了 417.6 亿元，增长了 148 倍。宁夏不同地区的公共财政收入均有不同程度的增长，为支持地方基础设施建设以及政府转移支付提供了重要支撑。

表 4-18 1985—2017 年宁夏各地区公共财政收入 单位：万元

地区	1985	1995	2000	2005	2010	2011	2012	2013	2014	2015	2016	2017
全区	28064	85740	197082	477216	1535507	2199767	2639569	3083376	3398627	3734474	3876576	4175888
地市县级	21836	48566	146490	346312	1151078	1653466	1967463	2281995	2525988	2669029	2694223	2738926

续表

地区	1985	1995	2000	2005	2010	2011	2012	2013	2014	2015	2016	2017
银川市（总）	13172	26402	83064	181645	640368	966202	1131320	1345999	1535998	1709831	1731960	1774561
银川市	10545	20868	24832	44311	150824	206395	244566	277306	317148	357466	381232	367239
兴庆区	—	—	—	—	48220	70212	81749	100352	115067	129600	140966	132216
西夏区	—	—	—	—	14222	18673	22634	26567	30910	35105	41365	56687
金凤区	—	—	—	—	18312	26386	33275	39587	46830	53105	58502	64166
永宁县	604	1674	4299	8129	42091	75064	91101	108862	125520	144588	132821	126633
贺兰县	614	1673	4218	7325	55158	93361	112730	130241	145449	156220	150809	110566
灵武市	1409	2187	6257	11452	103414	141809	137703	157766	181635	186642	234335	303082
石嘴山市（总）	4957	9555	29192	72900	216460	263831	297937	309948	291020	267490	247391	230627
石嘴山市	3651	723	8827	14796	45689	51939	63516	66344	62683	57155	54433	45682
大武口区	—	—	—	—	33824	35867	44479	47605	42101	34682	31857	27620
惠龙区	—	—	—	—	11865	16072	19037	18739	20582	22473	22576	18062
平罗县	1306	2360	6194	21036	51965	68241	76568	85731	92585	86162	80185	80414
吴忠市	2897	8689	24610	50177	156690	219148	287426	324749	351384	319659	325587	326885
利通区	1504	3230	5413	8978	12628	19041	27847	33429	29601	32596	34516	28389
红寺堡区	—	—	—	1850	5474	8388	10907	14630	17518	16051	17310	20431
盐池县	290	539	2549	4971	23492	36470	57956	69581	85230	75713	77184	71860
同心县	139	697	1455	3423	8941	12230	17014	21061	20246	22254	21550	23490
青铜峡市	964	4052	11162	20856	53619	68681	79102	92263	104150	69944	74827	79451
固原市	538	3208	7874	14024	52581	79788	103345	130567	152950	159094	167827	166805
原州区	308	1274	3017	2220	9594	14967	20169	23298	25037	25071	25070	24192
西吉县	102	380	1058	1803	4460	8460	9505	11420	13604	16675	15213	16817
隆德县	6	603	1781	1204	3290	4636	6378	9637	11479	13500	12834	10306
泾源县	22	206	545	1080	2535	3531	4597	6422	10138	12613	13637	15077
彭阳县	65	436	651	1319	9066	16519	20269	25436	29296	22100	21866	24018
中卫市	1236	4764	12912	27566	84979	124497	147435	170732	194636	212955	231458	240048
沙坡头区	462	2892	7425	15572	42555	63333	73434	82080	6	8	14	27670
中宁县	774	1670	4487	10395	36472	54660	65420	76091	86143	94129	101718	111488
海原县	—	202	1000	1599	5952	6504	8581	12561	15819	17412	20106	22066

数据来源：《宁夏统计年鉴》。

4.6 城乡经济格局有待进一步调整

本节主要从宁夏回族自治区 2010—2017 年农村居民可支配收入和城镇居民可支配收入的变化来阐述宁夏城乡经济格局的变化。数据表明，宁夏无论是城镇居民还是农村居民，可支配收入都在持续增加。但是宁夏城乡居民不管是在消费还是其他方面仍然有较大的差距并且差距有逐渐扩大的趋势，城乡经济格局仍有待进一步调整。

4.6.1 城乡二元结构内涵

城乡二元结构是指发展中国家和地区在推进现代化过程中出现的相对较为普遍的城乡差别现象。中国在工业化与城市化发展进程中，同样存在城乡二元的社会经济结构。目前，我国大力推进新型城镇化战略，核心目标就是促进城镇化与新农村建设的协调发展，构建新型的城乡关系与工农关系。新型城镇化的“新”之所在就是不再“就城论城”，而是通过城镇化更好地实现城乡之间要素上交流互通与优化配置，在结构、功能等层面上的优势互补，以城镇化为手段实现城乡一体化的目标，这需要对城乡关系以及协调发展内在规律方面有更深刻的认识。

城乡一体化作为一个自然经济社会复合系统，其内涵包括政治、经济、生态、文化等多个方面，是各种生产要素、资源在城乡之间自由流动，产业、人力等高效互补协作，城乡居民享受同等待遇，平等发展、高效融合的良性循环系统。全面推进城乡一体化对加快社会主义新农村建设和全面建成小康社会具有十分重要的意义。

4.6.2 宁夏城乡居民收入差距扩大，但农村居民收入增长迅速

表 4-19 显示，2010—2017 年，宁夏回族自治区农村居民可支配收入从 5125 元增加到 10738 元，增长了约 110%。而表 4-20 中城镇居民可支配收入，则从 2010 年的 15093 元增加到 2017 年的 29472 元，约增长了 95%。可见，农村居民可支配收入增长更加迅速。

表 4-19　2010—2017 年宁夏各市（县、区）农村居民可支配收入　　单位：元

地区	2010 年	2011 年	2012 年	2013 年	2014 年	2015 年	2016 年	2017 年
全区	5125	5931	6776	7599	8410	9119	9852	10738
沿黄地区	6222	7149	8143	9104	10023	10821	11661	12661
中南部地区	3612	4193	4856	5550	6227	6818	7505	8347
银川市	6369	7309	8341	9341	10275	11148	12037	13087
兴庆区	7363	8425	9538	10663	11677	12625	13600	14788
西夏区	4970	5787	6678	7827	8618	9334	10112	10975
金凤区	5691	6535	7450	8359	9187	9941	10746	11629
永宁县	6247	7195	8225	9223	10130	10995	11865	12855
贺兰县	6585	7591	8692	9694	10667	11628	12560	13668
灵武市	6650	7649	8707	9752	10756	11650	12546	13659
石嘴山市	6298	7248	8279	9278	10215	10995	11829	12880
大武口区	5537	6354	7252	8124	8896	9563	10261	11185
惠农区	6344	7298	8321	9325	10269	11074	11850	12857
平罗县	6428	7420	8486	9530	10502	11300	12196	13276
吴忠市	5153	5921	6767	7605	8442	9150	9938	10912
利通区	6736	7741	8770	9823	10787	11589	12576	13675
红寺堡区	3443	3956	4533	5211	5837	6408	7081	7896
盐池县	4128	4668	5392	6211	6975	7674	8532	9549
同心县	3610	4159	4783	5457	6123	6711	7388	8216
青铜峡市	6464	7466	8542	9457	10435	11200	12040	13135
固原市	3695	4297	4984	5695	6395	7002	7714	8579
原州区	3857	4501	5214	5944	6693	7296	8070	8961
西吉县	3613	4195	4866	5539	6222	6857	7566	8401
隆德县	3598	4174	4834	5535	6199	6769	7462	8305
泾源县	3325	3861	4529	5176	5805	6375	7032	7842
彭阳县	3743	4363	5050	5807	6530	7158	7861	8790
中卫市	4510	5260	6021	6681	7403	8002	8626	9365
沙坡头区	5628	6499	7353	8146	8971	9669	10375	11249
中宁县	5434	6243	7148	7945	8819	9580	10356	11245
海原县	3304	3852	4488	5138	5765	6258	6872	7658.34

数据来源：《宁夏统计年鉴》。

表 4-20 2010—2017 年宁夏各市（县、区）城镇居民可支配收入　　单位：元

地区	2010 年	2011 年	2012 年	2013 年	2014 年	2015 年	2016 年	2017 年
全区	15093	17291	19507	21476	23285	25186	21753	29472
沿黄地区	15716	18011	20262	22288	24160	26154	28172	30540
中南部地区	11935	13618	15430	17003	18449	19920	21534	23383
银川市	16958	19335	21769	23940	26118	28261	30748	32981
兴庆区	18523	21120	23680	25835	28246	30514	32781	35452
西夏区	13660	15575	17641	19563	21347	23125	24976	26985
金凤区	17736	20222	22795	25530	27957	30361	32734	35560
永宁县	15023	16959	19252	21177	23017	25091	26948	29211
贺兰县	14796	16890	19117	20906	22791	24548	26468	286411
灵武市	15637	17867	20300	22405	24310	26255	28329	30624
石嘴山市	14408	16702	18906	20703	22380	24168	25970	28186
大武口区	15871	18397	20800	22734	24671	26768	28855	31365
惠农区	12883	14934	16777	18437	19914	21495	23110	25056
平罗县	13009	14769	16719	18308	19736	21216	22738	24606
吴忠市	12940	14720	16674	18298	19853	21553	23351	25364
利通区	14084	16122	18206	19953	21710	23582	25303	27387
红寺堡区	10354	11879	13528	15223	16489	17875	19412	21195
盐池县	12494	14217	16055	17653	19157	20919	22673	24677
同心县	10867	12337	14127	15774	17131	18758	20277	22101
青铜峡市	12874	15112	17107	18713	20292	22003	23633	25547
固原市	12556	14322	16223	18085	19677	21144	22717	24628
原州区	13136	15029	17001	19009	20680	22463	24154	26258
西吉县	11742	13425	15207	17107	18601	19965	21411	23240
隆德县	11008	12605	14348	15970	17441	18632	20047	21732
泾源县	11668	13393	15189	17027	18565	19735	21158	22918
彭阳县	11831	13521	15361	17128	18591	20049	21612	23345
中卫市	12997	14750	16610	18421	19931	21604	23277	25344
沙坡头区	13596	15495	17487	19293	20920	22703	24339	26488
中宁县	13303	14689	16487	18395	19831	21481	23141	25293
海原县	11062	12788	14348	16223	17570	19046	20592	22346

数据来源：《宁夏统计年鉴》。

需要指出的是，2010 年，宁夏全区城镇居民可支配收入比农村居民可支配收入高出 9968 元，到 2017 年，宁夏全区城镇居民可支配收入比农村居民可支配收入高出 18734 元，约增加了 88%。这也说明宁夏城乡收入差距在不断扩大。

4.7 宁夏经济增长结构优化因素贡献分析

本节主要分析有助于宁夏经济增长结构优化的各项因素。综上所述，宁夏第三产业对 GDP 的贡献以及非公企业的增长促进了宁夏经济增长结构的优化。但依赖规模扩张和资本注入的粗放型经济发展模式却阻碍了宁夏经济增长结构的进一步优化。

4.7.1 第三产业成为 GDP 增长的主要推动力

1979—2017 年，宁夏地区生产总值以及第一、第二、第三产业总值的绝对值均处于不断上涨的状态。而第三产业的增速最为明显，第一产业和第二产业的增速在 2013 年后逐渐放缓。2017 年底，第三产业生产总值超越第二产业，第三产业成为宁夏回族自治区的主体产业部门，也是对全区 GDP 贡献最大的产业部门，这也标志着宁夏产业结构由“二三一”正式转变为“三二一”。第三产业已成为宁夏产业结构的主力。

4.7.2 非公企业成为吸引劳动力的主要行业

随着经济的发展，以个体和私营为主要特征的非公经济发展迅速，目前已成为带动就业人数增加的核心力量。1995—2017 年，私营企业的就业人数从 1.9 万人增加到了 48.5 万人，增加了约 25 倍，年均增加 2.12 万人。个体经营就业人数由 4.3 万人增加到了 45.6 万人，增加了约 9.6 倍，年均增加约 1.88 万人。从 1995—2007 年宁夏城镇的不同经济类型的就业情况来看，私营企业及个体经营就业人数占全部就业人数的比率由 1995 年的 7.6% 增加到了 2017 年的 56.96%。港澳台商及外商企业的就业人数由 1995

年的 1.4 万人增加到了 2017 年的 2.6 万人，就业占比从 1.7% 减少到了 1.5%。若加上港澳台商及外商投资企业，非公经济所吸纳的就业人数占全部就业人数的一半以上。

2016 年，宁夏的总就业人数为 369.2 万人，其中第三产业的就业人数为 146.6 万人，占总就业人数的 39.7%；2017 年，宁夏的总就业人数为 375.9 万人，第三产业的就业人数为 154.6 万人，占总就业人数的 41.12%。由此可以看出，第三产业的就业人数逐年增加并逐渐成为吸纳劳动力的主要产业。并且第三产业中的大多数企业都是私有性质的中小企业，这些企业的进入壁垒没有公有制企业的高，非公企业的增长给宁夏增加了大量的就业机会。这些企业为经济增长和社会和谐稳定作出了巨大贡献。

4.7.3 经济增长还属于依赖规模扩张和资本注入的粗放型模式

任何国家或地区的经济增长都离不开生产三要素：资本、劳动和技术，即应用一定的技术通过劳动将一定的资本转化成居民需要的社会产品。据测算，宁夏的资本投入对经济增长的贡献率为 47.2%，科技进步对经济增长的贡献率为 33.3%，劳动投入增加对经济增长的贡献率为 19.5%。由此可以看出，宁夏现阶段经济增长主要依靠资本投入来实现，经济增长的质量还有待进一步提高。

参考文献

[1] 宁夏发展改革委《“十三五”宁夏就业问题研究》课题组 . 宁夏就业形势分析及趋势预测 [J]. 宁夏党校学报 , 2015(2): 89.

[2] 李晋红 . 宁夏劳动力就业的现状、问题及对策 [J]. 中共银川市委党校学报 , 2016(3).

第5章 宁夏70年来产业发展历程

吴雨轩[①] 姜太碧[②]

本章主要分析宁夏回族自治区70年来的产业发展历程。第一节介绍宁夏第一产业、第二产业以及第三产业的发展现状；第二、第三、第四节分别介绍宁夏第一、第二、第三产业的发展历程；第五节介绍宁夏产业发展的集聚效应与影响因素分析。本章旨在从历史角度分析宁夏的三种产业发展历程，分析宁夏三种产业是如何在历史长河里萌芽、成长并发展到现在，并以此为基础思考如何走好未来宁夏产业的发展转型之路。

5.1 宁夏三次产业发展现状

本节主要针对宁夏回族自治区的第一产业、第二产业以及第三产业的发展现状进行阐述以及对宁夏三种产业存在的优缺点进行分析，并提出一些对策建议。总体而言，三种产业都较前一年有一定的发展，第一产业处于转型时期，第二产业发展稳定，第三产业优势独特成长迅速。

5.1.1 第一产业

近10年来，宁夏立足资源优势，在稳定粮食生产的基础上，大力发展特色优势产业，农业农村经济结构调整取得显著成效。总体上，宁夏正

---

① 吴雨轩（1996— ），女，四川广元人，西南民族大学经济学院硕士研究生。

② 姜太碧（1964— ），女，重庆铜梁人，经济学博士，西南民族大学经济学院教授、硕士生导师，主要研究方向为农村经济、产业经济。

处在由传统农业向现代农业的转型期，在新形势下农业农村经济发展还面临许多矛盾和挑战。

5.1.1.1　发展现状

（1）主要农产品供给能力显著提高

1960—2018 年，粮食作物播种面积在 1960 年的 77.1 万公顷基础上变化不大（见表 5-1），但粮食产量由于单产提高等因素而不断增加。2018 年，宁夏粮食作物播种面积 73.6 万公顷，粮食总产量 392.58 万吨，实现“十五连丰”。人均粮食占有量 570.52 千克，居全国第 5 位。蔬菜总产量 550.8 万吨，人均 800 千克，远高于全国 500 千克的平均水平。牛羊肉总产量 21.4 万吨，人均 31 千克，远高于全国人均 8 千克的平均水平。鲜奶总产量 168.3 万吨，人均 245 千克，是全国平均水平的 8 倍。

表 5-1　1960—2018 年宁夏第一产业相关情况　单位：万公顷

年份	耕地面积	造林面积	粮食作物播种面积
1960	93.2	0.7	77.1
1978	89.1	1.4	76.4
1985	79.5	3.3	65.0
2000	129.3	8.2	81.5
2001	129.9	9.9	75.5
2002	121.2	18.3	81.2
2003	111.9	29.5	80.4
2004	110.5	16.3	79.2
2005	111.4	11.2	77.6
2006	111.6	5.5	79.4
2007	111.7	5.7	84.4
2008	112.8	9.0	80.8
2009	113.6	9.0	80.5
2010	113.5	9.5	81.5
2011	113.3	9.0	81.6
2012	128.6	9.5	78.8
2013	128.4	10.1	75.6
2014	128.9	8.4	72.8

续表

年份	耕地面积	造林面积	粮食作物播种面积
2015	129.3	8.0	72.8
2016	129.2	8.5	71.8
2017	129.3	6.5	72.3
2018	—	—	73.6

数据来源：《宁夏统计年鉴》。

表 5-2 显示，1980—2018 年，宁夏主要粮食产量从 120.35 万吨增加到了 392.58 万吨，增加了 2.26 倍；猪肉产量从 1.5 万吨增加到 8.8 万吨，增加了约 4.87 倍；牛肉产量从 0.5 万吨增加到了 11.5 万吨，在 1990 年的基础上增加了 22 倍；羊肉产量从 0.4 万吨增加到 9.9 万吨，在 1980 年的基础上增加了 23.75 倍；奶类产量从 1980 年的 0.4 万吨增加到了 168.3 万吨，增加了 419.75 倍，是主要农产品中增长幅度最大的产品。

表 5-2　1980—2018 年宁夏主要农产量和畜产品产量　　单位：万吨

年份	粮食	猪肉产量	牛肉产量	羊肉产量	奶类产量
1980	120.35	1.5	—	0.4	0.4
1990	191.70	4.1	0.5	1.7	4.1
2000	252.74	9.3	3.3	3.3	23.6
2007	323.49	8.3	6.5	5.7	80.9
2008	329.22	8.5	6.8	5.9	93.1
2009	340.61	9.2	7.3	6.8	84.7
2010	356.40	8.5	7.5	7.3	88.3
2011	358.84	7.3	7.5	7.9	100.2
2012	374.97	7.9	7.9	8.3	108
2013	373.29	7.5	8.7	8.7	108.8
2014	376.59	8.3	8.8	8.9	141.7
2015	372.60	7.9	9.7	9.3	142.5
2016	370.65	8.6	10.4	9.5	145.6
2017	370.05	8.9	10.9	9.9	160.1
2018	392.58	8.8	11.5	9.9	168.3

数据来源：《宁夏统计年鉴》。

（2）农业产业结构调整步伐加快

2017年，宁夏全区农林牧渔总产值517.4亿元，其中农业309亿元，占59.7%；畜牧业155.68亿元，占30%；林业9.69亿元，占1.8%；渔业产值为18.62亿元，占总产值的3.5%。可以看出，农业的生产总值占了宁夏农林牧渔总产值的一半以上，是宁夏第一产业生产总值的主要组成部分。

表5-3　1978—2017年宁夏第一产业生产总值　单位：万元

年份	农林牧渔总产值	农业	林业	牧业	渔业	农林牧渔服务业
1978	48133	37893	1505	8714	22	—
1985	120164	88169	8035	22903	607	—
2000	777525	469905	31137	257488	18995	—
2001	852989	493901	34999	302896	21193	—
2002	924917	528801	51391	320370	24355	—
2003	1005247	541303	74569	363502	25873	—
2004	1255202	712966	61978	412390	35868	32000
2005	1379973	789410	55645	459969	39781	35168
2006	1481763	905543	50245	419817	41159	65000
2007	1830775	1106796	56894	538499	51586	77000
2008	2277375	1300985	74756	746458	60376	94800
2009	2440588	1450391	83828	729724	70456	106189
2010	3064607	1920607	86774	857156	80377	119441
2011	3556200	2191965	93206	1029469	102370	139190
2012	3864607	2347867	97655	1127133	133627	158325
2013	4321343	2618259	98366	1293196	132177	179345
2014	4481771	2653703	100039	1380818	149264	197947
2015	4844582	3000361	116320	1352834	157679	217388
2016	4962659	2997108	101064	1465460	169739	229288
2017	5174168	3089621	96885	1556804	186235	244623

数据来源：《宁夏统计年鉴》。

（3）农业科技水平不断提升

在农业科技水平提升方面，实施了小麦、水稻、玉米三大作物品种更新工程，葡萄、枸杞、粮食、畜禽和水产良种化率分别达到95.0%、

90.0%、89.0%、75.0% 和 65.0%；启动了马铃薯脱毒种薯三级繁育体系建设，马铃薯良种化率、脱毒化率分别达到 70.0%、50.0%；引进法国酿酒葡萄优新品种 16 个，建立采穗圃 400.00 公顷。另外，测土配方施肥、覆膜保墒旱作节水、稻蟹生态养殖、保护性耕作等适用技术全面推广方面，农业科技贡献率达到 56%，农业综合机械率达到 64.0%。①

（4）农田水利基础设施逐步改善

大力开展农田水利基本建设，实施了灌区续建配套、中北部土地开发整理、引黄灌区节水改造等一批重点项目，农田有效灌溉面积达到 46.67 万公顷，建设高标准农田 19.20 万公顷，农田水利基础设施逐步改善，为农业农村经济发展提供了强有力的支撑。

5.1.1.2　面临的矛盾和挑战

（1）农业结构不合理

在农业总产值中，种植业比重偏大，比全国平均水平高 10.0%；畜牧水产比重比全国平均水平低近 10.0%；林业比重比全国平均水平低 1.2%。在种植业中，夏秋比例仍需优化，以宁粳 43 号为主的优质水稻面积仅占水稻总面积的 50.0%。在畜牧业中，牛羊肉总产量占肉类总产量的 55.9%，清真品牌优势发挥不够。区域发展不平衡，引黄灌区、中部干旱带、南部山区农业总产值分别占全区的 65.2%、14.2%、20.6%，中南部地区农业发展潜力有待进一步挖掘。②

（2）农业产业化经营水平不高

农产品加工业发展滞后，农产品加工产值与农业总产值的比重仅为 0.86：1.00，明显低于全国 2.00：1.00 的平均水平。加工企业小而散，全区年销售收入 10.00 亿元以上的企业只有 8 家，主要农产品加工转化率为 58.0%，比全国平均水平低 4%。农产品流通体系不健全，在全国有影响力的农业品牌较少，大宗农产品存在季节性卖难问题。产业集中度不高、产加销融合不够，缺乏知名品牌、高端市场和优势龙头引领。③

---

① 李玉军 . 宁夏农业农村经济发展面临的矛盾和挑战 [J]. 农业研究 , 2015（12）：180.

②③ 李玉军 . 宁夏农业农村经济发展面临的矛盾和挑战 [J]. 农业研究 , 2015（12）：181.

（3）水土资源约束趋紧

宁夏年均降雨量仅305毫米，人均水资源可利用量625立方米，仅为全国平均水平的1/3，灌溉农田667平方米，亩均占有水量460立方米，仅为全国平均水平的1/4。由于黄河来水减少，近10年黄委会分配宁夏年均耗水量为36亿立方米，比初期少分配4亿立方米。随着经济社会的快速发展，全区水资源供需矛盾日趋尖锐，个别县区存在超计划指标用水的现象，供用水矛盾已成为制约农业发展的最大“瓶颈”。此外，宁夏农业用水量占90.0%以上，远高于全国平均65.0%的比例，灌溉水利用系数仅为0.46，用水效率较低。单方水效益（以粮食为例），北部引黄灌区3元、中部干旱地带5元、南部山区5元，而特色产业达10元，提高水资源利用效率潜力巨大。①

（4）农民增收难度加大

近年来，宁夏农民人均纯收入增速表现为，农村高于城镇，山区高于川区，虽然山川差距、城乡差距在不断缩小，但绝对差距仍然较大。2017年，宁夏农民人均纯收入10738元，与全国平均水平相差2000多元，与东部发达省市如浙江省相差14218元。加之农产品市场具有不确定性，农民务工职业门类较少，农民增收的基础还不牢固，农民收入持续增长压力较大。因此，大力调整农业结构，促进产业优化升级，千方百计增加农民收入，已成为宁夏农业农村工作刻不容缓的重大任务。

5.1.2 第二产业

1958年宁夏回族自治区成立以来，宁夏工业发展几乎在空白基础上起步，逐步建立起了以能源、煤炭、电力、化工、冶金、机械、轻纺、建材、医药等为主体，门类比较齐全的具有区域特色的工业体系。进入21世纪以来，宁夏深入实施西部大开发战略，坚持走新型工业化道路，以科学发展为主题，以转变发展方式为主线，以提高工业经济增长的质量和可持续性为重点，以改革开放和技术创新为动力，实施“培育发展战略性新兴产业、改造提升传统产业、壮大做强优势特色产业”等工程，把工业发

① 李玉军．宁夏农业农村经济发展面临的矛盾和挑战[J]. 农业研究，2015（12）：181.

展建立在创新驱动、集约高效、环境友好、惠及民生、内生增长的基础上，促进产业之间联动发展和协调发展，增强区域自主创新能力，努力构建富有竞争力的现代工业体系。

围绕经济发展全面转型的战略部署，宁夏充分利用国内外各种机遇，不断深化改革，加快转变经济增长方式，实施产业结构升级，继续推进新型工业化进程。主要实效体现在：一方面，壮大做强优势主导产业和特色产业，重点支持影响宁夏长远发展、符合国家规划和产业政策的煤炭、煤化工、电力以及地方特色优势产业；另一方面，不断改造传统产业，通过多种途径进行技术改造和资金募集，促进了传统产业优化升级和产业更新换代。

5.1.2.1　工业增加值增长迅速

表 5–4 显示，2017 年，宁夏工业增加值总体增长 8.6%，其中轻工业增长较慢，增长率为 1.8%；重工业增长速度较快，增长率为 9.9%。其他经济类型企业增加值增速达到了 864.7%，远远超过其他任何类型的企业，发展十分迅猛。外商和港澳台商投资企业增速下降，国有大中型工业企业增速缓慢。

表 5–4　2017 年宁夏分注册类型规模以上工业增加值增速

项目	增长率 /%
总计	8.6
轻工业	1.8
重工业	9.9
国有企业	8.0
集体企业	—
股份合作企业	—
股份制企业	9.7
外商及港澳台商投资企业	–2.8
其他经济类型企业	864.7
国有控股企业	8.7
私营企业	4.0
非公有工业	6.6
大中型工业企业	7.8
国有大中型工业企业	2.3

数据来源：《宁夏统计年鉴（2018）》。

另外，从分行业工业的构成分析，2017 年宁夏工业体系中非金属矿采选业，造纸和纸制品业，印刷和记录媒介复制业，文教、工美、体育和娱乐用品制造业，石油加工、炼焦和核燃料加工业，化学原料和化学制品制造业，医药制造业，橡胶和塑料制品业，黑色金属冶炼和压延加工业，有色金属冶炼和压延加工业，通用设备制造业，专用设备制造业，汽车制造业，铁路、船舶、航空航天和其他运输设备制造业，废弃资源综合利用业等产业发展速度较快。其中，铁路、船舶、航空航天和其他运输设备制造业增长速度最快，增长率为 568.6%。而石油和天然气开采业，黑色金属矿采选业，农副食品加工业，食品制造业，烟草制品业，纺织服装、服饰业以及皮革、毛皮、羽毛及其制品和制鞋业，木材加工和木、竹、藤、棕、草制品业，家具制造业，化学纤维制造业，金属制品业，电气机械和器材制造业等产业的增加速度都有不同程度的下降，见表 5–5。

表 5–5　2017 年宁夏规模以上工业分行业增加值增长速度

指标	增长率 /%
总计	8.6
煤炭开采和洗选业	2.8
石油和天然气开采业	–86.6
黑色金属矿采选业	–29.3
有色金属矿采选业	—
非金属矿采选业	16.3
开采辅助活动	—
其他采矿业	—
农副食品加工业	–3.8
食品制造业	–0.9
酒、饮料和精制茶制造业	0.8
烟草制品业	–0.8
纺织业	2.4
纺织服装、服饰业	–8
皮革、毛皮、羽毛及其制品和制鞋业	–29.1
木材加工和木、竹、藤、棕、草制品业	–70.8
家具制造业	–43.6
造纸和纸制品业	6.9

续表

指标	增长率 /%
印刷和记录媒介复制业	24.2
文教、工美、体育和娱乐用品制造业	54.8
石油加工、炼焦和核燃料加工业	13.9
化学原料和化学制品制造业	13
医药制造业	9
化学纤维制造业	–63.3
橡胶和塑料制品业	7.5
非金属矿物制品业	2
黑色金属冶炼和压延加工业	14.1
有色金属冶炼和压延加工业	6.7
金属制品业	–13.8
通用设备制造业	13.6
专用设备制造业	24.4
汽车制造业	36
铁路、船舶、航空航天和其他运输设备制造业	568.6
电气机械和器材制造业	–10.2
计算机、通信和其他电子设备制造业	—
仪器仪表制造业	–13
其他制造业	8
废弃资源综合利用业	97.9
金属制品、机械和设备修理业	–100
电力、热力生产和供应业	12.7
燃气生产和供应业	7
水的生产和供应业	22.1

数据来源:《宁夏统计年鉴（2018）》。

5.1.2.2　第二产业主要产品产量

下面主要以 2017 年第二产业中的食品加工工业产品产量为例。从表 5–6 可以看出，其中增长较多的是饲料添加剂，产量为 12.3 万吨，在上一年的基础上增加了 36.7%；其次是固体及半固体乳制品，增加比例为 28.6%；再次是蛋白饮料，产量为 2.7 万吨，增加比例为 17.4%；其余如配合饲料、精制食用植物油、速冻食品、乳粉、味精、饮料酒、啤酒、饮料、包装饮用水、果汁和蔬菜汁等各项产品产量均比上年有所下降。

表 5-6　2017 年宁夏食品加工工业产品产量构成情况

指标	产量	比上年增长 /%
原盐 / 万吨	83.9	15.9
大麦粉 / 万吨	50.1	0.2
大米 / 万吨	76.4	0.5
饲料 / 万吨	42.9	2.6
配合饲料 / 万吨	21.4	–6.1
混合饲料 / 万吨	15.0	14.5
精制食用植物油 / 万吨	10.4	–17.5
鲜、冷藏肉 / 万吨	1.9	5.6
冷冻水产品 / 万吨	—	–100.0
冷冻蔬菜 / 吨	1659.0	13.6
烘焙松脆食品 / 万吨	2.4	9.1
速冻食品 / 万吨	1.1	–35.3
方便面 / 万吨	0.1	—
乳制品 / 万吨	95.9	4.2
液体乳 / 万吨	90.4	3.0
固体及半固体乳制品 / 万吨	5.4	28.6
乳粉 / 万吨	1.5	–25.0
罐头 / 万吨	0.1	—
味精 / 万吨	26.6	–7.3
营养、保健食品 / 万吨	0.1	—
食品添加剂 / 万吨	0.4	—
饲料添加剂 / 万吨	12.3	36.7
饮料酒 / 万千升	28.4	–4.4
白酒 / 万千升	0.3	—
啤酒 / 万千升	23.4	–6.8
黄酒 / 万千升	0.1	—
葡萄酒 / 万千升	3.4	9.7
饮料 / 万吨	39.3	–3.9
包装饮用水 / 万吨	14.6	–8.8
果汁和蔬菜汁 / 万吨	7.2	–22.6
蛋白饮料 / 万吨	2.7	17.4

数据来源：《宁夏统计年鉴（2018）》。

5.1.2.3　第二产业主要企业职工人数

2017 年，宁夏第二产业主要企业平均职工人数为 308243 人。职工人数最多的是内资企业，从业人员平均人数为 286972 人；国有企业从业人员平均人数为 13746 人；中央企业从业人员平均人数为 12478 人；地方企业职工人数平均为 1268 人；股份合作企业平均从业人员人数较少，只有 92 人；有限责任公司的从业人员平均人数为 124182 人；国有独资公司从业人员平均人数为 60511 人；其他有限责任公司则为 63671 人。

在私营企业里，私营独资企业的从业人数最少，平均人数为 129 人；私营有限责任公司职工人数最多，平均人数为 103778 人；私营股份有限公司从业人员平均人数为 5921 人。

在港澳台商和外商企业里，港澳台商独资企业的从业人数最多，平均从业人数为 12471 人；其次是合资经营企业，平均从业人数为 10779 人；合作经营企业的从业人员最少，平均从业人数只有 95 人；港澳台商独资经营企业的平均从业人数为 1597 人；外商投资企业的平均从业人数为 8800 人；中外合资经营企业的平均人数为 4253 人；外资企业的平均从业人数为 4547 人。具体第二产业各注册类型企业从业人员平均人数详细情况，见表 5–7。

表 5–7　2017 年宁夏第二产业各注册类型企业职工人数　　单位：人

指标	从业人员平均人数
内资企业	286972
国有企业	13746
中央企业	12478
地方企业	1268
股份合作企业	92
有限责任公司	124182
国有独资公司	60511
其他有限责任公司	63671
股份有限公司	39124
私营企业	109828
私营独资企业	129

续表

指标	从业人员平均人数
私营有限责任公司	103778
私营股份有限公司	5921
港澳台商独资企业	12471
合资经营企业	10779
合作经营企业	95
港澳台商独资经营企业	1597
外商投资企业	8800
中外合资经营企业	4253
外资企业	4547

数据来源：《宁夏统计年鉴（2018）》。

5.1.2.4 打造国际级现代煤化工基地

煤炭工业是宁夏最具有发展优势的产业，一直是全区经济发展的中坚力量，也有力地支援了兄弟省市的经济建设。宁夏煤炭预测储量2027亿吨，居全国第5位，探明储量315.6亿吨，居全国第6位，人均占有量居全国第1位。因此，为了实现资源优势向经济优势的转化，宁夏作出了加快推进煤炭工业做大做强的战略规划，即依托龙头骨干企业，进一步拓宽领域、深挖潜能、提高质量、扩大效益，重点支持宁夏煤炭、煤化工、电力等优势产业加快发展，迅速提升实力，打造国际级现代煤炭化工基地。

宁夏重点推进的是宁东大型煤炭基地建设。位于宁夏东部的宁东煤田包括灵武、鸳鸯湖、横城、马家滩、积家井、萌城、韦州和石沟驿8个勘探区，南北长130千米，东西宽50千米，含煤面积约5300平方千米，煤炭探明储量274亿吨，占全区煤炭资源已查明储量的86.8%，远景预测资源量1394亿吨。主要煤种为不黏结煤、炼焦煤和无烟煤，是优质化工用煤和动力用煤。该基地建设规划为：通过大力推进煤炭资源深度加工与转化，重点发展煤制油、煤制烯烃、煤制天然气等新型煤化工基地，形成了以各种煤化工产品和清洁能源系列产品为主导的、具有国内领先乃至国际先进水平的新型煤化工产业集群。

5.1.2.5　建设国家级生态纺织产业示范基地

纺织工业既是宁夏的传统特色优势产业，也是重要的民生产业。加快纺织工业发展，对于繁荣城乡市场、促进城乡居民增收、增加劳动就业和支撑新型城镇化建设具有重要意义。“十二五”规划实施以来，宁夏纺织工业不断加大结构调整力度，推进产业升级，在巩固发展传统羊绒产业的同时，宁夏积极承接东部省市先进纺织产业转移，重点打造宁夏生态纺织产业示范园灵武园区、贺兰园区和以恒丰纺织为代表的利通区毛纺织产业园区 3 个重要的增长极，高标准建设宁夏生态纺织产业示范园，推动产品向深加工、高附加值方向发展，大力发展中宁等特色园区加快自治区纺织工业转型升级。

例如，宁夏生态纺织产业示范园贺兰园区围绕山东如意投资建设项目形成的产业基础，按照棉纺、色织、面料、针织成衣、衬衫、西服等产业链构成，积极招商引资，快速扩大产业规模。宁夏生态纺织产业示范园灵武园区依托龙头企业和羊绒资源优势，提高羊绒精深加工比重，大力发展亚麻、丝织等高端天然纤维研发和制造，试点建设羊绒质量分级制度和国际羊绒交易市场，进一步扩大服装服饰的设计研发和加工能力，使园区成为宁夏传统优势特色产业和服装文化创意产业中心。

依托现有的产业集聚区，如灵武精品羊绒，灵武、贺兰生态纺织等，继续强化生态纺织产业特色，扩大区域知名度，引导企业树立集群区域品牌意识，维护区域品牌形象。鼓励集聚区内企业以区域品牌为标志，开展各种推广和宣传活动，鼓励企业组团参加国际性展会。加大对区域品牌建设的宣传力度，提高认知度。

5.1.3　第三产业：宁夏旅游产业发展现状

5.1.3.1　旅游人数

由表 5-8 可知，1990—2017 年，宁夏接待的不同国家和地区的旅游人数都在持续增加。从国家来看，宁夏接待的游客最多的是美国，2017 年来自美国的游客约 3270 人；其次是来自日本的游客，有 2336 人；再次是来自德国的游客，约 1137 人。2017 年接待港澳台地区同胞，总计达 32065 人。

表 5-8 1990—2017 年宁夏接待境外游客变化情况 单位：人

年份	对外接待各个国家旅游人数情况										港澳台地区
	日本	美国	加拿大	英国	法国	德国	意大利	独联体	澳大利亚	新西兰	
1990	801	82	10	38	18	87	24	8	30	2	602
1995	1379	187	50	84	80	126	82	6	46	28	774
2000	1896	392	151	353	180	298	59	104	115	10	2015
2010	2459	1679	450	408	514	1311	276	125	444	84	5129
2011	2662	1638	490	553	486	1398	184	158	482	103	5820
2012	2864	1063	517	269	504	825	269	65	598	158	4694
2013	1802	1696	445	354	563	821	398	157	476	102	10321
2014	1819	1945	478	306	424	918	323	678	479	120	18566
2015	1791	2453	536	402	667	937	399	757	549	134	18906
2016	2112	3227	702	597	517	1212	505	1130	714	221	27656
2017	2336	3270	687	634	666	1137	477	—	868	212	32065

数据来源：《宁夏统计年鉴》。

5.1.3.2 旅游外汇收入

宁夏回族自治区的旅游外汇收入由两大部分组成：一是商品性外汇收入；二是劳务性外汇收入。其中商品性外汇收入主要由商品销售收入和饮食销售收入组成；劳务性外汇收入主要由长途交通费、住宿费等其他费用组成。

宁夏的商品销售收入从 1990 年的 31 万元增加到 2017 年的 3778 万元，2017 年约为 1990 年的 122 倍；饮食销售收入从 12 万元增加到了 1201 万元，2017 年约为 1990 年的 100 倍；长途交通费从 1990 年的 54 万元增加到 2017 年的 7755 万元，2017 年比 1990 年约增加了 142.6 倍；住宿费从 1990 年的 21 万元增加到 2017 年的 3728 万元，2017 年比 1990 年约增加了 176.5 倍。具体情况见表 5-9。

表 5-9 1990—2017 年宁夏旅游外汇收入情况 单位：万元

年份	商品性外汇收入		劳务性外汇收入		
	商品销售收入	饮食销售收入	长途交通费	住宿费	其他
1990	31	12	54	21	57
1995	135	188	143	276	196

续表

年份	商品性外汇收入		劳务性外汇收入		
	商品销售收入	饮食销售收入	长途交通费	住宿费	其他
2000	144	197	1009	410	492
2010	545	301	1440	638	1143
2011	640	238	1083	688	1377
2012	227	189	1670	575	782
2013	831	441	2462	1399	2350
2014	1408	795	3577	1999	3578
2015	2123	553	4053	1711	4425
2016	3311	867	6012	2681	6839
2017	3778	1201	7755	3728	8556

数据来源：《宁夏统计年鉴》。

5.1.3.3　宁夏旅游产业类型

宁夏特殊的自然地理环境、历史遗迹资源和回乡民族文化孕育了丰富多彩的旅游资源，在全国 10 大类 95 种旅游资源的基本类型中，宁夏就拥有 8 大类 46 种旅游资源，其中既有壮观雄浑的大漠世界，又有秀丽富饶的“塞上江南”，还有浓郁淳朴的回族风情。宁夏旅游业兴起于 20 世纪 80 年代中后期，经过几十年的发展，基础设施基本得到改善，旅游资源得到充分的挖掘开发，大量的旅游景点、景区已经建成，旅客吸纳能力和产业产值逐年增加，旅游业已经成为宁夏国民经济重要的组成部分，是宁夏发展速度最快的产业之一。宁夏典型的旅游产业类型主要包括以下几种：

（1）以治沙奇迹为特色的沙漠旅游

宁夏回族自治区地处气候干燥的西北地区，西、北、东三面分别被腾格里、乌兰布和、毛乌素三大沙漠包围，土地荒漠化十分严重。为了改善生态和生存状态，吃苦耐劳的宁夏人做到了沙退人进，实现沙里淘金的治沙奇迹。在这个基础上，宁夏积极推进生态环境建设，实现了治理速度大于扩展速度的历史性转变，成为全国防沙治沙战线上的一面旗帜，同时也探索出收益丰厚的沙产业发展模式。宁夏在防沙治沙与开发沙产业中的成功经验得到了国际上的广泛认可，并且宁夏被邀请到世界各地推广其经验和做法。最具发展成效的是宁夏根据国家的生态建设政策，探索出了前景广阔、收益丰厚的沙产业模式。其中包括贺兰山国际狩猎项目，中国防沙治沙大学治沙博览园项目，哈巴湖生态旅游区，众所周知的沙湖、沙坡头等，形成了以治沙奇迹为特色的沙漠旅游。

（2）以历史遗迹为特色的文化旅游

宁夏是华夏文明的发祥地之一，在中华文明的历史进程中具有特殊的地位。在漫长的历史时期内，宁夏经历了各民族政权的交替统治，再加上宁夏丝绸之路，无论是在国内还是在国际文化交流方面都发展出了多种多样的文化样式，这为后代留下了宝贵丰富的文化遗产。据考古统计，宁夏回族自治区目前共发现古代文化遗址3000多处，这些珍贵的文物遗存是生活在宁夏地区的先民们留给后代的宝贵财富。这些遗迹如佛塔、墓葬、清真寺等，已经成为宁夏发展旅游文化的重要资源。很多地域都已经被开发为世界著名的旅游胜地，发挥着巨大的经济效益和社会效益。

（3）以回乡文化为特色的民俗旅游

宁夏是我国的回族聚居区，回族民俗文化是我国独特的民俗旅游资源。打造“塞上回乡”旅游是《宁夏旅游发展与布局总体规划纲要》中明确提出的四大特色精品之一，是宁夏旅游产品开创自己特色品牌的重要依托。在宁夏约660万人口中，回族人口占总人口的35.7%。回族人口遍布全区，以吴忠市和固原市的回族人口最为密集，以永宁纳家户、银川清真大寺、同心、青铜峡回乡的洪乐府等处的回乡风情最为浓郁。回族始终以伊斯兰教为核心，其他民族的某些风俗也不断融入回族的社会文化中，使回族在宗教、建筑、饮食、礼仪、服饰、文娱以及婚丧习俗等多方面形成了独具一格的文化特征。回族人民独特的风俗，多彩的生活，肃穆的清真寺，虔诚的穆斯林信徒，庄严而热烈的传统节日等为宁夏增添了独具特色的塞上风情，为开展民俗文化旅游、开拓国内外穆斯林市场奠定了坚实的基础。

5.2 第一产业发展历程

本节主要分析宁夏回族自治区第一产业的发展历程。从宁夏第一产业发展历程来看，其主要经历了新中国成立初期、社会主义改造时期、计划经济时期、“大跃进”和人民公社化时期、“文化大革命”时期以及改革开放至今等几个阶段。新中国成立初期，宁夏整体发展水平较落后，因此第一产业产值也很低，到社会主义改造时期和计划经济时期，粮食产量大幅上升，农业发展较快，经历了“大跃进”和“文化大革命”，到改革开放以后宁夏产业结构开始转变，逐步从传统农业向现代农业迈进。

5.2.1 新中国成立初期

1949年9月23日，人民解放军华北野战军19兵团司令员杨得志、政委李志民与国民党宁夏军政代表在中宁共同签订了《和平解决宁夏问题之协议》，至此，宁夏全境解放，仍沿用宁夏省原称，管辖范围包括银川市、吴忠镇等十三县和两旗。这一时期，由于长期受国民党统治及军阀割据的影响，加之地处偏僻，资本主义生产关系发育不全，宁夏整体发展水平处于极度落后的状态。

新中国成立初期，宁夏国民经济结构极其失衡，仍然是以历史上传统的农业为主的单一结构。1949年宁夏社会总产值为1.3亿元，其中农业总产值为10819万元，约占宁夏社会总产值的82.3%。[①] 农业发展方面，生产力水平非常低下，主要以人畜力为主。宁夏的土地产出率和劳动生产率都很低，1949年每亩耕地平均农业总产值18.4元，粮食平均亩产约55千克，油料平均单产29千克；农业劳动力创造的农业产值较低，主要农产品中平均每个农业劳动力生产的粮食818千克，油料44.7千克。[②]

① 宁夏回族自治区统计局．宁夏四十年[M]. 北京：中国统计出版社，1989：5.
② 宁夏回族自治区统计局．宁夏四十年[M]. 北京：中国统计出版社，1989：37.

5.2.2 社会主义改造时期

1950 年，革命老区盐池县是宁夏的农业社会主义改造的发源地，直到 1956 年完成改造。互助合作运动萌芽于 1950 年，宁夏各地区农民当时自发组织了临时的季节性互助组 4209 个，初步显示了互助合作组织的优越性。到 1952 年底，宁夏参加互助组的农户有一半左右。1953 年 3 月中共中央发出《关于农业生产互助合作协议的决定》后，宁夏也遵循“积极整顿，稳步发展”的方针对大部分互助组织进行整顿。到 1955 年，宁夏互助组共有 6201 个（其中常年互助组 4693 个）[①]。与此同时，在当时农业互助组基础上，从 1952 年开始宁夏各地又开始试办初级农业合作社，到 1955 年初级社已达到 4459 个，参加农户数占农村总户数的 72.15%，随后在 1956 年初级农业合作社逐步转为高级农业合作社，数量达 2218 个，参与农户数占农村总户数的 92.23%。[②] 宁夏农业从临时互助组、常年互助组、初级农业合作社到高级农业合作社等不断进行农业组织形态变换的过程，实际上也是宁夏农业社会主义改造完成的过程。

宁夏解放后，在对农业生产关系进行改革和调整后，农业生产得以恢复和发展。如表 5-10 所示，1949—1952 年，宁夏农业总产值增长了约 44.6%；粮食总产量增长了 47.7%；单产增长了 29.2%；人均占有粮食增长了 24.3%。

表 5-10 宁夏地区社会主义改造时期的农业生产变化情况

年份	农业总产值		粮食总产量		单位面积产量		人均占有粮食	
	绝对值 / 万元（1952 年不变价格）	指数 /%（1949 年为 100）	绝对数 / 吨	指数 / %	绝对数 / 千克	指数 / %	绝对数 / 千克	指数 / %
1949	9403.2	100	321100	100	48	100	268	100
1950	9965.2	105.9	335120	104.4	51	106.3	266	99.3
1951	11518.9	122.5	416450	129.7	58	120.8	313	116.8
1952	13593.4	144.6	474350	147.7	62	129.2	333	124.3

数据来源：李澜，等 . 宁夏回族自治区经济史［M］. 太原：山西经济出版社，2016: 140.

① 李澜，等 . 宁夏回族自治区经济史 [M]. 太原：山西经济出版社，2016: 138.
② 李澜，等 . 宁夏回族自治区经济史 [M]. 太原：山西经济出版社，2016: 138-139.

5.2.3　计划经济时期

1958 年 10 月，宁夏回族自治区成立，提高了宁夏在西北地区乃至全国经济社会的地位。宁夏得到了国家在财力、物力、人力等方面的大力支持，国家对宁夏的投资迅速增加，除一批骨干企业和工业门类从无到有外，也使农业得以恢复和迅速发展。

1958—1960 年，宁夏农业取得了较快发展，主要体现在耕地面积增加，水利建设成果显著，生产条件得到改善。这主要表现在：1960 年比 1957 年增加了 50 多万亩耕地面积，其中水田面积增加 20 多万亩；在水利建设方面，青铜峡水电工程的水利枢纽工程于 1960 年 4 月完工、放水，灌溉面积达 250 万亩，大大改善了宁夏平原的灌溉条件；作为引黄灌区基本渠道的跃进渠和西干渠在此期间完工，长度共 199 千米，新增灌溉面积达 34 万亩。同时，南部山区水库建设也出现质的飞跃，修建了沈家河、寺口子、店洼、石峡口、马莲川、苋麻河 6 座中型水库，有效灌溉面积达 14.5 万亩，使固原地区的水田面积增加了一倍；农业机械拥有量大幅增加，1960 年拥有大中型拖拉机 554 辆，联合收割机 34 台，农用载重汽车 53 辆，排灌机械达到 1032 万瓦特。①

5.2.4　“大跃进”与人民公社化时期

1958—1960 年，“大跃进”和“人民公社化运动”在全国掀起了建设社会主义高潮，虽然在此期间宁夏农业经济发展也取得了一定的进展，但这段时间宁夏也与全国各地一样，农业生产自然也受到急躁冒进行为影响，严重挫伤了农民的生产积极性，破坏了农业生产力。

其中，在水利建设方面设置高指标及群众运动最为显著的是固原地区。该地区各县在 1957 年冬至 1958 年春曾安排每人 3 亩水田基本建设任务，组织 10 万农民大搞水利，宣布兴建 40 万亩水浇地，并提出 1958 年再修 120 万亩水浇地和“三年改变全州干旱面貌”的指标。随后还提出 1958—1959 年“苦战一冬春，一年实现水利化”目标要求，并制定了“水

① 李澜，等．宁夏回族自治区经济史 [M]. 太原：山西经济出版社，2016: 148–149.

利跃进”计划。受全国浮夸风影响，宁夏一些地方也大放高产卫星，例如，中卫县先声农业社“创造”了小麦亩产 5810 斤的高产纪录，同心喊叫水农业社也“创造”了山区小麦亩产 4029 斤的纪录。到秋粮上场时，盐池县上报秋粮作物亩产 300 斤，总产比上年翻四番；固原地区上报亩产 270 斤，总产突破 10 亿斤；吴忠市宣布水稻亩产 1030 斤，实产 1030 斤；中卫县先声农业社宣称水稻亩产 7062 斤，同心喊叫水农业社宣称糜子亩产 7140 斤、谷子亩产 4606 斤。最后宁夏则宣布夏秋粮食总产为 27 亿斤，比 1957 年“增长”1 倍以上，但实际上宁夏 1958 年粮食产量只有 13.38 亿斤，最终虚报产量是实际产量的 1 倍。

在这样的发展背景下，宁夏的农业生产连年下降，农业发展低效运行。此时也正逢新中国成立以来最为严重的三年困难时期，尤其 1959—1960 年还遭遇了极为严重的自然灾害。在自然灾害和错误倾向的双重影响下，1960 年全区粮食产量比 1957 年减少了 16.7%。到 1962 年，平均每年递减 3.1%。①

5.2.5 “文化大革命”时期

“文化大革命”期间，宁夏回族自治区国民经济尤其是农业生产遭受了更为严重的破坏，特别是在 1968 年，全区粮食总产量只有 73 万吨，比 1965 年减少 12.4%，

到 1970 年时，比 1965 年减少 22.6 万吨，下降了 27.1%。而在 1974—1975 年，因邓小平主持中央工作的正确领导和广大人民群众对“四人帮”极“左”路线的抵制，宁夏粮食总产量超过百万吨，创历史最高纪录。遗憾的是 1976 年，在“批邓、反击右倾翻案风”的影响下，加之低温冷害等自然灾害影响，宁夏全区粮食总量降至 75.6 吨，比上一年减产 31%。②

总体而言，宁夏回族自治区农业在人为和自然灾害影响下，虽然经历了一些挫折，但也取得了一些成绩，主要表现在：农田水利基本建设得以发展；农业机械水平有所提高（见表 5-11）；农业科学技术推广有了新的发展。

① 李澜，等．宁夏回族自治区经济史 [M]. 太原：山西经济出版社，2016: 161-163.

② 李澜，等．宁夏回族自治区经济史 [M]. 太原：山西经济出版社，2016: 165.

表 5-11　1959—1976 年宁夏主要农业机械增长状况

年份	大中型拖拉机数量 / 台	小型拖拉机数量 / 台	联合收割机数量 / 台	载重汽车数量 / 辆	排灌机械功率 / 万瓦特
1959	444	0	14	32	227.5
1965	692	15	33	96	1110.1
1970	1451	500	46	128	917.8
1976	3822	6850	110	409	10425.2

数据来源：李澜，等 . 宁夏回族自治区经济史［M］. 太原：山西经济出版社，2016: 166.

5.2.6　改革开放至今

1978 年 12 月，党的十一届三中全会，确定了我国以改革开放和社会主义现代化建设为工作重点的基本方针和路线，并对各行业和各产业起到全面指导和引领作用。在农业领域，随着农业和农村经济一系列改革的不断深化，宁夏农村产业结构也发生了巨大变化，主要表现为由传统自给自足的农业经济向现代商品经济转变，传统农业生产方式向现代农业生产方式转变，传统农业的单一经营向现代综合经营转变等。

其中，改革开放后农业发展较好的当属宁夏引黄灌区，该区不仅在 20 世纪 80 年代启动实施了新灌区开发工程，扩大了引黄灌区面积，促成了引黄灌区作为宁夏大农业商品生产基地的建设，该建设包括城市副食品生产、糖料生产、草食动物饲养、油料生产、药材生产等各类基地建设。而且进入 21 世纪以来，由于该区光热资源充足，农业生产条件较好，非常适合无公害、绿色、有机农产品的综合开发，也有利于集中建设各类农产品生产基地，因此灌区内各市（县）特色产业发展速度较快，综合开发、生产能力日益增强。

总体而言，改革开放以来，随着农村经济现代化水平的不断提高，农业的基础地位日益巩固，2018 年全区粮食总产量 392.58 万吨，比上年增产 22.53 万吨，增长 6.1%，实现连续“十五年丰收”。同时，农业内部结构不断优化，具有明显经济价值和市场潜力的产品发展最快。2018 年统计公报显示，在 2018 年农业产业中，增长最快的是经济作物，位列前三名的是葡萄、枸杞、瓜果，其产量分别达到 19.91 万吨、9.77 万吨、149.64 万吨，三者分别比 2017 年增长 44.9%、6.3%、5.0%；其次是粮食作物，在粮食作物中，增长最快的是小麦和玉米，2018 年的产量分别为 41.58 万吨、234.62 万吨，二者分别比 2017 年增长 9.9% 和 9.2%。另外，公报还显示，2018 年宁夏全区农业总产值 517.4 亿元，其中种植业总产值为 309 亿元，占 59.7%；畜牧业总产值为 155.6 亿元，占 30%；林业总产值为 9.68 亿元，占 1.8%；渔业总产值为 18.6 亿元，占总产值的 3.5%。[①]

5.3 第二产业发展历程

本节主要介绍第二产业的发展历程。宁夏回族自治区第二产业的发展历程主要分为新中国成立初期、社会主义改造时期、计划经济时期和改革开放至今四个阶段。新中国成立初期，宁夏第二产业基础薄弱，并受到封建经济的束缚；社会主义改造时期，工业发展状况也未实现较大改善；计划经济时期，宁夏工业发展境况开始好转；改革开放以后，逐步建立了完善的工业体系。

5.3.1 新中国成立初期

1949—1957 年，与全国社会经济发展基本同步，宁夏不仅彻底打破了旧有的封闭性很强的封建经济，而且在较短时间里走上了社会主义经济建设之路。

新中国成立初期，宁夏工业产值仅为 1214 万元，在社会总产值中所占比重不足 10%。由于受到落后生产力及生产关系的严重束缚，宁夏近代工业基本没有发展。新中国成立时，宁夏基本没有工业，1949 年宁夏工业企业 293 家，主要以轻手工业为主，除国民党时期的修械所、被服厂、皮革厂等为数不多的小型工厂外，企业主要为手工业作坊，生产技术水平很

① 宁夏回族自治区 2018 年国民经济和社会发展统计公报 [EB/OL].（2019-04-30）[2019-04-30] . http：//tj.nx.gov.cn/tjsj_htr/tjgb_htr/201904/t20190430_1470251.html.

低，工业产品很少，主要工业产品产量分别为：原煤 1.75 万吨、发电量 9.7 万千瓦时、机制纸及纸板 47 吨、原盐 2.9 万吨、毛毯 1700 条、地毯 160 平方米、日用陶瓷 18 万件。企业从业人员约 8000 人，人均产值 10 元左右。①

5.3.2 社会主义改造时期

1953—1957 年“三大改造”期间，也是我国“一五”计划时期。在此期间，虽然宁夏的经济有所发展，但是与全国整体水平相比，宁夏工业发展基本上游离于国家主导产业之外，带有较强的封闭性。

1953—1957 年，宁夏在完成工业改造的同时，虽然取得了一定成绩，但由于 1954 年宁夏省建制撤销并入甘肃省，加上没有大规模工业建设条件，这一时期工业总产值年均增长速度虽然达到 16.4%，但到 1957 年，宁夏积累的工业基本建设投资总额只有 1590 万元，固定资产原值为 1214 万元，总产值仅为 4217 万元，工业占工农业总产值的 19%。②

5.3.3 计划经济时期

1958—1960 年，是宁夏工业建设的第一个高潮时期。当时的包兰铁路通车、贺兰山煤炭基地、青铜峡水利枢纽等重大工程开工建设，一大批工业企业从无到有发展起来，工业产值比重大幅增加，已开始接近或超过农业产值。当时宁夏工业的主导产业是煤炭工业，1960 年原煤产量已达 305 万吨，是 1957 年产量的 8.9 倍。煤炭工业产值占工业总产值的比重，由 1957 年的 6.8%增加到 1960 年的 21.8%。除宁夏地区煤炭工业发展外，银南地区的青铜峡、吴忠两县因水电站、水泥厂、机床厂、仪表厂等项目的布点建设而成为宁夏工业新的增长点，初步形成了“银北—银川—银南”工业布局基本框架。结果显示（见表 5-12），1960 年工业企业数达 783 个，比 1957 年的 310 个增加 1.52 倍；工业总产值由 1957 年的 4217 万元增加到 1960 年的 20267 万元，增长了 3.8 倍，并第一次超过农业总产值。另

① 徐安伦，杨旭东．宁夏经济史 [M]. 银川：宁夏人民出版社，1998: 20.

② 李澜，等．宁夏回族自治区经济史 [M]. 太原：山西经济出版社，2016: 145.

外，全民所有制企业职工数由1957年的5649人增加到1960年的59879人，增长了9.6倍[①]。

表5-12 1957年、1960年宁夏工业企业发展情况

年份	工业总产值/万元	原煤产量/万吨	工业企业/个	企业职工数/人
1957	4217	34.26	310	5649
1960	20267	305	783	59879

数据来源：李澜，等.宁夏回族自治区经济史［M］.太原：山西经济出版社，2016: 148.

宁夏回族自治区成立后在1958—1960年经历了第一次经济建设高潮，因“文革”初期干扰受影响而暂停后，又于1965—1970年迎来了第二次建设高潮。这一时期，宁夏工业发展依靠国家“三线建设”战略和历史机遇，陆续从外地迁入宁夏的机械制造业企业就达数十家，因而促进了宁夏机械制造业快速发展。特别是1965年8月全国工业搬迁工作会议后宁夏回族自治区工业发展再次迎来第二次高潮[②]。

在经历二次高潮后，宁夏的现代工业基础也基本建立。到1976年，宁夏工业企业数量增加到918个，同时还有几千家村办企业。1976年与1965年相比，能源工业产值增长了3.5倍，机械工业产值增长了7.4倍，化学工业产值增长了49.9倍，冶金工业（与1966年比）产值增长了5.4倍，而且这4个行业的工业总产值所占比重1976年为76.1%，比1965年的59%提高了17.1%，从而形成了宁夏具有自身特色的工业增长结构。[③]

此外，在这一时期宁夏的工业增长还填补了石油开采业及加工业、有色金属冶炼业及加工业、烟草工业、橡胶制品业、塑料制品业、交通运输设备制造业、电子工业、仪器仪表制造业等许多行业的空白，以及水电、原油及其制品、电解铝、轮胎、硫酸、合成氨、农用化肥、自动化仪表、交流电机、手扶拖拉机、塑料制品以及毛线、呢线等众多产品的空白，使

① 李澜，等.宁夏回族自治区经济史[M].太原：山西经济出版社，2016: 153.
② 李澜，等.宁夏回族自治区经济史[M].太原：山西经济出版社，2016: 151.
③ 李澜，等.宁夏回族自治区经济史[M].太原：山西经济出版社，2016: 154.

得工业内部结构特别是重工业结构更趋合理和高级化，从而极大地提高了宁夏工业在全国工业中的地位。

5.3.4　改革开放至今

在党的十一届三中全会后，全国进入国民经济恢复调整和优化时期，宁夏回族自治区也不例外。其中对工业而言，首先是 1975—1985 年调整工业内部比例关系，改善轻工业发展条件，通过对轻工业增加贷款、保证原料和燃料供应等措施以促进轻工业发展；其次是 1986—1995 年执行以调整优化产业结构为主的产业调整，对工业主要是以提高本地优势资源就地深度加工的行业和产品比重，逐步提高轻工业在工业总产值中的比重，以缓解宁夏工业原来的重型结构态势；最后是 1996 年至今以发展市场经济为主的全面推进体制改革阶段，对工业强调的是通过兼并、联合、重组等形式改造化工、冶金、煤炭、机电、轻纺、建材等传统产业，促进生产要素向优势企业集中，培育一批主业突出、品牌效应明显和技术管理先进的大型企业。与此同时，振兴支柱产业和调整改造加工业，着力培育绿色食品加工业、生物医药产业、天然气化工产业、新材料产业等优势特色产业。①

2018 年统计公报显示，2018 年宁夏回族自治区第二产业实现生产总值达到 1650.26 亿元，比 2017 年增长 6.8%，其中，工业生产总值为 1124.50 亿元，建筑业生产总值为 525.87 亿元，分别比 2017 年增长了 8.1% 和 3.7%，可见第二产业的增长主要是工业增长作出的贡献。如果进一步分析工业产业内部结构变化可以看出，全区工业中的新动能、新产业、新业态加快成长，如 2018 年煤化工行业增加值比上年增长 32.2%，对规模以上工业增加值增长的贡献率为 28.3%，专用设备制造业增长 22.5%，仪器仪表制造业增长 13.1%，变压器产量增长 52.9%，电工仪器仪表产量增长 46.6%，数控金属切削机床产量增长 18.2%，水电、风电、太阳能等可再生能源发电量 294.0 亿千瓦时，增长 23.1%，煤制柴油

① 李澜，等．宁夏回族自治区经济史 [M]. 太原：山西经济出版社，2016: 180–187.

产量增长 87.3%。工业内部结构的优化升级，主要得益于工业技术改造，2018 年全区工业技术改造投资增长 15.6%。①

5.4 第三产业发展历程

本节主要介绍第三产业的发展历程。宁夏回族自治区第三产业发展历程同样分为新中国成立初期、社会主义改造时期、计划经济时期和改革开放至今 4 个阶段。新中国成立初期，宁夏第三产业主要以依附于贸易的手工业为主，生产技术水平较低；到社会主义改造时期，成立手工业合作社，开始走上发展之路；改革开放以来，第三产业迅速发展，不仅产业结构较原来有了进一步优化和调整，而且一些新的产业形态（如电子商务）日益壮大，致使第三产业已超过第一产业和第二产业成为宁夏回族自治区最重要的产业部门。

5.4.1 新中国成立初期

1949 年宁夏传统工商业发展十分落后，官僚资本主义和民族资本主义经济十分薄弱。新中国成立之初，宁夏的官僚资本只有诸如小型发电厂、修械所、面粉加工厂、印刷厂、造纸厂、毛织厂、军用被服厂等十几家小企业，发展规模小、水平低。宁夏民族资本主义工商业在总数上和资金占有量上都非常少。在商品流通中，宁夏民族资本主义工商业一方面受到帝国主义“洋行”的外来压迫和官僚资本主义的内部统治，面临随时被吞并或者破产的风险；另一方面，民族资本主义工商业的大部分货源又不得不依靠“洋行”和官僚垄断企业的供给。这就决定了其在宁夏经济发展中，尽管客观上存在利于国计民生的积极作用，但实际上因外部环境的压抑而存在着一定程度的被动性及消极作用。资料显示，新中国成立之初，宁夏私营工商户 10328 户，其中主导城乡市场的主要是一些小商贩与小手工业者②。从经营

① 宁夏回族自治区 2018 年国民经济和社会发展统计公报 [EB/OL].（2019-04-30）[2019-04-30]. http：//tj.nx.gov.cn/tjsj_htr/tjgb_htr/201904/t20190430_1470251.html.

② 吴忠礼 . 宁夏工商业和手工业的社会主义改造历程 [J]. 共产党人，2006（20）：47-48.

组织和规模上看，手工业多是独立生产者，商业多是小铺面；从行业划分来看，大多是杂货铺。

总体来看，在新中国成立初期宁夏整体经济发展基础极为薄弱，交通与通信条件极其落后。据《宁夏四十年》中的统计数据分析，在新中国成立时，宁夏既没有铁路也没有公路，仅有几条由大车道补修而成的简易道路，客货运输全靠人力和畜力。1949 年宁夏完成的货运量只有 1.5 万吨，客运量仅为 900 人次；具有悠久历史的黄河水运主要依靠传统的羊皮筏子和极少的木帆船；没有完整的邮电通信系统。

5.4.2 社会主义改造时期

20 世纪 50 年代初期，依附于贸易的个体手工业是国民经济基本生产部门之一，在国民经济中发挥着重要作用。新中国成立后，宁夏的手工业发展迅速。个体手工业总户数由 1949 年的 4147 户增加到 1953 年的 5381 户，从业人数达到 9862 人，涉及 50 个行业、1000 多种产品。1953 年宁夏开始对个体手工业进行改造。到 1954 年宁夏手工业合作社发展到 137 个，从业人数达到 1697 人，占手工业者总人数的 14.96%。手工业合作社的产值达到 595 万元，占手工业总产值的 30.48%。1956 年在农业合作化高潮的带动下手工业合作化也进入了高潮期，手工业合作社增加到 220 个，从业人数增加到 6439 人，占手工业者总人数的 92.44%，基本实现了手工业合作化，这标志着宁夏手工业由个体所有制转变为集体所有制的社会主义改造完成。1957 年开始，宁夏手工业转入整顿、巩固、发展、提高阶段。① 该时期宁夏地区的手工业发展情况见表 5-13。

表 5-13　1954—1956 年宁夏地区手工业发展情况

年份	手工业合作社 / 个	从业人数 / 人	手工业产值 / 万元
1954	137	1697	595
1955	109	—	—
1956	220	6439	—

数据来源：李澜，等 . 宁夏回族自治区经济史［M］. 太原：山西经济出版社，2016: 151.

① 李澜，等 . 宁夏回族自治区经济史 [M]. 太原：山西经济出版社，2016: 143.

5.4.3 计划经济时期

在计划经济时期，宁夏回族自治区交通邮电事业实现了快速发展。1958—1960年总投资共2756万元，为“一五”时期投资额的5倍。其中，在铁路建设方面，宁夏不仅对包兰线石嘴山至营盘滩间的路基、道床、线路爬行、桥涵及车站设施进行了较大规模整治，而且还修筑了主要用于老城区生活用煤及其他物资运输的银新支线和连接包兰铁路与兰新铁路的甘武支线以及一些厂砖专用线路。公路建设方面，新建779千米公路和乡村道路，其通车公路长度为701千米，与此同时，大量增加运输车辆数量，1958年就净增578辆，致使民用汽车总数当时已达到880辆。同时货运量由1957年的88万吨增长到1960年的386.6万吨，增加了3.39倍；客运量由1957年的39.1万人次增长到1960年的84万人次，增长了约1.15倍。①

特别是1958年包兰铁路通车后，贯通了宁夏南北，即打通了北至石嘴山、南至固原的邮路，使投递物提前了3～5天到达各地。另外，还开通了银川至北京、银川至固原的直达载波电路等，使全区的通信基础设施得到较大改善。如在1960年，全区有长话电路69路，比1957年增长1.7倍；电报电路44路，比1957年增长45倍，且形成了以银川和固原为中心的、各市县都有直达电路的电信网络。不仅如此，自治区政府还扩建了市内电话，到1960年，市话用户达到2214户。同时，农村电话也达到1919户，比1957年增长4.6倍，到1960年时，绝大多数公社和70%左右的生产大队都通了电话。②

在这一时期，国营商业成为贸易主体，以供销合作社为主的集体商业发展缓慢，集市贸易几经挫折发展受阻。

5.4.4 改革开放至今

宁夏在改革开放风潮的推动之下，无论是交通运输、商业贸易，还是旅游等各个三产行业都得到了较快发展。其中特别是旅游业已经成为宁夏国民经济重要的组成部分，是宁夏发展速度最快的行业之一。例如，2014年宁夏

① 郑震，张廉．建设富裕宁夏——产业支撑转型发展[M]．北京：国家行政学院出版社，2014: 58.

② 李澜，等．宁夏回族自治区经济史[M]．太原：山西经济出版社，2016: 149.

回族自治区发布的统计公报显示，截至 2014 年，宁夏回族自治区现有旅游景区（点）近百家，在年接待量超过 20 万人次的 21 家景区中，以沙漠旅游为主打产品或者含有沙漠旅游项目的景区就超过 10 家，包括沙坡头、沙湖、黄沙古渡、吴忠黄河生态园、黄河楼、金沙岛、通湖旅游区等。另外在统计中还显示，游客对宁夏感兴趣的旅游资源中，对大漠黄河感兴趣的占 36%。

统计数据显示，截至 2018 年，第三产业总产值已达到 1775.07 亿元，比 2017 年增长 7.7%，相比第一产业只比 2017 年增长 4.0% 和第二产业比 2017 年增长 6.8% 的增长速度而言，很明显第三产业已成为对宁夏经济增长贡献最大的产业。如果再进一步分析第三产业的内部结构，还可以发现（见表 5-14），在第三产业增长中贡献最大的是其他服务业，比 2017 年增长 16.2%，其次是住宿和餐饮业，比 2017 年增长 6.2%。然而增长最快的其他服务业以及住宿和餐饮业的支柱是旅游业。

表 5-14　2018 年宁夏第三产业发展情况

行业	绝对值 / 亿元	比 2017 年增长 /%
批发零售	171.01	3.3
交通运输、仓储和邮政业	181.81	-8.3
住宿和餐饮业	62.85	6.2
金融业	333.24	2.9
房地产业	130.08	2.2
其他服务业	879.26	16.2

数据来源：宁夏回族自治区 2018 年国民经济和社会发展统计公报［EB/OL］.（2019-04-30）［2019-04-30］.http：//tj.nx.gov.cn/tjsj_htr/tjgb_htr/201904/t20190430_1470251.html.

5.5　宁夏产业发展的集聚效应与影响因素分析

本节主要通过梳理宁夏产业的集聚区，分析产业集聚效应，同时分析宁夏产业集聚的影响因素。从宁夏产业聚集效应和影响因素来看，宁夏回族自治区产业发展应该将类型相同的产业集聚在一起，以实现资源优势互补，才能实现更好地发展绩效。

5.5.1 产业集聚效应

产业集聚是指同一产业在某个特定地理区域内高度集中，产业资本要素在空间范围内不断汇聚的一个过程。产业集聚研究产生于19世纪末，1890年马歇尔开始关注产业集聚这一经济现象，并提出了两个重要的概念，即“内部经济”和“外部经济”。马歇尔之后，产业集聚理论有了较大的发展，出现了许多流派。比较有影响力的理论有：韦伯的区位集聚论、熊彼特的创新产业集聚论、E. M. 胡佛的产业集聚最佳规模论、波特的企业竞争优势与钻石模型等。

市场机制的完善和科学技术的进步促进了产业专业化生产和区域化布局的发展，使得各产业表现出较强的集聚性。尽管学术界对于“集聚经济”的研究结果尚有分歧，但大多数学者都认为产业集聚能够促进产业发展。为了更好地解释产生这种现象的原因，经济学家进行了长期的理论探索。其中增长极理论和产业集群理论可以较好地解释区域产业集聚对产出增长的影响。

佩鲁的增长极理论认为，增长极是一种资本、技术高度集中，具有规模经济的特定区域。这些区域通过自身经济的快速增长对周边区域产生强大的辐射作用。波特在发展和完善增长极理论的基础上提出了产业集群理论，强调知识、技术创新等生产要素的重要性，认为产业集聚有利于在产业内部形成这种创新要素，进而通过关联企业的溢出或模仿效应使得产业具有竞争优势。同时波特还认为，在一个产业集群内，企业之间可以形成上下游的配套关系，进行更有效的合作，提高专门化水平，从而增强产业集群中各企业的竞争力。

宁夏回族自治区在产业发展中也体现了极强的集聚效应，形成了众多具有特色的产业集聚发展区域，并由此带动这些集聚区域的产业发展，表现出较好的经济效应、就业效应和环境效应。下面简要分析宁夏回族自治区几个典型的产业集聚发展区域。

5.5.1.1 宁夏沿黄经济区

（1）区域概况

宁夏沿黄经济区位于全国“两横三纵”城市化战略格局中的包昆通道

纵轴北部，包括宁夏回族自治区以银川为中心的黄河沿岸部分地区，具体包括银川、吴忠、石嘴山、中卫 4 个城市及其下辖城镇。2010 年 12 月，国务院在《全国主体功能区规划》中将这一区域正式定位为国家级重点开发区域，“沿黄城市带”这个名字就改为“沿黄经济区”。2011 年，宁夏沿黄经济区被写入国家“十二五”规划纲要，上升为国家战略。宁夏沿黄经济区规划以黄河中上游宁夏引黄灌区为依托，以地缘相近、交通便利、经济关联度较高的首府银川市为中心，石嘴山、吴忠、中卫 3 个地级市为主干，由青铜峡市、灵武市、中宁县、永宁县、贺兰县、惠农区、平罗县城和若干个建制镇以及宁东基地（含太阳山开发区）组成。宁夏沿黄经济区集中了一批新能源、交通物流、水利、城市基础设施等重点项目。宁夏沿黄经济区是全国重要的能源化工、新材料基地，清真食品及穆斯林用品和特色农产品加工基地，也是区域性商贸物流中心。

（2）效应分析

宁夏北部地区集中了宁夏绝大部分的平原且有黄河自西南向东北穿流，农业生产和其他各种建设条件较好，经济、社会活动相对较为活跃。宁夏沿黄经济区所处的北部地区面积占宁夏全区总面积的 40%以上，总人口占全区近 60%、城镇人口占全区城镇人口的 81.5%，所创造的 GDP 占全区的 90%左右。因此，作为宁夏经济和城市发展的绝对高地，沿黄经济区是宁夏经济社会发展的主要区域，该区域的发展直接影响了宁夏经济社会的发展全局与发展前景。

5.5.1.2　高新技术园区

（1）区域概况

① 银川高新技术产业开发区。银川国家高新技术产业开发区始建于 2003 年，2009 年被自治区政府命名为“银川高新技术产业开发区”。银川国家高新区现有企业 52 家，其中羊绒企业 43 家，其他企业 9 家。羊绒产业是银川国家高新区的主导产业，也使灵武成为全国乃至世界重要的羊绒集散地和羊绒制品加工基地，赢得了“世界羊绒看中国，精品羊绒在灵武”的美誉。

② 石嘴山高新技术产业开发区。宁夏高新技术产业开发区原为大武口工业园区，2002 年成立，规划面积 8.9 平方千米。2011 年，被自治区人民

政府命名为宁夏石嘴山高新技术产业园区，先后被评为国家“信息化与工业化融合试点园区”和“金属新材料新型工业化产业示范基地”。2013年实施扩区调位，规划面积65平方千米。2013年底，石嘴山高新园区升级为国家级高新区。

（2）效应分析

随着经济发展战略的制定，以加快推进经济结构调整和产业转型升级、构建现代产业体系为目标，宁夏制定了多项发展政策推动工业园区发展。通过持续加大工业园区建设的投入，全区工业企业向园区聚集的趋势已经形成，为产业规模化、集约化可持续发展打下了坚实基础。其中，尤以高新技术产业的发展备受瞩目，截至2018年底，宁夏共有国家级高新技术开发区2家，即银川高新技术产业开发区和石嘴山高新技术开发区；高新技术企业62家，初步形成以新材料、生物医药、电子信息及高技术服务业、新能源及节能技术等为主的高新技术产业领域。2017年宁夏高新技术企业R&D经费投入占全区规模以上工业企业的44.76%；研发投入强度（研发投入占销售收入的比重）为3.79%，远远高于全区规模以上工业企业0.72%的平均水平。高新技术企业科技活动人员7223人，占全区规模以上工业企业科技活动人员总数的41.46%，占其从业人员的19.76%，比全区规模以上工业企业5.7%的平均水平高出14.06%。

银川高新区中小企业科技孵化器被确定为自治区级科技企业孵化器，入孵电子商务、信息技术开发等企业57家。通过加强与金融机构合作，先后向融资担保公司推荐有融资需求且成长性较好的企业40余家，累计提供融资担保贷款超过1亿元。2018年统计口径主营业务收入41亿元，预计R&D投入完成3000万元，累计完成科技成果登记15项，新产品鉴定10项，申请专利400余件，授权专利260件，万人有效发明专利拥有量达到46件。

银川高新区目前拥有羊绒亚麻现代纺织、乳制品加工、皮草皮革、农副产品加工等行业科技创新人才队伍7支、创新团队5个、院士团队1个，全职引进高层次人才7人，柔性引进创新团队6个、高层次科研人才20余人。与西安工程大学联合建立宁夏羊绒产业公共服务平台和羊绒产业成果技术转移转化中心，获得自治区科技厅高新专项资金250万元，促成亿美生物与华东理工大学共建“宁夏乳制品研发及检测公共服务平台”，获得自治区科技厅高新专项资金 250 万元。

银川高新区羊绒产业区块日处理 3 万吨污水处理厂建成运行，园区内中银绒业、西部皮草、亿美乳业等 7 家重点排污企业污水处理设施建成并投入使用，污水处理率达到 100%，排放水质达到一级 A 标准，与银川市有关部门事项污水排放联网监测。再生资源产业区块综合污水处理厂尾水人工湿地水质净化及回用工程相继建成并投入使用，污水处理后达到地表Ⅳ类水质。[①]

5.5.2　产业集聚影响因素分析

5.5.2.1　区位因素

以宁夏沿黄经济区为例，宁夏南部地区为山区，地广人稀、经济落后；中部为干旱区，大部分地区由于自然条件恶劣，各种经济活动的开展较为困难；北部地区基本上集中了宁夏绝大部分的平原，且有黄河自西南向东北穿流而过，并且农业生产和其他各种建设条件较好，经济、社会活动相对较为活跃。相较于其他地区的地域优势使得宁夏沿黄经济区成为宁夏经济和城市发展的绝对高地。

5.5.2.2　政策因素

为了发展集聚经济区，宁夏回族自治区区委和政府给予了大量的政策支持。例如：早在 2002 年 9 月，宁夏回族自治区党委九届二次全会决议就提出，采取中小城市带动策略，壮大中心城市银川的城市规模，大力推进城市化进程；2005 年，宁夏回族自治区党委和政府进一步提出实施沿黄城市带建设的发展战略，构想将宁夏打造成“黄河金岸”；2007 年，宁夏回族自治区党的十届一次全会上进一步提出打造“黄河金岸”的宏大目标；2011 年，宁夏沿黄经济区被写入“十二五”规划纲要，上升为国家战略，实现由“城市带”战略规划到“经济区”战略规划的转变，不仅使沿黄经济区上升为覆盖整个宁夏黄河流域、涵盖经济社会方方面面的系统工程，而且也使之成为“一揽子”解决宁夏长远发展问题的战略举措；“西

① 银川市人民政府网，http：//www.yinchuan.gov.cn/。

部大开发”战略和“一带一路”倡议实施，更是给宁夏各经济聚集区发展带来了难得的发展机遇。

5.5.2.3　基础设施条件

宁夏作为我国西部欠发达地区，交通基础设施一直较为落后。虽然人均路网密度居于我国各省市中列，但现代交通发展滞后，具有优势的交通区位条件并不能在区域经济发展中发挥明显的促进作用。例如，在铁路建设方面，宁夏境内铁路基础设施薄弱，复线率仅为17%，居全国第27位，是我国为数不多的没有开通高速铁路的省区之一，预计全区第一条高铁（即“银西高铁”，银川—西安）将于2020年建成通车，其中宁夏境内设7站（包括银川、银川东、河东机场、灵武、吴忠、白土岗、惠安堡）。而在现有铁路运输中，包兰、宝中、太中银等铁路宁夏段通过能力不足、运输效率低下，成为国家东西运输通道上的梗阻。加之，由于宁夏地处我国腹地，货物出口必须先运送至中转城市，这也导致了宁夏经济发展缓慢。2014年以来，国家对宁夏重点基础设施建设不断给予支持，加大了对铁路、公路、民航和水利等项目的投资力度，尤其在航空发展方面的支持最具实效，组建股份制航空公司，将银川列为第五航权试点区域，并开通了多条国际航线，银川河东机场升级为国际机场。基础设施的完善促进了产业的集聚，也在一定程度上促进了宁夏产业集聚区与外界的沟通和交流。

参考文献

[1] 李玉军．宁夏农业农村经济发展面临的矛盾和挑战 [J]. 农业研究，2015(12): 180.

[2] 李澜，等．宁夏回族自治区经济史 [M]. 太原：山西经济出版社，2016.

[3] 宁夏回族自治区统计局．宁夏四十年 [M]. 北京：中国统计出版社，1989.

[4] 徐安伦，杨旭东．宁夏经济史 [M]. 银川：宁夏人民出版社，1998.

第6章　宁夏70年来城镇化进程

王亚婷[①]　姜太碧[②]

宁夏回族自治区自新中国成立70周年来，特别是改革开放和西部大开发以来，经济社会发展迅速，城镇化进程也较快。因此，本章主要从宁夏的城镇化现状、城镇化进程的影响因素与城镇化水平提升途径3个方面对宁夏回族自治区的城镇化进程进行简要概括与分析。

6.1　宁夏城镇化现状

城镇化是指第二、第三产业在城市集聚，农村人口不断向非农产业和城市转移，城市数量增加、规模扩大，城市生产方式和生活方式向农村扩散、城市物质文明和精神文明向农村普及的经济、社会发展过程。城镇化不仅是人类社会发展的必然趋势，也是社会经济增长和现代化发展的重要标志。随着宁夏经济的持续健康发展，宁夏回族自治区城镇化也保持着良好的发展态势。

6.1.1　人口城镇化

判断一个国家或地区是否已经进入城市型社会，主要包括城镇人口、空间形态、生活方式、社会文化和城乡关系5项指标，其中城镇人

① 王亚婷（1995—　），女，河南许昌人，西南民族大学经济学院硕士研究生。

② 姜太碧（1964—　），女，重庆铜梁人，经济学博士，西南民族大学经济学院教授、硕士生导师，主要研究方向为农村经济、产业经济。

口指标是最为重要的核心标准。如果按照人口城镇化率①对城市型社会进行形态划分，可以划分为以下几个标准：51%～60%为初级城市型社会；61%～75%为中级城市型社会；76%～90%为高级城市型社会；高于90%为完全城市型社会。2000—2017年，宁夏回族自治区城镇化呈现加快增长趋势。按常住人口统计，城镇人口由2000年的180.39万人增加到2017年的395.33万人，年均增加12.64万人；城镇化率由2000年的32.54%提高到2017年的57.98%，年均上升1.5个百分点。到2018年末，全区总人口688.11万人，城镇人口为405.16万人，城镇化率为58.88%，乡村人口为282.95万人，占比为41.12%，与2017年末相比，城镇人口增加9.83万人，乡村人口减少3.51万人②，城镇化率较2017年提高0.9个百分点。根据上述城市型社会形态划分标准，宁夏目前应为初级城市型社会，然而宁夏的城市化进程发展速度却不断加快，见表6-1。

表6-1　2000—2018年宁夏城镇化率变化情况

年份	全区总人口/人	市、镇人口/人	乡村人口/人	城镇人口比重/%
2000	5543214	1803855	3739359	32.54
2001	5632211	1876653	3755558	33.32
2002	5715376	1954659	3760717	34.20
2003	5801912	2142337	3659575	36.92
2004	5877142	2386120	3491022	40.60
2005	5962029	2520746	3441283	42.28
2006	6037306	2593626	3443679	42.96
2007	6102518	2686553	3415965	44.02
2008	6176939	2778230	3398709	44.98
2009	6252023	2882093	3369930	46.10
2010	6329600	3035652	3293898	47.96
2011	6394500	3185574	3208975	49.82

① 城镇化率是指市区人口和乡镇区人口占全部人口的百分比，用于反映人口向城市聚集的过程和聚集程度。

② 宁夏回族自治区2018年国民经济和社会发展统计公报[EB/OL].(2019-04-30)[2019-04-30]. http://tj.nx.gov.cn/tjsj_htr/tjgb_htr/201904/t20190430_1470251.html.

续表

年份	全区总人口 / 人	市、镇人口 / 人	乡村人口 / 人	城镇人口比重 /%
2012	6471900	3279637	3192271	50.67
2013	6541900	3402756	3139182	52.01
2014	6615400	3546503	3068873	53.61
2015	6678800	3688983	2989795	55.23
2016	6749000	3798708	2950249	56.29
2017	6817873	3953311	2864562	57.98
2018	6881100	4051600	2829500	58.88

数据来源：《宁夏统计年鉴》。

另外，根据发达国家城镇化发展的历程，城镇化进程一般会呈现出“S”形的变动轨迹，其全部过程可以划分为三个阶段：低速增长阶段（城镇化率低于 30%）、快速增长阶段（城镇化率在 30%～60%）以及成熟的城镇化社会（城镇化率高于 60%）。而这一变化趋势与人均生产总值变化直接相关，即人均生产总值增长快，其城镇化率提升也快，因此人均生产总值的变化趋势也可以从一定程度上反映城镇化的变化趋势。图 6-1 是宁夏人均生产总值变化趋势，从 2000 年开始，宁夏的人均生产总值提升较快，因此其城镇化也进入了快速提升阶段（见图 6-2），即从 2000 年的 32.54% 提高到 2018 年的 58.88%，年均增长 1.46 个百分点，表明宁夏回族自治区的城镇人口增加，城市化进程稳步推进。

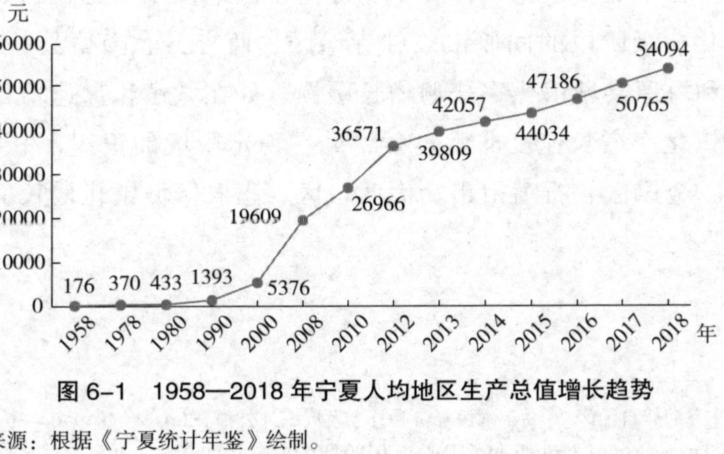

图 6-1　1958—2018 年宁夏人均地区生产总值增长趋势

资料来源：根据《宁夏统计年鉴》绘制。

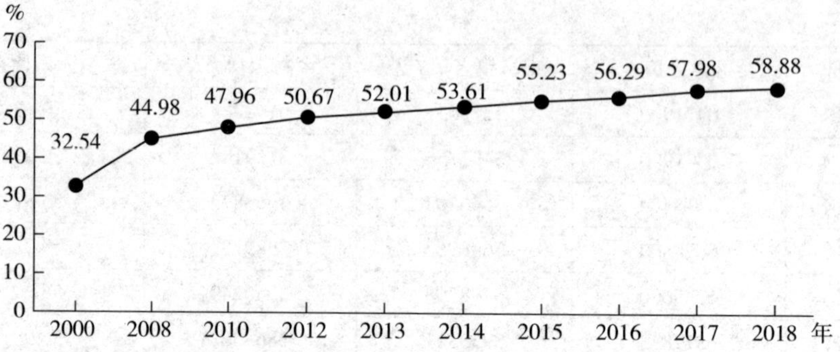

图 6-2　2000—2018 年宁夏城镇化率增长趋势

资料来源：根据《宁夏统计年鉴》绘制。

当然，城镇化率的高低取决于城镇区域的扩展和城镇人口的增加程度，也会受到总人口和乡村人口基数的影响，同时还与地理分布有关。分地域来看，2018 年末，宁夏回族自治区山区常住人口为 214.17 万人，占全区常住人口的比重为 31.12%，比 2017 年末增加 2.56 万人，增长 1.21%，比重上升 0.08 个百分点；银川地区常住人口为 473.94 万人，占比为 68.88%，比 2017 年末增加 3.75 万人，增长 0.80%，比重下降 0.08 个百分点①。

表 6-2 是宁夏分地区人口城镇化率的比较。从地区来看，2017 年银川市城镇化率为 77.09%，石嘴山市为 75.24%，吴忠市为 49.03%，固原市为 36.31%，中卫市为 43.14%。2014—2017 年宁夏回族自治区几乎每个县市的城镇化率都在稳步提高，但地区差异比较明显，还处在城镇化初级阶段的固原市、红寺堡区、西吉县、隆德县、泾源县、彭阳县和海原县城镇化率普遍增长缓慢，处在城镇化加速增长阶段的城市城镇化率增长速度非常迅猛，处在稳定阶段的银川市、兴庆区、西夏区、金凤区、石嘴山市、大武口区、惠农区城镇化增长的速度明显减缓。

① 宁夏回族自治区 2018 年国民经济和社会发展统计公报 [EB/OL]. (2019-04-30) [2019-04-30].http：//tj.nx.gov.cn/tjsj_htr/tjgb_htr/201904/t20190430_1470251.html.

表 6-2　2014—2017 年宁夏各市（县、区）城镇人口比重变化　%

地区	2014 年	2015 年	2016 年	2017 年
全区总计	53.61	55.23	56.29	57.98
银川市（总）	75.45	75.80	75.70	77.09
银川市	90.84	90.13	88.41	88.74
兴庆区	93.78	91.41	88.04	88.69
西夏区	89.88	90.05	90.07	90.07
金凤区	84.84	87.10	87.37	87.37
永宁县	42.13	45.89	50.00	55.68
贺兰县	45.68	48.75	52.75	55.9
灵武市	53.51	54.85	55.74	56.87
石嘴山市（总）	72.25	73.67	74.41	75.24
石嘴山市	88.60	89.35	89.44	87.6
大武口区	92.31	93.02	93.02	90.02
惠农区	82.91	83.80	84.01	84.01
平罗县	43.30	45.83	47.88	53.29
吴忠市	43.70	45.87	47.85	49.03
利通区	58.73	61.70	62.98	63.99
红寺堡区	28.39	29.23	30.60	32.89
盐池县	37.36	41.10	45.03	50.03
同心县	36.31	37.20	38.41	38.41
青铜峡市	44.60	47.37	50.48	50.48
固原市	30.09	32.35	34.75	36.31
原州区	41.26	44.68	48.33	50.52
西吉县	21.00	22.37	23.78	25.38
隆德县	25.96	28.01	31.58	32.72
泾源县	25.94	27.51	28.06	28.06
彭阳县	28.28	29.62	30.91	31.91
中卫市	37.19	39.07	39.87	43.14
沙坡头区	51.99	54.41	54.68	55.68
中宁县	39.55	40.91	41.03	45.46
海原县	20.20	21.92	23.94	28.18

数据来源：《宁夏统计年鉴》。

6.1.2 城镇化质量

一般反映城镇化质量的具体指标主要有：城乡居民生活质量是否提高，生态环境是否优化，社会服务体系是否完善等。

第一，从城乡居民生活质量是否提高角度分析，2018 年宁夏全区城镇居民人均可支配收入达到 31895 元，农村居民人均可支配收入为 11708 元，分别是 2010 年的 2.11 倍和 2.28 倍（见表 6–3）。另外，从表 6–4 中可以看到，城乡居民住房面积也在不断增加，2017 年城镇居民户均住房面积已达到 93.83 平方米，农村居民人均住房面积达到 33 平方米。由此可见，宁夏回族自治区城乡人民生活水平和生活质量都在不断提高，这在一定程度上也说明宁夏城镇化质量在不断提高。

表 6–3 2010—2018 年宁夏全区城镇居民和农村居民的人均可支配收入

年份	城镇居民人均可支配收入		农村居民人均可支配收入	
	收入水平 / 元	比上年增长 /%	收入水平 / 元	比上年增长 /%
2010	15093	9.4	5125	15.5
2011	17291	14.6	5931	15.7
2012	19507	12.8	6776	14.2
2013	21476	10.1	7599	12.1
2014	23285	8.4	8410	10.7
2015	25186	8.2	9119	8.4
2016	27153	7.8	9852	8.0
2017	29472	8.5	10738	9.0
2018	31895	8.2	11708	9.0

数据来源：《宁夏统计年鉴》。

表 6–4 宁夏农村居民和城镇居民住房面积变化情况

年份	农村居民家庭住房面积（平方米 / 人）	城镇居民家庭住房面积（平方米 / 户）	年份	农村居民家庭住房面积（平方米 / 人）	城镇居民家庭住房面积（平方米 / 户）
1983	10	—	2001	19	—
1984	11	—	2002	19	—
1985	12	69.58	2003	20	—

续表

年份	农村居民家庭住房面积（平方米 / 人）	城镇居民家庭住房面积（平方米 / 户）	年份	农村居民家庭住房面积（平方米 / 人）	城镇居民家庭住房面积（平方米 / 户）
1986	13	—	2004	21	72.40
1987	13	—	2005	21	75.45
1988	13	—	2006	22	76.33
1992	15	—	2010	25	83
1993	15	—	2011	24	84
1994	16	—	2012	26	85.39
1995	20	66.36	2013	23	88.78
1996	16	—	2014	28	94.18
1997	17	—	2015	30	94.18
1998	17	—	2016	32	93.31
1999	18	—	2017	33	93.83
2000	18	77.03	2018	—	—

数据来源：根据《宁夏统计年鉴》绘制。

第二，从生态环境是否优化角度分析。2018 年全区完成营造林面积 150.08 万亩，其中人工营造林面积 67.24 万亩，森林抚育面积 40.0 万亩。2018 年末全区自然保护区 14 个，其中国家级自然保护区 9 个，自治区级自然保护区 5 个。另外，水环境和空气质量在逐步改善。2018 年黄河干流宁夏段入境至出境均为Ⅱ类优水质，所占比例达 100%。地表水达到或好于Ⅲ类水体比例为 73.3%。全年全区五个地级城市环境空气质量平均优良天数为 277 天，优良天数比例为 75.9%。细颗粒物（$PM_{2.5}$）平均浓度为 35 微克 / 立方米，同比下降 10.3%。可吸入颗粒物（PM_{10}）平均浓度为 82 微克 / 立方米。全年全区五地市城市昼间区域声环境质量等级为二级，总体水平评价为较好；夜间区域声环境质量等级为三级。①

第三，从社会服务体系是否完善角度分析。宁夏回族自治区公共服务体系逐步健全。2018 年末全区参加城镇职工基本养老保险人数 216.32 万

① 宁夏回族自治区 2018 年国民经济和社会发展统计公报 [EB/OL]. (2019-04-30) [2019-04-30]. http：//tj.nx.gov.cn/tjsj_htr/tjgb_htr/201904/t20190430_1470251.html.

人，比上年末增加 10.41 万人。参加城乡居民基本养老保险人数 181.37 万人，比上年末减少 4.11 万人。参加基本医疗保险人数 626.25 万人，比上年末增加 8.03 万人，其中，参加城镇职工基本医疗保险人数 131.93 万人，比上年末增加 8.47 万人；参加城乡居民基本医疗保险人数 494.32 万人，比上年末减少 0.44 万人。参加失业保险人数 91.97 万人，比上年末增加 3.42 万人。参加工伤保险人数 93.32 万人，比上年末增加 2.97 万人。参加生育保险人数 88.07 万人，比上年末增加 6.34 万人。

另外，2018 年全区供水普及率为 96.55%，比上年提高 0.8 个百分点；燃气普及率为 89.87%，比上年提高 3.24 个百分点；建成区绿地率为 36.93%，比上年提高 0.23 个百分点；生活垃圾处理率为 98.82%，比上年提高 0.47 个百分点。①

6.1.3 城镇化存在的主要问题

仔细分析宁夏回族自治区城镇化现状，可以发现其城镇化存在的问题主要有以下几个方面：

——产业支撑不足，城镇聚集能力有待增强。产业与城镇融合、协调发展不够全面，产业整体规模较小，依靠产业吸纳人口进城作用不突出。沿黄城市带产业布局统筹不足，同质化问题比较明显，园区土地集约利用率不高、单位产出效益偏低。中南部城镇产业聚集能力较弱，县域经济发展不充分，县城对周边村镇辐射带动作用不明显。

——户籍城镇化水平较低，城镇化质量有待提升。从表 6-5 可以看到，2000—2018 年宁夏的城镇化率一直呈上升趋势，虽然 2000—2014 年宁夏的户籍人口城镇化率总体上也呈上升趋势，但其增长速度相比城镇化率的增长速度较慢，且户籍人口城镇化率与城镇化率的差距呈现出越来越大的趋势。这说明有相当部分进城人口未取得城镇户籍而落户，使得部分城镇常住人口并不能充分享受社会公共服务保障。在新型城镇化政策的激励下，农民进城购房意愿较强，但受到农村土地、惠农政策等因素的影

① 宁夏回族自治区 2018 年国民经济和社会发展统计公报 [EB/OL].（2019-04-30）[2019-04-30]. http：//tj.nx.gov.cn/tjsj_htr/tjgb_htr/201904/t20190430_1470251.html.

响，进城落户积极性不高，城镇人口“二元化”现象制约了城镇化综合质量的进一步提升。

表 6-5　2000—2018 年宁夏户籍人口城镇化率与城镇化率对比

年份	全区总人口 / 人	非农业人口 / 人	户籍人口城镇化率 /%	市、镇人口 / 人	城镇化率 /%
2000	5543214	1592268	28.72	1803855	32.54
2005	5962029	2142801	35.94	2520746	42.28
2006	6037306	2198127	36.41	2593626	42.96
2007	6102518	2237929	36.67	2686553	44.02
2008	6176939	2289273	37.06	2778230	44.98
2009	6252023	2327846	37.23	2882093	46.10
2010	6329600	2356713	37.23	3035652	47.96
2011	6394500	2393480	37.43	3185574	49.82
2012	6471900	2442498	37.74	3279637	50.67
2013	6541900	2604346	39.81	3402756	52.01
2014	6615400	2648797	40.04	3546503	53.61
2016	6749000	—	—	3798708	56.29
2017	6817873	—	—	3953311	57.98
2018	6881100	—	—	4051600	58.88

数据来源：《宁夏统计年鉴》。

——基础设施较为落后，城镇特色不明显。宁夏回族自治区城镇基础设施建设相对滞后，除人均道路、公共绿地面积排在全国前列外，污水和垃圾处理率、排水管道密度等多项指标均处于全国中下水平。县城以下建制镇基础设施水平偏低，个别县城供排水设施不完善，在一定程度上会影响城镇综合承载力的进一步提升。城镇特色不突出，风格不鲜明，历史风貌保护和文脉延续不够。

——交通网络不完善，城镇之间联系不紧密。宁夏回族自治区处于全国主要铁路运输网络边缘，是全国为数不多的未开通高铁的省区之一。国际、国内航线不足，尚未形成体系完善的快速立体交通网络。城际交通形式单一，缺乏快速轨道交通系统。城镇公共交通体系不健全，公交分担率较低。

——城镇集约用地水平不高，生态环境保护压力较大。城镇用地规模扩张较快，用地效率偏低，2017年全区单位建设用地产出仅有7.07万元/亩，远低于国家单位建设用地产出（14.14万元/亩）[①]。城镇开发建设挤占农用地、湖泊湿地、绿地等现象时有发生，固体垃圾、污水、废气等污染物不能及时完全有效地处理。

6.2 宁夏城镇化进程的影响因素分析

李克强总理曾在2015年政府工作报告上指出："城镇化是解决城乡差距的根本途径，也是最大的内需所在。"虽然宁夏回族自治区的城镇化水平有了较大的提高，但是地区城镇化水平差异较大。基于这个认知，本节主要从经济因素、政策因素、科技因素和社会因素4个方面阐述宁夏城镇化进程的影响因素。

6.2.1 经济因素

由表6-6可以看出，改革开放后，宁夏回族自治区的经济发展速度在快速提升。一是人均生产总值从1979年的399元增长到2018年的54094元，在近40年时间内，增长了134.57倍；二是地区生产总值从1979年的14.36亿元增长到2018年的3705.18亿元，按可比价格计算，年均增长率已经超过15%，虽然个别年份在增长趋势中有些波动，但总的来说，宁夏的地区生产总值在大部分时间内都保持着两位数的增长速度。

表6-6 1979—2018年宁夏地区生产总值变化情况

年份	地区生产总值/亿元	地区生产总值增长率/%	第二产业生产总值/亿元	第三产业生产总值/亿元	人均地区生产总值/元
1979	14.36	10.46	7.36	3.58	399

① 根据国家和宁夏回族自治区国土资源厅的数据计算而得。

续表

年份	地区生产总值/亿元	地区生产总值增长率/%	第二产业生产总值/亿元	第三产业生产总值/亿元	人均地区生产总值/元
1980	15.96	11.14	7.27	4.42	433
1981	17.42	9.15	6.97	4.97	460
1982	18.22	4.59	7.02	5.54	469
1983	20.79	14.11	7.87	6.29	525
1984	24.78	19.19	9.46	7.49	615
1985	30.27	22.15	12.12	9.25	737
1986	34.54	14.11	12.97	11.20	823
1987	39.63	14.74	15.77	13.42	922
1988	50.29	26.90	19.74	17.16	1143
1989	59.21	17.74	24.39	20.02	1317
1990	64.84	9.51	25.34	22.66	1393
1991	71.78	10.70	27.77	26.10	1511
1992	83.14	15.83	34.05	30.78	1718
1993	104.49	25.68	45.61	38.04	2148
1994	136.26	30.40	56.01	50.31	2740
1995	175.19	28.57	74.67	65.10	3448
1996	202.90	15.82	80.54	79.09	3926
1997	224.59	10.69	88.67	91.05	4277
1998	245.44	9.28	95.11	101.58	4607
1999	264.58	7.80	103.82	112.67	4900
2000	295.02	11.51	121.43	127.56	5376
2001	337.44	14.38	135.89	151.89	6039
2002	377.16	11.77	153.06	171.14	6647
2003	445.36	20.73	194.27	195.46	7734
2009	1353.31	23.20	662.32	563.74	21777
2010	1696.39	25.35	833.14	711.84	26966
2011	2111.43	24.47	1063.48	872.95	33188
2012	2352.71	11.43	1168.56	995.12	36571
2013	2590.34	10.10	1269.89	1109.73	39809
2014	2766.76	6.81	1352.75	1197.09	42057

续表

年份	地区生产总值 / 亿元	地区生产总值增长率 /%	第二产业生产总值 / 亿元	第三产业生产总值 / 亿元	人均地区生产总值 / 元
2015	2927.01	5.79	1392.33	1297.86	44034
2016	3167.99	8.23	1488.44	1438.55	47186
2017	3443.56	8.70	1580.57	1612.37	50765
2018	3705.18	7.0	1650.26	1775.07	54094

数据来源:《宁夏统计年鉴》。

另外，从表 6-6 中还可分析作为城镇产业核心的第二、第三产业的发展情况。表 6-6 显示，宁夏回族自治区第二、第三产业发展速度非常快。1979—2018 年，第二产业和第三产业生产总值分别从 7.36 亿元和 3.58 亿元增长到 1650.26 亿元和 1775.07 亿元，在近 40 年时间内，第二、第三产业分别增长了 223.22 倍和 494.83 倍。不仅经济总量在城镇聚集，而且支撑城镇产业发展的第二、第三产业就业人口也在快速向城市集中，如 1995—2017 年第二产业的就业人数增长速度基本维持在 18% 左右，第三产业的就业人数增长速度也是逐年上升（见表 6-7）。经济总量的增长，二、三产业发展水平的提高以及二、三产业就业人口比重快速上升等，都对城市化水平的提高有直接促进作用，而且经济增长具有长期性，对城市化的促进也具有长期性、稳定性。这些特征都是经济发展和城镇产业发展的直接表现，也是促进城镇化进程的重要经济因素。

表 6-7　1995—2017 年宁夏就业人数与就业人数比重变化情况

年份	就业人员合计 / 万人	第二产业就业人数 / 万人	第二产业就业比重 /%	第三产业就业人数 / 万人	第三产业就业比重 /%
1995	240.6	46.7	19.4	50.4	20.9
2000	275.5	50.0	18.1	66.8	24.3
2005	299.6	51.8	17.3	87.0	29.0
2010	326.0	53.8	16.5	110.2	33.8
2011	339.6	55.4	16.3	118.0	34.8
2012	344.5	56.9	16.5	120.5	35.0
2013	351.3	60.4	17.2	123.8	35.2

续表

年份	就业人员合计 / 万人	第二产业就业人数 / 万人	第二产业就业比重 /%	第三产业就业人数 / 万人	第三产业就业比重 /%
2014	357.2	68.6	19.2	126.8	35.5
2015	362.2	66.0	18.2	136.3	37.6
2016	369.2	63.2	17.1	146.6	39.7
2017	375.9	67.8	18.0	154.6	41.1

数据来源：根据《宁夏统计年鉴》计算整理。

6.2.2　政策因素

按现有统计口径，大量农民工、失地农民虽被纳入城镇人口统计范围，但由于户籍制度、公共服务不完善等，他们并没有真正融入城市，这部分人的城镇化是不充分的，如剔除这部分进城农民，宁夏城镇化率就会降低。如果按户籍计算，2000—2014 年宁夏全区城镇常住人口中的农业人口在逐年上升，所占城镇人口的比重也在逐年上升（见表 6–8）。

表 6–8　2000—2014 年宁夏全区农业人口占市、镇人口比重变化情况

年份	全区非农业人口 / 人	全区市、镇人口 / 人	全区城市农业人口 / 人	全区城市农业人口占市、镇人口比重 /%
2000	1592268	1803855	211587	11.73
2001	1639309	1876653	237344	12.65
2002	1687829	1954659	266830	13.65
2003	1984748	2142337	157589	7.36
2004	2077457	2386120	308663	12.94
2005	2142801	2520746	377945	14.99
2006	2198127	2593626	395499	15.25
2007	2237929	2686553	448624	16.70
2008	2289273	2778230	488957	17.60
2009	2327846	2882093	554247	19.23
2010	2356713	3035652	678939	22.37
2011	2393480	3185574	792094	24.87
2012	2442498	3279637	837139	26.28

续表

年份	全区非农业人口 / 人	全区市、镇人口 / 人	全区城市农业人口 / 人	全区城市农业人口占市、镇人口比重 /%
2013	2604346	3402756	798410	23.46
2014	2648797	3546503	897706	25.31

数据来源：根据《宁夏统计年鉴》整理。

注：虽然本表是根据 2018 年宁夏统计年鉴数据所整理，但由于 2018 年宁夏统计年鉴中全区农业人口和非农业人口的统计数据只更新到 2014 年，所以本表相关指标实际统计年份只持续到 2014 年。

表 6–8 显示，2014 年宁夏全区非农业人口 264.88 万人，城镇常住人口 354.65 万人，两者相差 89.77 万人，说明 25.31% 以城镇为主要生存之所的人口，仅实现了产业和空间转移，尚未完成从农民到市民的身份转变。这部分农村人口虽然暂时实现了就业转移，但多被局限在初级劳动力市场，尚未真正实现“市民”身份的根本转变和居住地的根本转移，这在一定程度上阻碍了这部分人真正融入城镇社会，或者说“不完全城镇化”现象明显，这种现象也是影响宁夏城镇化进程的一个重要因素。因此，要想提升宁夏真实的城镇化率，必须从制度上解决“不完全城镇化”现象。

6.2.3 科技因素

宁夏回族自治区的劳动力文化素质相对偏低，受过初中教育的人口数量最多，所占比重最大。从全国第六次人口普查资料来看，宁夏 16 岁及以上人口的受教育年限仅为 8.81 年，相当于初中文化水平。其中，受过初中文化教育的占 38.39%，小学文化程度的人口占 25.34%，大专及以上文化程度的人口所占比例仅为 12.10%。而且宁夏的知识密集型、科技密集型的现代服务业竞争力较弱，信息传输计算机服务和软件业、科学研究技术服务和地质勘查业等现代服务业虽有了较快发展，但由于基础较差、规模较小，占比仍然偏低。宁夏回族自治区 2017 年高新技术产业增加值仅占规模以上工业产业增加值比重的 4.2%，而就我国平均而言，全国高新技术产业增加值已经占规模以上工业产业增加值的 13.9%[①]，可见宁夏地区与全国的差距十分明显。目前，宁夏回族自治区的科技发展相比其他发达省市较为落后，科技因素直接决定相关产业特别是城镇产业的发展速度，因而在一定程度上会影响其城镇化进程。

6.2.4　社会因素

宁夏回族自治区全区社会固定资产投资额，从 1952 年的 502 万元增加到 2017 年的 3813.38 亿元，年均增长 1167 倍，主要得益于一些重要项目的落实和实施，如：在“十五”（2001—2005）计划实施期间，抓住了西部大开发的机遇，加快工业化、城市化和农业产业化的步伐。在交通和能源方面，宁夏回族自治区在“十一五”“十二五”“十三五”期间还抓住了国家交通枢纽、能源发展、水利工程建设以及信息化建设的契机，加速改造基础设施，先后建成两条国道主线即丹东—拉萨公路、青岛—银川公路宁夏境内段，西部通道银川—武汉公路、桃山—固原段全部建成高速公路。同时建成了羊场湾等煤矿，石嘴山二电厂、中宁电厂、贺兰山风电厂等电源项目，实施了规模城乡电网改造和宁夏与西北第三、第四回 330kV 联络线等电网项目，新增发电装机 271 万千瓦，自然村通电率达到 100%，在水利建设方面，建成了黄河沙坡头水利枢纽，宁夏扶贫扬黄灌溉一期主体工程，黄河宁夏段防洪一期工程，盐环定扬水宁夏专用工程，长城塬引水工程，农村饮水解困一、二期工程等，加固改造了一批病险水库，在信息化发展方面，2018 年宁夏地区全区完成电信业务总量 462.63 亿元，增长 1.3 倍。2018 年末全区电话用户总数 936.4 万户，其中移动电话用户 881.03 万户。互联网宽带接入用户 217 万户，比上年增加 57.8 万户。移动互联网用户 710.2 万户，比上年增加 27.7 万户；移动互联网接入流量 52413.6 万 G，增长 1.5 倍。[②]

虽然涉及城市化进程的社会环境与过去相比有了较大改观，但相较于

---

① 《2018 年宁夏回族自治区统计年鉴》和《宁夏回族自治区 2018 年国民经济和社会发展统计公报》。

② 宁夏回族自治区 2018 年国民经济和社会发展统计公报 [EB/OL].（2019-04-30）[2019-04-30]. http：//tj.nx.gov.cn/tjsj_htr/tjgb_htr/201904/t20190430_1470251.html.

我国发达地区还存在较大差距，如城镇基础设施建设相对较为滞后，除人均道路、公共绿地面积排在全国前列外，污水和垃圾处理率、排水管道密度等多项指标处于全国中下水平。县城以下建制镇基础设施水平偏低，个别县城供排水设施不完善。这些限制不仅影响了城镇综合承载力的提升，也影响了城镇化水平和质量的进一步提高。

6.3 宁夏城镇化水平提升途径

城镇化是保持经济健康持续发展的主要动力，是解决“三农问题”的重要途径，也是推动区域经济协调发展的有力支撑，更是促进社会全面发展的必由之路。推进城镇化发展，目前也是宁夏回族自治区区委和政府高度重视的一项工作。本节立足宁夏城镇化水平发展现状和城镇化进程的影响因素，根据自治区政府出台的《关于加快推进新型城镇化建设行动方案的通知》精神，提出宁夏城镇化水平提升途径和方向。总体而言，宁夏提升城镇化水平应从以下几个方面进行考虑（见图 6–3）。

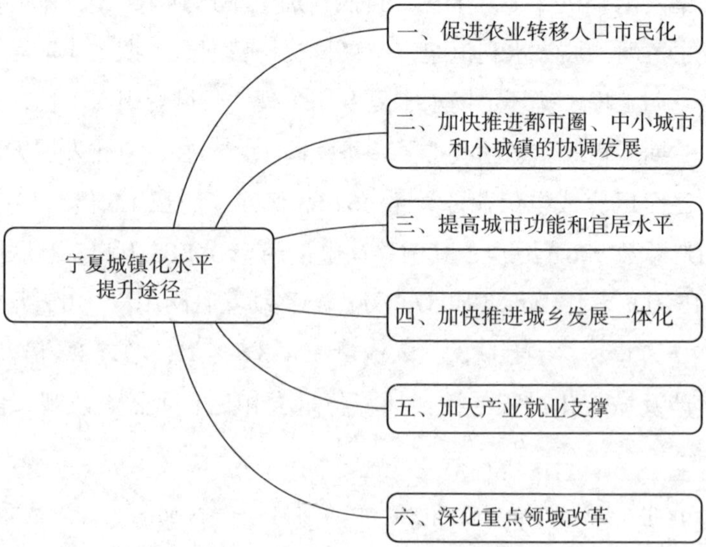

图 6–3 宁夏城镇化水平提升途径

6.3.1　促进农业转移人口市民化

有序推进农业转移人口市民化，按照“尊重意愿、自主选择，因地制宜、分步推进，存量优先、带动增量”的原则，通过加速社会融合、分担保障成本、健全配套体系，加快农业转移人口市民化。

6.3.1.1　完善农业转移人口管理制度，认真落实居住证制度

以居住证为载体，健全、完善和扩大向居住证持有人提供公共服务的范围。对于符合条件的居住证持有人，可以在居住地申请登记常住户口。建立覆盖转移人口的基础数据库，分类完善转移人口劳动就业、教育、收入、社保、房产、信用、卫生计生、税务、婚姻、民族等信息系统，实现转移人口管理信息化。

6.3.1.2　建立进城落户农民农村“三权”维护和自愿有偿退出机制

维护进城落户农民农村土地承包权、宅基地使用权、集体收益分配权等合法权益，鼓励引导其依法自愿有偿退出。做好农村土地承包经营权确权登记颁证后续工作，抓好确权成果的综合运用，稳妥推进农村承包地的经营权和农民住房财产权抵押贷款试点。

6.3.1.3　推进城镇基本公共服务覆盖常住人口

督促各市、县（区）加大城镇学校建设投入力度，持续改善办学条件，有序扩大城镇义务教育资源供给，着力化解城镇义务教育阶段学校“大班额”现象。建立健全以居住证为主要依据的随迁子女入学办法，落实进城务工随迁子女就学“两为主”“两个全部纳入”政策，推动“三免一补”资金和生均公用经费基准定额资金随学生流动可携带；进一步完善进城务工人员随迁子女在流入地参加升学考试相关政策，确保进城落户农民子女就学与城镇学生享受同城待遇。加强基本医保、大病医保、医疗救助等各项制度有效对接，稳步推进城乡居民异地就医直接结算机制。推动各地将符合条件的农民工纳入公租房保障范围，实行公租房预分配、限时入住等制度，加大保障力度，因地制宜推进公租房货币化。合理规划建设医疗机构、敬老院、文化体育、科普场馆等公共服务设施，进一步优化社

区生活设施布局，打造包括物流配送、便民超市、银行网点、零售药店、家庭服务中心等在内的便捷生活服务圈，扎实推进健康城市建设。

6.3.1.4 建立三项挂钩机制

建立财政转移支付同农业转移人口市民化挂钩机制，分类确定市民化基本公共服务标准，完善公共服务体系和自治区财政转移支付方式。建立财政性建设资金对城市基础设施投入与城市吸纳农业转移人口落户数量挂钩机制，提高公共产品供给水平，强化基础设施保障能力。建立城镇建设用地增加规模与农业转移人口落户城镇数量挂钩机制，严控新增建设用地，盘活存量用地，保障城镇化用地需求。配套建立农业转移人口市民化奖励制度，加强对市、县（区）的引导激励，增强地方财政保障能力，营造良好的人口向城镇主动融入制度和政策环境。

6.3.1.5 扩大就业和社会保障覆盖面

支持进城农民自主创业，推动创业带动就业，完善创业担保贷款政策和机制，设立农民就业创业孵化园、创业街、专业市场，扩大“农超对接”网点农民经营比例。通过扩大政府购买公益岗位等方式，开展进城困难农民就业援助。完善被征地农民刚性进保机制，全力帮扶低收入困难群体参保。强化企业缴费责任，提高农民工参加城镇职工失业保险、生育保险、工伤保险的比例。探索开展新生代农民工等重点群体免费接受职业培训行动，强化实际操作技能训练和职业素质培养，着力提高培训后的就业率。强化企业在职业培训中的作用，提升培训质量，增强市场适应性，鼓励符合条件的企业在岗农民工参加技能提升培训和高技能人才培训，提升其技能水平和职业技能等级。

6.3.2 加快推进都市圈、中小城市和小城镇协调发展

6.3.2.1 大力推进银川都市圈建设

深入贯彻落实自治区第十二次党代会精神，结合自治区空间规划和新型城镇化“十三五”规划，加快推动银川、石嘴山、吴忠和宁东一体化发展，推进产业发展协作互补、基础设施互联互通、生产要素统筹配置、公共服务共建共享，形成同城效应、整体优势。整合宁东能源化工基地、滨

河新区、银川综合保税区、空港物流园，申报国家级新区，推进产城融合，发展成为银川都市圈的产业集聚区、宁夏核心增长极、国家重要的现代能源化工基地。

6.3.2.2　加快培育中小城市

进一步增强固原市、中卫市 2 个地区中心城市和灵武、红寺堡、同心、盐池、彭阳、泾源、隆德、西吉、中宁、海原 10 个县域中心城市综合承载能力，完善城市综合功能，优化空间布局和功能定位，强化分工协作、错位发展，构建区域组织核心。依托优势资源发展特色产业，壮大县域经济，有序推进农业转移人口市民化，带动周边农村就近城镇化。主动融入区域中心城市、地区中心城市发展，强化产业、基础设施、公共服务、生态资源、环境保护等有效衔接，促进可持续协调发展，成为县域层面引导人口和产业集聚发展的重要载体。

6.3.2.3　提升县域中心城市承载力，促进农村人口就近城镇化

强化分工协作、错位发展，构建县域组织核心，带动周边农村就近城镇化。加强与“一主两副”城市在产业发展、基础设施、公共服务、生态资源、环境保护等方面的有效衔接，促进一体化协调发展。

6.3.2.4　加快培育小城镇

深入推进美丽小城镇建设，大力完善水、电、路、气、暖及公共服务等设施，补齐小城镇建设短板，全面改善小城镇基础条件。依托现有城镇发展基础、交通和资源优势，集中打造镇北堡、三营等 43 个功能齐全、特色突出、辐射力强的产业重镇、商贸强镇和旅游名镇。加快落实自治区关于加快特色小镇建设的若干意见，不断加大特色小镇培育力度，按照成熟一批、培育一批的原则，建立分级分层次培育创建机制，建成就近就地城镇化载体。全力打造 10 个具有明确发展定位、特色文化内涵、独特景观风貌和较强聚集功能的特色小镇，创新规划理念和经营模式、加大扶持力度，实现产镇深度融合，辐射带动美丽乡村建设和农业现代化，实现农民就近就地城镇化。

6.3.2.5　推进经济发达乡镇扩权赋能

落实国家关于深入推进经济发达乡镇行政管理体制改革要求，制定具

体实施意见，明确经济发达乡镇的认定程序和标准。推动经济发达乡镇扩大经济社会管理权限，构建简约精干的组织框架，推进集中审批服务和综合行政执法，建立务实高效的用编用人制度，探索适应经济发达乡镇实际的财政管理模式，创新基层服务管理方式。推动公共服务从按行政等级配置向按常住人口规模配置转变，允许经济发达乡镇比照相同人口规模的城市市政设施、公共服务标准建设发展。

6.3.3 提高城市功能和宜居水平

6.3.3.1 加强市政公用设施建设

加快城市综合交通网络建设，优化城市路网结构。严格控制超宽马路建设，增加支路数量及密度，形成主次干道和支路级配合理的道路网络。加强街区规划和建设，新建住宅要推广街区制，实现内部道路公共化，提高城市道路通达性，提升城市管网设施建设水平。加强各种交通方式间以及城际、城市和城乡交通间的紧密衔接及一体化服务能力，优先发展公共交通，并向住宅小区和乡镇延伸。

大力发展绿色交通，积极推进自行车、步行道等慢行系统建设。落实停车设施配建标准，科学布局，增加停车场、停车泊位等设施，盘活用好各类停车设施资源，有效缓解“道路拥堵”“停车难”等问题。推进充电站（桩）等新能源汽车充电设施建设，将其纳入城市旧城改造和新城建设规划同步实施。

改善城市供水、供热、供气条件。加强水源地保护，建立城市备用饮用水水源地，完善城市供水基础设施，保障生产、生活用水，确保饮水安全。加强清洁能源供应设施建设，完善燃气输配、储备和供应保障系统，实现所有县城接入天然气。新建西海固地区脱贫引水工程和盐同红革命老区脱贫引水工程。扩建和完善重点工业园区供水工程，保障全区重点工业园区用水需求。加快实施电厂余热集中供热工程，形成以热电联产为主的城市集中供热体系。完善城市污水、垃圾处理设施。加快污水、污泥处理设施建设和改造，加快建设布局合理、运行高效的城市垃圾收运处理设施网络，建立政府、社区、企业和居民协调机制，积极推行垃圾分类投放收集、综合循环利用。建立餐厨废弃物、建筑垃圾回收和再生利用体系。

6.3.3.2　完善基本公共服务体系

优化配置基本公共服务资源。坚持普惠性、保基本、均等化、可持续发展，增加优质公共服务供给。推进基本公共服务标准化，明确基本公共服务清单和分类建设标准，科学确定公共设施服务半径和覆盖人群，均衡中小城市公共服务设施供给，努力实现布局优化和资源高效利用。加快推进公共服务均等化，推进优质教育、医疗、文化、体育等公共资源向县城合理布局、向村镇延伸，满足城乡居民基本需求。

完善城乡社会保障体系。推进基本医疗、养老保险扩面提标，提高自治区统筹水平。健全社会保险跨地区转移接续制度，提高农民工、被征地农民、非公有制经济组织从业人员、灵活就业人员参加城镇职工养老保险覆盖率。探索建立养老金合理调整机制。健全城乡居民大病保险制度。依托银川资源环境优势，建设区域养老健康产业中心；以地区中心城市和县域中心城市为节点，依托各级城镇建设老年公寓等养老及配套设施，切实提高养老服务能力和水平。

6.3.3.3　加快绿色城市建设，强化城市污染治理

推动绿色建筑发展。深入开展绿色建筑行动，完善绿色建筑评价体系，建立绿色建筑发展价格支撑体系，打造和推广全生命周期低碳绿色建筑。积极开展城市宜居综合改造试点，推广应用新型绿色建材和地源热泵、水源热泵、太阳能发电等新能源技术，实施区域热电联产、公共建筑节能、绿色照明等节能工程，发展被动式房屋等绿色节能建筑。

推广绿色交通。倡导绿色出行，合理布局行人过街设施、隔离设施和交通标识，开展公交接驳点步行改造，新建城市道路必须同步规划建设自行车和步行道系统，营造良好的自行车、步行交通空间。加强区域自行车绿道建设，形成以银川都市圈为核心，串接重点镇村、旅游景区、园区厂区等的区域绿道系统。加快充电站、充电桩等配套设施建设，鼓励新能源、小排量等环保型汽车应用。

绿化美化城市。大力推进城市、产业园区绿化建设，依托现有山水脉

络，因地制宜建设城市公共绿地、景观小品、综合性公园、城市绿道、绿色园区。按照“300米见绿、500米成园”要求，增加小微游园、街头绿地、社区公园等绿地数量，强化绿地服务居民日常生活的功能，实现“一街一景”。城市各类建设项目必须严格按照技术标准同步建设绿地，鼓励发展屋顶绿化和立体绿化。保护古树名木资源，推广当地树种。实施山体、河流、湖泊、湿地、植被修复工程，开展河湖湿地保护范围确权划界，恢复城市自然生态。

开展“蓝天碧水·绿色城乡”专项行动。实施以大气、水、土壤整治为重点的“蓝天碧水·绿色城乡”专项行动，加强生态环境保护和建设。推进大气污染防治，健全重污染天气监测预警体系。加大城市工业源、面源、移动源污染综合治理力度，科学规划预留城市风廊，提高城市空气流动性和通透性。加快新能源示范城市建设，推动城市能源结构调整，增加清洁能源供应。修改完善城市供热规划，加快淘汰城市建成区供热和工业燃煤锅炉，加强机动车尾气和城市扬尘治理。加强城市湖泊湿地水环境保护与治理。加强工业和生活固体废弃物资源化利用和无害化处理，推进节能减排和循环经济发展。

倡导绿色新生活。加强绿色生活宣传和教育，引导居民树立绿色增长、共建共享的理念，建立有利于绿色生活的价值体系。倡导居民使用绿色产品，鼓励参与绿色志愿服务，促进衣食住行游等方面加快向简约适度、绿色低碳、文明节约方式转变，使绿色消费、绿色出行和绿色居住等成为社会自觉行动。

6.3.3.4 注重人文城市建设，加快城市文化事业发展

加强城镇历史文化资源保护。划定全区城镇历史文化街区、历史建筑和传统村落、民居保护范围，制定古遗址、古建筑、近现代建筑保护名录，挖掘和公布一批历史文化名城、名镇、名村，保护好现有的历史文化街区，维护原有空间肌理、街巷尺寸和历史风貌，对银川市、固原市、韦州镇等历史文化名城名镇和全区范围内30年以上、具有典型时代印记的建筑重点进行保护。有序实施城市修补和有机更新，通过维护加固老建筑、改造利用旧厂房、完善基础设施等措施，恢复老城区功能和活力，延

续历史文脉，保存城市意象，提升城市文化内涵。加快城市文化事业发展。以银川都市圈和地区中心城市为主体，建设和完善公共图书馆、文化馆、博物馆、美术馆、体育馆、群众艺术馆等文体设施；进一步完善群众文化娱乐设施，建设城镇文化休闲街区、休闲步道、城郊休憩带等，方便居民休闲和文体活动，促进居民交流。依托内陆开放型试验区平台，加强对外交流合作，树立开放包容的城市品格，塑造富有宁夏特色的多元开放现代都市文化。

6.3.4　加快推进城乡发展一体化

6.3.4.1　推进城乡基础设施建设、城乡基本公共服务和城乡要素市场一体化

树立全域规划理念，统筹城乡建设，加强城市与周边村镇基础设施连接，扩大城市基础设施覆盖范围，推进城市燃气设施向邻近镇、村延伸，集中供水服务向城郊覆盖，污水垃圾处理向乡镇推进，城市公交向农村发展，实现基础设施城乡联网共享。

加快农村公共服务设施建设，延伸城市教育、医疗等公共服务网络，形成以乡镇为核心的农村公共服务中心。加快农村基础教育投入，合理配置教育资源，推进义务教育学校标准化建设，小城镇和中心村根据人口分布、服务半径等合理配置中小学和幼园。全面建立二级以上医疗卫生机构对口支援基层医疗卫生机构的长效机制，完善以县级医院为龙头、乡镇卫生院和村卫生室为基础的农村三级医疗卫生服务网络。深入实施文化惠民工程，加强乡镇综合文化站、村综合文化服务中心等农村公共文化和体育设施建设，扶持农民文化院特色化和民间文艺团队多样化发展，广泛开展丰富多彩的群众文化生活，保障群众基本公共文化权益。统筹城乡最低生活保障制度建设，完善以低保制度为核心的社会救助体系，健全农村留守儿童、妇女、老人关爱服务体系。

引导资金、技术、人才、管理、信息等资源加快流向农村，建立城乡一体的人力资源市场和就业联动机制，实现城乡平等就业、同工同酬。建立和完善城乡一体化商贸流通服务体系，大力发展农村电商，优化农产品

流通渠道。加快发展普惠金融，积极推进农村金融网点建设。

6.3.4.2　激发农村资源资产要素活力

深化农村集体产权制度改革，加快推进土地所有权、承包权、经营权“三权分置”。全面开展农村集体资产清产核资，明晰产权归属，推进农村集体资产股份权能改革。加快推进农村宅基地使用权和房屋所有权“两证合一”不动产登记发证工作。健全农村产权流转交易平台，完善农村产权流转交易市场，建立农村信用体系，为农村产权抵押贷款、担保、流转、入市、有偿退出等提供服务保障。盘活农村资产资源，拓展农业多种功能，完善配套服务设施，大力发展休闲农业、乡村旅游等新型业态，鼓励农村集体经济组织有效利用集体土地等资源性资产，发展民宿经济、兼业经营等新型商业模式。

6.3.5　加大产业就业支撑

统筹城市空间结构调整和产业布局优化，促进一产提质增效、二产转型升级、三产加快发展，构建新型城镇化产业支撑体系，以城聚产、以产兴城、产城联动。

6.3.5.1　促进产业与城镇融合发展，强化“一主两副”产业带动

建立健全产业引导政策，推动优势产业发展。进一步明确鼓励、限制、禁止的产业，完善落后产能退出机制，促进城镇产业结构调整。加快编制产业专项规划，依据主体功能定位和城镇发展方向布局重大项目。银川都市圈（包括银川、石嘴山、吴忠 3 个城市）围绕战略定位，重点发展装备制造、新能源、新材料、生物医药、特色食品与用品、葡萄酒、特色农产品、现代纺织等产业，做强产业支柱，形成产业集群。固原市重点发展绿色农产品加工和生态休闲旅游产业，积极培育低耗能、低耗水、高产值的战略性新兴产业，促进产业集聚。中卫市重点发展旅游、云计算和电子信息、物流及现代农业，推动城市转型发展。

提升县城产业支撑能力。强化县域中心城市功能，优化产业布局，促进产业向县城集中。合理规划布局县域产业园区，完善园区基础设施，做

大产业规模、做优产业结构，打造优势产业板块。注重县城与区域内其他城市协作，重点对接中心城市产业分工，承接产业转移，大力发展生产性服务业，形成既协调一致又错位发展的县域产业格局。

积极培育小城镇特色产业。利用小城镇所处区域的自然资源、文化资源、市场条件及区位优势，培育具有地方特色和竞争力的优势产业，引导小城镇产业由粗放式向品质型、效益型转变。加强小城镇服务“三农”作用，推动农产品收购、贮藏、加工、运输、销售一体化发展，促进农业产业化。建设小城镇和农村电商平台，发展农产品信息发布与线上交易，增强农村经济活力。

6.3.5.2 推进产业富民和就业创业

着实增加城乡居民收入。推进产业富民，大力发展本地特色产业，把资源优势有效转化为富民优势，多发展适销对路、能给老百姓带来“真金白银”的致富产业，多实施一批增加老百姓收入的“短平快”项目，多培育一些吸纳就业能力强的企业，打牢群众增收的基础。统筹做好重点群体就业，努力扩大中等收入群体，多渠道增加低收入劳动者收入，逐步缩小城乡、区域、行业收入差距。落实好强农惠农富农政策，挖掘农业生产经营性收入，增加务工工资性收入，释放财产性收入红利，拓展农民收入增长空间。

完善就业创业保障机制。建立健全覆盖城乡的公共就业服务体系，实施更加积极的创业就业政策，发挥城市创业平台作用，完善扶持就业的优惠政策，形成政府激励创业、社会支持创业、劳动者勇于创业新机制，激发创业活力。运用财政支持、税费减免、创业投资引导、政策性金融服务、小额贷款担保等手段，为中小企业特别是创业型企业发展提供良好的经营环境，促进创业带动就业。促进以高校毕业生为重点的青年和农村转移劳动力、城镇困难人员、退役军人就业。引导高校毕业生就业流向，鼓励其到中小城市创业就业。建设中国（宁夏）人力资源发展促进中心。积极推进劳动保障监察“网格化、网络化”管理，构建和谐的劳动关系，切实保障劳动者和用工单位的合法权益。

加强职业技能培训。大力发展职业教育，提高劳动者就业本领和创业能力。扩大公共财政技能培训服务，对去产能、调结构企业转产就业职工开展技能培训，提高二次就业和创业能力；对新增农业转移人口进行就业技能培训和职业技能鉴定，实现农民工技能培训全覆盖。开展技能岗位持证上岗及薪酬挂钩试点，逐步推进职业技能“培鉴同步”。

6.3.5.3 增强城市创新能力

发挥城市创新载体作用，依托科技、教育和人才资源优势，推动城市走创新驱动发展道路。营造创新的制度环境、政策环境、金融环境和文化氛围，激发全社会创新活力，推动技术创新、商业模式创新和管理创新。建立产学研协同创新机制，强化企业在技术创新中的主体地位，发挥大型企业创新骨干作用，激发中小企业创新活力。建设创新基地，集聚创新人才，培育创新集群，完善创新服务体系。创新产城融合模式，推动污染企业生态隔离或迁出中心城区，对清洁产业、服务业实行混合用地模式，建设商业居住综合体等职住平衡项目，增强城市内部空间布局合理性，支持有条件的独立产业园区从单一生产型园区向综合型城市区转型。创新旅游发展模式，推进全域旅游发展。

6.3.6 深化重点领域改革

6.3.6.1 完善城乡土地制度

全面实行城镇建设用地增加与农村建设用地减少相挂钩的政策，贫困县可将城乡建设用地增减挂钩节余指标在全区范围内流转使用。指导推进平罗县农村土地征收、集体经营性建设用地入市和宅基地制度改革试点，积极探索建立3项改革试点相关制度，为农村土地制度改革提供可借鉴推广的经验。落实宅基地集体所有权，维护农户依法取得的宅基地使用权，探索农村集体组织以出租、合作等方式盘活利用集体建设用地。开展土地经营权入股发展农业产业化经营试点。

6.3.6.2 改革城市管理体制

全面落实自治区关于推进城市执法体制改革的要求，总结形成银川市、中宁县、泾源县城市执法体制改革试点经验，并在全区推广。按照“权随事走、人随事调、费随事转”的原则，整合归并城市管理综合执法队伍，完成市、县城市管理综合执法机构设置，加快建设城市管理数字化平台。动态调整城市管理综合执法权力清单和责任清单，进一步细化城市管理工作流程，研究制定执法标准，统一全区执法文书，规范城市综合执法。

6.3.6.3　健全城镇化投融资机制

深化城市建设投融资体制改革，积极稳妥推广政府和社会资本合作（PPP）模式，充分吸引社会资本通过特许经营等方式参与新型城镇化建设。强化财政资金引导，推进资金有效整合，优化政府融资结构，防范地方政府债务风险。发挥好开发性、政策性和商业性金融对城镇化重点领域的支持作用。创新保险资金运用方式，加大对基础设施和公用事业的支持力度。

6.3.6.4　深化新型城镇化综合试点

对固原市国家第一批新型城镇化综合试点地区开展第三方评估，总结成功经验。推动银川市、平罗县、盐池县、宁东镇、红果子镇等后续批次试点地区加快改革创新，进一步完善就业、教育、户籍、土地、住房、社会保障、投融资等政策制度，加强城镇化对外开放交流，确保顺利推进各项试点任务，发挥好试点的牵引作用，引导新型城镇化健康快速发展。

6.3.6.5　完善城镇化统计制度

切实加强和改进新型城镇化统计监测工作，依据国家修订完善的城镇化质量指标体系，进一步规范和完善宁夏城镇化统计口径、统计标准和统计制度方法。认真组织开展人口变动抽样调查工作，为全区推进新型城镇化工作提供及时准确的依据。

参考文献

[1]《宁夏回族自治区概况》编写组．宁夏回族自治区概况 [M]. 北京：民族出版社，2008.

[2] 李澜，等．宁夏回族自治区经济史 [M]. 太原：山西经济出版社，2016.

[3] 门建军．宁夏新型城镇化发展状况研究 [C]. 宁夏社会学会学术年会论文集，2014.

[4] 郭安宁．中国城镇化进程的影响因素分析 [J]. 中国集体经济，2016(13): 1−3.

第7章 宁夏70年来对外贸易发展情况

吴雨轩[①] 姜太碧[②]

1958年宁夏回族自治区成立后特别是进入20世纪90年代以来，宁夏回族自治区在壮大区域经济与发展民族特色经济的过程中，全面实行对外开放战略，对外贸易发展取得显著成就。为此，本章主要就宁夏回族自治区在新中国成立70年来对外贸易发展的基本情况进行分析。其中，第一节主要介绍宁夏的对外贸易现状；第二节分析宁夏贸易发展的优势与劣势；第三节分析促进宁夏外贸发展对策；第四节重点分析“一带一路”建设对宁夏贸易发展的影响与意义。宁夏在立足当地特色的基础上，利用自身优势与其他国家（或地区）进行贸易，形成了自身独立的贸易体系，但仍然存在产品附加值过低、对外依赖较高等问题。宁夏应加大技术投入，增加产品附加值，使宁夏在对外贸易的过程中掌握更大的主动权。

7.1 宁夏对外贸易现状

对外贸易是指一个国家（或地区）与世界其他各国（或地区）在商品或服务方面的交换活动，它是一个国家（或地区）参与国际分工的主要形式。早在18世纪，人们就认识到贸易对经济增长的积极作用，凯恩斯

① 吴雨轩（1996— ），女，四川广元人，西南民族大学经济学院硕士研究生。

② 姜太碧（1964— ），女，重庆铜梁人，经济学博士，西南民族大学经济学院教授、硕士生导师，主要研究方向为农村经济、产业经济。

学派论证的“对外贸易乘数理论”以及20世纪罗伯特逊、纳克斯提出的“对外贸易是经济增长的发动机”学说，都说明了对外贸易对经济增长的重要性，之后许多学者在他们的论著以及模型中都把对外贸易当作经济增长的一个重要原因。通过对宁夏对外贸易情况的分析，我们可以从中得到关于宁夏的经济增长的更多信息。

7.1.1 宁夏贸易进出口总额

据银川海关统计，2018年宁夏货物进出口总额249.16亿元，比上年下降27.0%。其中，出口总额180.48亿元，下降27.2%；进口总额68.68亿元，下降26.8%。货物进出口差额（出口减进口）111.8亿元。对“一带一路”沿线国家进出口总额73.39亿元，下降11.4%。其中，出口总额65.1亿元，下降2.2%；进口总额8.28亿元，下降49.1%。可见2018年宁夏由于受到国际经济环境的影响，其对外贸易总额比上年有所减少，但整个外贸形势仍是顺差。2018年宁夏实际使用外商直接投资2.14亿美元，比上年下降31.1%。全区新批准外商直接投资项目32个，合同外资金额1.59亿美元，下降93.7%。其中，信息传输、软件和信息技术服务业签订利用外商直接投资合同额0.5亿美元，增长7.3%。①

宁夏1958—2018年的对外贸易具体情况见表7–1。由表7–1可知，1958年宁夏进出口总额为1055万元，到2018年，进出口总额增加到249.16亿元，约增加了2361倍。其中出口总额从670万元增加到180.48亿元，约增加了2693倍；进口总额从385万元增加到68.68亿元，约增加了1783倍。

表7–1 1958—2018年宁夏进出口情况 单位：万元

年份	进出口总额	出口总额	进口总额
1958	1055	670	385
1965	1777	1556	221
1970	1551	1304	247

① 宁夏回族自治区2018年国民经济和社会发展统计公报[EB/OL].（2019–04–30）[2019–04–30]. http://tj.nx.gov.cn/tjsj_htr/tjgb_htr/201904/t20190430_1470251.html.

续表

年份	进出口总额	出口总额	进口总额
1975	4048	3136	912
1978	4587	3406	1181
1980	7041	6528	518
1985	17362	10930	6432
1990	40547	36652	3895
1995	231651	200015	31636
1996	194345	167753	26592
1997	251269	208980	42289
1998	259826	234282	25544
1999	263236	205008	58228
2000	366656	270998	95658
2001	441035	291259	149776
2002	366538	271545	94993
2003	540676	423742	116934
2004	751829	535026	216803
2005	792936	563343	229593
2006	1149400	753664	395736
2007	1211271	832030	379241
2008	1317616	881241	436375
2009	820953	507607	313346
2010	1330934	794462	536472
2011	1476307	1033040	443267
2012	1400266	1036718	363548
2013	1992757	1580664	412093
2014	3339168	2641367	697801
2015	2344123	1841299	502824
2016	2147837	1646431	501406
2017	3412931	2477079	935852
2018	2491600	1804800	686800

数据来源：《宁夏统计年鉴》《宁夏回族自治区 2018 年国民经济和社会发展统计公报》。

如果对宁夏对外贸易变化的图形进行分析（见图 7–1），可以看出，宁夏的对外贸易一直以来都是贸易顺差，且顺差越来越大。宁夏的出口总额和进口总额在不同的时间段有不同的峰值，早期宁夏进出口差额比较小，起伏较小，从2001年开始进出口差额开始逐渐拉大，并且起伏波动变大。

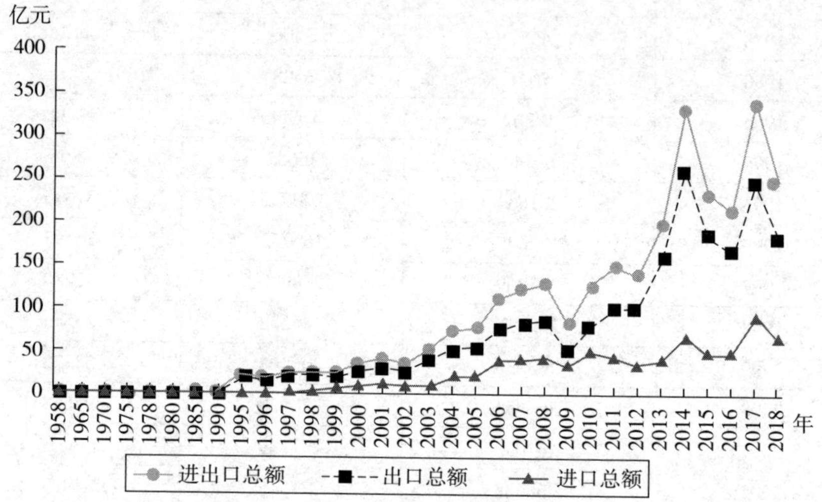

图7-1 1958—2018年宁夏进出口情况

资料来源：《宁夏统计年鉴》《宁夏回族自治区2018年国民经济和社会发展统计公报》。

7.1.2 宁夏贸易内容与贸易形式

如果从贸易内容来看（见表7-2），2017年占宁夏进出口总额比重较大的是一般贸易，约为292.66亿元，占全年贸易总额341.29亿元的85.75%；其次是来料加工装配贸易，约为32.97亿元，占全年贸易总额的9.66%；进料加工贸易进出口总额约为12.77亿元，占全年贸易总额的3.74%。

表7-2 2017年宁夏按贸易方式划分的进出口总额 单位：万元

按贸易方式分	进出口总额	出口总额	进口总额
一般贸易	2926587	2238400	688187
来料加工装配贸易	329691	165032	164659
进料加工贸易	127708	70174	57534
国家间、国际组织无偿援助和赠送的物资	365	365	—
保税仓库进出境货物	—	—	—
保税区仓储转口货物	—	—	—
租赁贸易	162	—	162

续表

按贸易方式分	进出口总额	出口总额	进口总额
出口加工区进口设备	228	—	228
其他	896	178	718

数据来源:《宁夏统计年鉴（2018）》。

如果再进一步对宁夏出口商品构成内容进行细分，我们还可以看到，在2017年宁夏的主要出口商品种类构成中，数额最大的是金属锰，总值为9.8亿元，占当年出口商品总额62.36亿元的15.71%；其次是泰乐菌素、蛋氨酸和双氰胺等药制品，出口总值分别为7.8亿元、6.2亿元、5.5亿元，占当年出口商品总额的比重分别为12.45%、9.88%、8.81%（见表7-3）。从中可以看出，宁夏在金属和药物资源方面具有一定的出口优势。但在主要出口商品中，具有科技含量和技术优势的出口产品较少。因此，宁夏今后的出口产业应该在技术研发和人才培养方面加大资金投入，提高自身产品优势和附加值，提升出口产品的数量和单价，增加出口总金额。

表7-3 2017年宁夏主要出口商品种类构成 单位：万元

出口商品	总额
铁合金	43151
钽铌铍及制品	42460
金属锰	97975
碳化硅	16895
红霉素及盐	14939
双氰胺	54949
羊绒衫	22211
泰乐菌素	77631
四环素及盐	16070
饲料添加剂	20016
活性炭	26937
果蔬汁	14887
羊绒纱线	20422
蛋氨酸	61641

续表

出口商品	总额
枸杞	20555
山羊绒	4279
焦炭及半焦炭	16765
林可霉素及盐	9591
天然蜂蜜	5323
苏氨酸	36945

数据来源:《宁夏统计年鉴(2018)》。

7.1.3 宁夏贸易主体所有制性质

如果按宁夏地区贸易企业所有制性质来划分(见表 7–4),很明显私营企业是宁夏对外贸易的主体,其进出口总额在 2017 年约为 268.12 亿元,占 2017 年进出口贸易总额 341.29 亿元的 78.56%;而国有企业的进出口总额为 29.04 亿元,占全年进出口贸易总额的 8.51%;中外合资和外商独资企业进出口总额为 42.99 亿元,占全年进出口贸易总额的 12.6%。

表 7–4 2017 年宁夏按企业所有制性质统计的进出口情况 单位:万元

按企业性质分	进出口总额	出口总额	进口总额
国有企业	290386	219882	70504
中外合资企业	256925	190211	66714
外商独资企业	172943	54752	118191
私营企业	2681170	2000731	680439
集体企业	11503	11503	—
其他	4	—	4

数据来源:《宁夏统计年鉴(2018)》。

7.1.4 宁夏使用外资情况

如果按使用外资的企业类型划分,2017 年宁夏使用外资的企业有外资企业、合资经营企业、合作经营企业和外商投资股份制企业。其中,外资企业的合同外资金额约为 4.6 亿美元，实际使用外资金额约为 1.2 亿美元；合资经营企业的合同外资金额约为 20.8 亿美元，实际使用外资金额约为 1.9 亿美元；外商投资股份制企业的合同外资金额约为 565 万美元。具体情况见表 7–5。

表 7–5　2017 年宁夏按企业类型划分的外资使用情况

企业类型	合同个数 / 个	合同外资金额 / 万美元	实际使用外资金额 / 万美元
外资企业	10	45804	12402
合资经营企业	13	207590	18738
合作经营企业	—	—	—
外商投资股份制企业	1	565	—

数据来源：《宁夏统计年鉴（2018）》。

如果按使用外资的企业所属国民经济部门来划分（见表 7–6），可以看出，2017 年宁夏住宿和餐饮业的合同外资金额最多，为 16.78 亿美元，占当年合同外资总额 25.40 亿美元的 66.06%；其次为农、林、牧、渔业，合同外资金额为 3.77 亿美元，占当年合同外资总额的 14.84%；第三是租赁和商业服务业，合同外资金额为 2.18 亿美元，占当年合同外资总额的 8.58%。因此，我们可以得到若按国民经济部门划分，合同外资金额主要集中在第一产业和第三产业，但实际使用外资额较多的则为制造业。

表 7–6　2017 年宁夏按国民经济部门划分的外资使用情况

企业类型	合同个数 / 个	合同外资金额 / 万美元	实际使用外资金额 / 万美元
农、林、牧、渔业	2	37740	3065
制造业	3	7035	16884
电力、燃气及水的生产和供应业	3	5224	2149
批发和零售业	4	618	—
建筑业	1	9999	—
信息传输、计算机服务和软件业	2	4668	7500

续表

企业类型	合同个数 / 个	合同外资金额 / 万美元	实际使用外资金额 / 万美元
房地产业	—	-1220	—
住宿和餐饮业	2	167798	—
水利、环境和公共设施管理业	—	-156	1542
租赁和商务服务业	5	21832	—
科学研究、技术服务和地质勘查业	1	44	—
居民服务和其他服务业	—	—	—
教育	—	—	—
文化体育和娱乐业	1	377	—

数据来源:《宁夏统计年鉴(2018)》。

7.1.5 宁夏进出口贸易的地区差异

2018 年统计年鉴数据显示，2017 年，宁夏全区进出口贸易总额为 341.2 亿美元，而银川市的进出口贸易总额就达 270.6 亿美元，占全区总额的 79.31%；其次是石嘴山市，占 10.74%；第三是中卫市，占 7.59%。可见，宁夏进出口贸易发生区域主要集中在北部和中部等相对较发达的区域（三个地区的进出口总额占全区的 97.64%），特别是区政府所在地银川起到了对外贸易的领头羊作用。宁夏进出口贸易的地区差异，从侧面也反映了宁夏经济发展的地区差异和经济活动的空间集聚差异。2017 年宁夏各地区进出口贸易具体情况见表 7-7。

表 7-7 2017 年宁夏各地区进出口贸易额 单位：万元

地区	进出口总额	进口总额	出口总额
银川市	2706243	746353	1959890
石嘴山市	366424	117528	248896
吴忠市	79724	4012	75712
固原市	1480	—	1480
中卫市	259060	67959	191101

数据来源:《宁夏统计年鉴(2018)》。

7.2 宁夏贸易发展的优势与劣势分析

贸易的本质实际上是比较优势的交换。为了更好地分析宁夏贸易发展的趋势，有必要弄清楚宁夏贸易发展中的优势与劣势，以便尽可能发挥其自身的贸易潜能。因此本节主要分析宁夏几十年来贸易发展过程中存在的优势与劣势。首先从人文、区位、自然资源等几个方面分析宁夏的优势；然后再从出口商品、进出口市场、外贸主体和贸易结构等几个方面分析宁夏贸易发展存在的劣势。总体而言，尽管宁夏拥有资源优势，但在技术等方面的缺陷使宁夏在贸易方面始终不能占据绝对性的优势。换言之，由于技术和科技投入等方面的局限，宁夏地区在对外贸易交换中没有将其拥有的资源优势充分体现出来，因此今后应尽可能从挖掘贸易优势、发挥贸易潜能入手提升宁夏的贸易质量。

7.2.1 宁夏贸易发展的优势

7.2.1.1 得天独厚的人文与区位优势

宁夏作为中国最具有代表性的穆斯林聚居区之一，伊斯兰教民俗文化和特殊的地理环境成为宁夏发展清真产业得天独厚的人文与区位优势。同时，宁夏平原的引黄灌区是全国小麦、水稻等粮食作物的优质产区，“盐池—灵武—同心—海原”这一轴线区域干旱少雨、日照充足，为发展高产、优质、高效的畜牧业提供了条件。引黄灌区是全国十大牧区资源基地之一，饲草绿色无污染，该区域生产的牛羊肉营养丰富、色泽鲜红、味道鲜美、肉质鲜嫩、无膻味、无污染，且脂肪适中。目前此区域已开发清真产业品种上百个，其中包括肉类调味品，冷鲜、冷冻牛羊肉，其品质被国内外消费者所认可。此外，宁夏地处中国北部和东亚大陆的几何中心，处在国际航路开辟欧洲、中东和非洲空中通道的理想节点上，是中阿经贸物流的低成本通道。

宁夏应借助向西开放的契机，把大力发展清真产业作为自治区发展的重大战略之一，不断推进清真产业的发展。宁夏清真产业已初步形成以清真肉制品、乳品、粮油等为主体，加工层次多样化，具有一定市场竞争能力的清真食品产业体系；以回族服饰、回族建筑装饰用品为主的穆斯林用品产业体系。2017 年，宁夏全区清真食品和穆斯林用品企业超过 701 家，实现产值超过 390 亿元，同比增长 15.6%，高于宁夏工业平均增速 7.3 个百分点，5 年间增长了 6 倍多。[①] 宁夏将成为“国家重要的清真食品和穆斯林用品产业集聚区”，清真食品和穆斯林用品产业成为新常态下推动宁夏产业结构优化升级、最具增长潜力的产业之一。清真产业已经成为宁夏回族自治区的特色优势产业，其产业发展的特点为：龙头企业快速崛起、市场集聚效应显现、清真认证不断完善。因此，在清真产业方面，宁夏回族自治区具有我国其他省份所不具有的独特比较优势。

7.2.1.2　自然资源丰富

（1）煤炭资源

宁夏回族自治区的煤炭资源具有储量大、品种全、质量优、开发条件好等特点，已探明的储量有 310 多亿吨，远景储量约 2029 亿吨，分别居全国第 6 位和第 5 位。在全国 14 大类煤种中，宁夏有 11 种，现年产煤能力 4000 多万吨。[②] 宁东煤田是我国巨型煤田之一，已探明储量 273 亿吨，已经被列为国家 13 个重点发展的亿吨矿区之一。宁东煤田主要生产的不黏结煤具有低磷、低灰、低硫、化学活性高和发热值高的特点，是理想的化工用煤和动力用煤。黄河水能资源与煤田分布在地域上的有机结合，使宁夏具备了建设国家大型电力基地和“西电东送”电源基地的优越条件。目前正在建设的宁夏回族自治区“一号工程”宁东能源化工基地，规划项目投资 2800 多亿元，实现工业增加值 750 亿元。到 2020 年，宁东基地的煤炭年生产能力将达到 1 亿吨，宁东基地将成为全国重要的大型煤炭基地；电力总装机容量达到 2600 万千瓦，外送电 1000 万千瓦，宁东基地将成为“西电东送”北通道的重要送端电源和全国重要的煤电基地；煤化工产成品生产能力达到 1350 万吨以上，宁东基地将成为全国重要的煤化工基地；发电煤耗控制在 300 克 / 千瓦时以内，工业固体废物综合利用率达

① 中国政府网，http：//www.gov.cn/。
② 中国政府网，http：//www.gov.cn/。

到95%以上，单位工业增加值能耗能够达到国内同行业先进水平，宁东基地将成为全国循环经济与资源综合高效利用示范区。[①]

世界整装级大气田和国家重要的石油基地——陕甘宁盆地气田中心距银川市不到300千米，发展石油、天然气化工条件得天独厚。石膏探明储量20多亿吨，居全国前列。太阳能、风能、地热资源等多种能源相互补充，分布集中，综合开发前景十分广阔。国务院早在2008年出台的《关于进一步促进宁夏经济社会发展的若干意见》中就明确提出，要将宁东基地建设成为国家级的大型煤炭基地、煤化工产业基地、“西电东送”火电基地和循环经济示范区。

（2）农业资源

宁夏回族自治区具有建立在良好的光热条件、优质的土地资源、便捷的引黄灌溉基础上的农业优势，已经拥有2000多年的农耕史，素有“天下黄河富宁夏”之说。宁夏回族自治区目前有耕地1500多万亩，人均2.5亩以上。黄河穿越了宁夏中北部的12个市、县，在宁夏境内的流程397千米，年过境流量325亿立方米，年可利用水资源40多亿立方米。沿黄河两岸的宁夏平原土地肥沃，第一产业综合生产水平在西北地区位于前列，是全国12个商品粮基地和四大灌区之一。

在光热条件方面，宁夏日照时间长、昼夜温差大。在生态环境方面，宁夏同样具有适宜畜牧养殖、中药材种植及农作物生长的良好生态环境，四大战略性主导产业（枸杞、牛奶、清真牛羊肉、马铃薯）和六大区域性特色产业（淡水鱼、蔬菜、牧草及秸秆饲料、优质稻麦、玉米、酿酒葡萄）已逐渐形成规模。在水产品产量方面，沿黄河两岸水产养殖条件优越，全区人均水产品产量居西北首位。在葡萄种植方面，贺兰山东麓地区地处银川平原，气候、土壤等地理条件接近于法国优质葡萄产区——波尔多地区，是世界优质葡萄栽培的最佳生态区之一。

枸杞在宁夏已经有几千年的栽培历史，是宁夏最有名的特产之一，深受中外消费者的喜爱，被称为“红宝”，是珍贵的中药材和高级滋补品。

① 中国政府网，http：//www.gov.cn/。

枸杞作为药食同源的中药和保健食品自古为人们所喜爱，近代、现代医学对枸杞药理成分的深入研究以及人们对健康的新认识和重视，使枸杞的消费量迅速增加，同时也促进了产业的迅猛发展。宁夏是人工栽培枸杞的原创地，在世界上，一直有"世界枸杞在中国，中国枸杞在宁夏，宁夏枸杞在中宁"的说法。枸杞的野生利用最早开始于商朝，人工种植明确早于唐代，在明清开始兴盛，在当代得到发展。

宁夏回族自治区的绒毛产业开始于 20 世纪 50 年代，农民在绒毛贩运和交易过程中得知梳毛生产无毛绒有潜在的商机，开始建厂梳绒，逐步扩大生产能力，从贩绒、卖绒再到加工制成品，近 3 万人开始加入宁夏羊绒产业。20 世纪 80 年代初，随着改革开放的推进，一批回族农民自发走出宁夏，开始做起绒毛生意。凭借着地理位置和语言优势，他们走村串户收购羊绒，从牧农手中购得羊绒后，再转手卖给国内外的一些生产商家，从中赚取差价，足迹遍布新疆、内蒙古等 13 个省区以及巴基斯坦、阿富汗、俄罗斯等周边 9 个国家。1988 年，宁夏绒毛产业步入鼎盛阶段，仅同心县参与绒毛经营的就达 1 万余人，绒吞吐量高达 2000 余吨，同心县成为全国最大的绒毛集散地。同时，一些有远见的收绒者动起了脑筋，开始办起家庭式加工小作坊，向产业下游进军。2017 年，我国羊绒总产量 1.9 万吨，约占世界总产量的 70%。宁夏同心县集散了世界近 1/3、全国近 1/2 的羊绒原料，全县约有 1.5 万人常年活跃在国内和世界重要羊绒产区从事羊绒收购贸易。目前，同心县有羊绒经营企业 100 多家，其中有进出口经营权的 27 家。已建成羊绒检测中心、羊绒监管库和羊绒交易市场，形成科学、健全的羊绒流通服务体系。①

7.2.2 宁夏贸易发展的劣势

7.2.2.1 出口商品结构不合理，高附加值产品比重较小

宁夏进出口商品结构基本由农副产品、轻纺产品、工矿产品构成。虽然从表 7-3 中可以看出，30 年来宁夏出口产品中附加值较高的工矿产品

① 搜狐财经网，http：//business.sohu.com/。

的比重有所提高，然而对产品进行细分后可以看出，宁夏出口的工矿产品中仍以资源类为主，如硅铁、金属镁等；代表高新技术类的产品如未锻造银、双氰胺、钽粉、碳化硅等则比重较少；机电产品则主要有锻轧钽及其制品、柴油机零件、机床零件、轮胎、轴承等。总体来看，其出口产品基本为加工制造业的中间产品，高附加值的高端技术类产品鲜有所见。

在农副产品出口中，近几年有较高竞争力的是清真食品。然而目前清真食品加工出口仍处于起步阶段，企业分散且大多数规模较小，竞争优势更多表现在资源禀赋上，技术优势及市场营销力均未得到充分发挥。近几年，轻纺产品主要以羊绒及其制品为主，其中初级加工品无毛绒的出口占据绝对优势，羊绒衫等羊绒加工品的比重相对较低。由此可见，羊绒产业中仍以技术附加值较低的初级加工材料为主，深加工及高附加值品比重极低。这样的以初级原材料及初级加工制成品为主要出口依托的粗放型出口模式，其带来的问题也是很明显的，主要表现在产品出口创汇能力不高，对外部市场的依赖较大，出口易受到外部经济的影响等。例如，受 2008 年国际金融危机的影响，以 2008 年 11 月为例，进出口额达 9839 万美元，为 2007 年 3 月以来月进出口额最低水平，同比下降了 435%，金融危机使全区整体外贸出口呈现出下滑的趋势，尤其是金属资源、橡胶制品等出口均大幅下滑。

7.2.2.2 进出口市场相对集中，对外依赖较大

宁夏进出口市场分布相对集中。从地区来看，亚洲、欧洲、北美洲、大洋洲是其主要的分布地区，日本、美国、意大利、韩国、澳大利亚等排在前列。其中主要的贸易顺差来自亚洲和欧洲，主要的贸易逆差来自美国和澳大利亚，而非洲及拉美的贸易比重较小。由此暴露出以下问题：

首先，宁夏进出口市场相对集中，对外部市场的依赖性较大，风险相应较高。近几年，欧盟、美国受国内经济及总体外贸逆差的影响，普遍加大对来自中国进口产品的管制，不断设置并提高贸易壁垒，造成中国产品的出口受阻。宁夏也受制于高技术贸易壁垒的影响，出口大幅下降。

其次，在贸易中宁夏的进出口产品仍集中在附加值较低的金属制品及机械制品上，技术含量较高的高新产品占比非常少，宁夏实质上并没有充

分享受到从发达贸易伙伴国大量引进技术促进产业升级的好处。

最后，可以看到，宁夏对非洲、拉美的贸易比重相当小，来自这两个地区的进出口贸易占总体比重均维持在个位数，这既可以看作是宁夏开拓外贸市场结构的偏失，也可以看作是宁夏未来促进对外贸易市场结构合理化的方向。加大对这两个地区市场的开发，不仅有利于利用这两个地区较大的增长潜力，更可以克服前面提到的进出口市场相对集中带来的外贸风险。

7.2.2.3 外贸主体较少

宁夏外贸企业在2012年以前一直是国有企业占据较大比重。近年来，随着内陆开放型经济试验区建设的步伐不断加快，银川市成立综合保税区等政策的落实，宁夏从事进出口贸易的主体明显增加。数据统计显示，宁夏发生进出口业务的公司共有412家，但其中产生实质出口的公司仅306家，贸易主体数量明显偏少①。与此同时，宁夏出口企业主体结构发生明显变化，2017年宁夏民营企业贸易份额占到进出口总额的78.56%，民营企业已成为出口主体。②

7.2.2.4 对外贸易结构不合理

加工贸易是对外经济贸易的一种重要形式，加工贸易两头与国际相连接，并与国际投资、国际贸易紧密相联，体现了商品和资本交换的国际化。很多国家和地区在推动本地区工业化、发展外向型经济的进程中，总是优先选择发展加工贸易作为突破口，并最终实现了经济起飞。我国加工贸易进出口金额最大的前9个省市都主要集中在东部沿海地区，加工贸易是推动对外经贸发展的主要动力，能够推动配套产业的发展，促进产业结构调整和技术进步，是吸引外资和利用外资的重要方式，也能够促进剩余劳动力的就业。加工贸易在宁夏对外贸易中的比重一直较低，2017年宁夏加工贸易占对外贸易的比重为13.3%③，由于加工贸易的经营主体是外商投资企业，而宁夏加工贸易占比过低，说明宁夏利用外资发展经济的能力

---

① 周彤云．宁夏对外贸易发展现状分析[J]. 区域经济，2015（35）：113.

② 《宁夏统计年鉴（2018）》。

③ 《宁夏统计年鉴（2018）》。

不足，外向型经济还比较落后。

为实现区域经济协调发展，国家引导东部地区劳动密集型加工贸易生产企业和运输成本占综合成本比例相对较低的加工贸易企业到中西部发展，2008 年宁夏被商务部确定为第二批加工贸易梯度转移重点承接地，但 2012—2017 年底，加工贸易并未因此得到快速发展，其主要原因在于宁夏发展加工贸易的基础较差。[①] 目前，河南、陕西、四川是承接珠江三角洲、长江三角洲地区产业转移的主要省份，加工贸易迅速发展。

宁夏与上述省份相比，发展加工贸易主要存在两个问题：首先，相关配套的产业发展不够，宁夏的工业基础相对薄弱，尤其是制造业发展与东部地区相比差距较大，这也严重制约了加工贸易的发展；其次，物流成本较高，宁夏作为内陆城市，远离出海口，这使得宁夏进出口货物主要依托天津港，国内贸易以公路运输为主，直到目前，宁夏惠农陆港、银川陆港与天津港、连云港的铁海联运对接尚未完全成熟，航空运输国际线路和航班较少，运力有限。

7.3 促进宁夏对外贸易发展的对策

7.3.1 转变地理劣势，促进经济发展

虽然深处内陆，但宁夏回族自治区却又位于中国大陆的中心地带，随着近几年经济重心部分北移趋势逐渐明显，要想发展对外贸易经济，加快建设多层次的交通运输网络是最紧迫的措施。交通运输的发展对地区外贸发展有着至关重要的影响。宁夏回族自治区虽然远离海岸线，但拥有向西北五省区辐射影响的地缘优势，向西发展的地理位置优势，仍然可以根据实际情况，发展出适合本区域的道路。目前，宁夏已经建立起了部分航空和铁路运输通道，虽然就目前而言其成效并不显著，“中阿号”国际班列仍未投入使用，运行线路仍未拓展至伊朗首都德黑兰。因此，宁夏需要加

① 宁夏回族自治区商务厅，http：//dofcom.nx.gov.cn/。

强与各个海港及霍尔果斯口岸的合作，形成区域性灵活多样的多式联运与建成便利快捷的直通要道，增强交通运输网的通达能力和对外联系能力。

自 2013 年被赋予第五航权，宁夏就开始致力于将银川河东机场打造成区域性航空运输的枢纽地。机场已于 2016 年 8 月竣工，目前正在加紧将航空运输的功能投入到常规使用中。[①] 宁夏应该充分用好航权开放，在开通国内外航线的同时，加强与世界各国（或地区）的经济文化交流，并进一步完善交通运输网络，构建多层次运输渠道。宁夏干燥少雨的气候特点，有利于发展大型商品仓储，而宁夏可以由此提升现代物流的调配能力，打造以陆港为主的铁海联运的物流仓储园区，并发展本区的电子商务。

7.3.2　促进贸易链转型，推动产业结构优化升级

宁夏依托对外经济的驱动力，可以进一步促使本地产业结构优化升级，促使轻工业和重工业比例合理调整。通过积极地吸收外资，引入新兴技术、科学的管理模式及现代化设备，带动本地的第二产业多方面发展，并以此促进宁夏的特色产业、支柱产业扩大规模、纵向发展。首先，对于外资的利用应由点及面地开展，由机械、化工、冶金等重工业向零件组装、来料加工、光伏产业等扩散。延长加工类贸易的产业链，调动上下游中小企业的积极性，带动产业链上的企业持续发展。引导加工贸易向高层次转变，走出低层次加工贸易的怪圈。其次，积极参与国际分工，引进国际产业链中辐射能力强、高效益的加工类贸易项目，促进宁夏加工贸易发展。

7.3.3　积极培养人才，提升宁夏外贸企业质量

为了改善宁夏本土外贸企业发展的现状，一方面，应积极倡导合作共赢的理念，联合内蒙古和甘肃等地的相关企业，开展企业间的交流学习活动，利用本地区推动区域经济发展的优惠政策，通过降低税收吸引外来资金的投入，使发达地区的各种优势投射到自治区，以提高自治区外贸企业的质量；另一方面，应鼓励自治区有实力的外贸企业扩展经营范围，发展多元市场，

① 李晓娜 . 宁夏对外贸易发展的现状及对策分析 [J]. 中国市场，2017（17）.

扶持小微企业向区域特色、产品创新的方向发展。对此，应向小微企业提供相应的财政补贴，加紧出台关于企业产权、经营权、企业结构管理等条例细则；完善信用制度，规范小微企业财务、会计制度及公司治理机制，从而改善优质小微企业的融资环境，扫清其市场准入的障碍，达到增加区域有质量的外贸企业基数的目的；设立专款扩大与国外企业合作平台的影响力，尤其是与阿拉伯国家共同搭建的“中阿博览会”；支持宁夏企业走出去进行推广展销活动，以此为契机打造新的涉外经济交往的平台。

在缓步增长的对外贸易中，对于专门面向阿拉伯国家的涉外人才的需求也随之增加。除掌握报关、跟单、电子商务等基础性业务的应用型人才外，宁夏还需要大批具有熟练的阿拉伯语听、说、读、写综合能力的专业人才，以及从事国际法的相关专业法律人才。外贸可以从培养与招揽两方面下手：首先，鼓励宁夏相关专科院校开设报关基础、商务英语、单证操作、电子商务、进出口商品知识等课程。高等院校可以开设伊斯兰世界国际关系课程、商务阿拉伯语的课程、阿拉伯地缘政治相关的经济法等课程；另外，可以增设针对阿拉伯国家高等院校的国际交流生项目，欢迎阿拉伯留学生来宁夏留学。从涉外贸易的实际应用与熟悉阿拉伯国家的市场需求两个方面入手培养人才。还可与从事中、阿两地商务合作的外贸企业进行校企合作，以熟知企业需求的外贸从业人员所要具备的职业技能作为培养内容，从而避免由信息不对称造成的人才培养不对口。其次，应通过更高的薪资待遇和广阔的上升空间来吸引专业的管理型、金融型、外贸综合能力较强的人才，将更多行业人才留在宁夏。政府还可以为相关专业本科和硕士在校或应届毕业生，设立相应的创业资金支持，广招全国各地的学子来到宁夏，为宁夏注入新鲜的人才血液。

7.4　“一带一路”建设与宁夏贸易提升

本节主要介绍宁夏的对外贸易与“一带一路”建设之间的关系，以及“一带一路”建设对于宁夏提升自身贸易的意义。宁夏回族自治区在融入

“一带一路”建设以后，进出口总量以及在国际上的知名度、国际旅游业、国际贸易合作等方面都有所提升。在“一带一路”倡议的引领之下，宁夏回族自治区与阿拉伯国家间延续了历史上的贸易合作渊源，重新走上了合作之路。

7.4.1 “一带一路”的宗旨

“一带一路”是“丝绸之路经济带”和“21世纪海上丝绸之路”的简称。“一带一路”将充分依靠中国和其他国家之间既有的双多边机制，借助既有的、行之有效的区域合作平台，并借用古代丝绸之路的历史符号，高举和平发展的旗帜，积极发展与沿线国家的经济合作伙伴关系，共同打造政治互信、经济融合、文化包容的利益共同体、命运共同体和责任共同体。

习近平总书记在党的十九大报告中指出：“中国特色社会主义进入新时代，我国社会主要矛盾已经转化为人民日益增长的美好生活需要和不平衡不充分的发展之间的矛盾。”[①] 新时代的社会主要矛盾在我国民族地区表现尤为突出，“不平衡不充分的发展”是当前民族地区的实情和现状。“一带一路”建设是新时代背景下我国运用全球化思维、立足国际国内两个市场提出的伟大战略构想。中国积极参加全球区域的顶层设计和21世纪综合整治，是“一带一路”倡议的总体目标。“一带一路”倡议框架下的六大经济走廊从地理空间看，贯穿了我国大部分少数民族地区，其中的六大经济走廊建设与民族地区经济发展具有高度的契合性。

共建“一带一路”致力于亚欧非大陆及附近海洋的互联互通，建立和加强沿线各国互联互通伙伴关系，构建全方位、多层次、复合型的互联互通网络，实现沿线各国多元、自主、平衡、可持续的发展。“一带一路”的互联互通项目将推动沿线各国发展战略的对接与耦合，发掘区域内市场的潜力，促进投资和消费，创造需求和就业，增进沿线各国人民的人文交流与文明互鉴，让各国人民相逢相知、互信互敬，共享和谐、安宁、富裕

① 习近平.决胜全面建成小康社会 夺取新时代中国特色社会主义伟大胜利——在中国共产党第十九次全国代表大会上的报告[R].北京：人民出版社，2017.

的生活。

当前，从世界的角度看，世界正在发生深刻快速的变化，世界经济缓慢复苏、发展分化，国际金融危机的深层次影响继续显现，国际投资贸易格局和多边投资贸易规则正经历着深刻调整，各国面临的发展问题依然十分严峻。共建“一带一路”，旨在促进经济要素有序自由流动、资源高效配置和市场深度融合，推动沿线各国实现经济政策协调，开展更大范围、更高水平、更深层次的区域合作，共同打造开放、包容、均衡、普惠的区域经济合作架构。共建“一带一路”符合国际社会的根本利益，彰显人类社会共同理想和美好追求，是国际合作以及全球治理新模式的积极探索，将为世界和平发展增添新的正能量。共建“一带一路”顺应世界多极化、经济全球化、文化多样化、社会信息化的潮流，秉持开放的区域合作精神，致力于维护全球自由贸易体系和开放型世界经济。

从中国的角度看，中国经济和世界经济高度关联。中国将一以贯之地坚持对外开放的基本国策，构建全方位开放新格局，深度融入世界经济体系。中国愿意在力所能及的范围内承担更多责任和义务，为人类和平发展作出更大的贡献。推进“一带一路”建设既是中国自身扩大和深化对外开放的需要，也是加强与亚、欧、非和世界各国互利合作的需要。

7.4.2　宁夏融入“一带一路”现状

7.4.2.1　货物贸易进出口总量较稳定，一般贸易占比较高

2013—2017 年，宁夏进出口总额呈现回稳向好的态势。从表 7–8 可以看出，进出口总额从 2013 年的 199.28 亿元升至 2014 年的 333.92 亿元，2015 年和 2016 年出现大幅下跌，2016 年为 214.78 亿元，2017 年回升至 341.29 亿元，同比增长 58.6%，增幅位居全国第一，其中出口总额为 247.71 亿元，进口总额为 93.58 亿元。据银川海关统计，2017 年，宁夏对“一带一路”沿线国家进出口总额为 82.66 亿元，同比增加了 14.4%，其中，出口总额为 66.54 亿元，进口总额为 16.12 亿元，出口增长可喜。[①] 但由于国际经济形势的变

① 张玉荣，尹忠明. 加快推进宁夏融入“一带一路”建设的路径选择 [J]. 北方民族大学学报，2019（1）：159.

化，2018 年宁夏的进出口总额有所下降。

表 7-8 2013—2018 年宁夏进出口变化情况 单位：万元

年份	进出口总额	出口总额	进口总额
2013	1992757	1580664	412093
2014	3339168	2641367	697801
2015	2344123	1841299	502824
2016	2147837	1646431	501406
2017	3412931	2477079	935852
2018	2491600	1804800	686800

数据来源：《宁夏统计年鉴》。

从图 7-2 也可以看到，宁夏回族自治区加入“一带一路”以后，进出口总额总体来说呈现出增长趋势：2013—2014 年增长较快，2014—2016 年有所下降，但 2016 年的进出口总额仍高于 2013 年的进出口总额，2016—2017 年又大幅上升，2018 年相比 2017 年有所减少，但 2018 年相比 2016 年的低点有所抬升。因此，2013—2018 年，宁夏回族自治区的进出口总额呈上升态势。

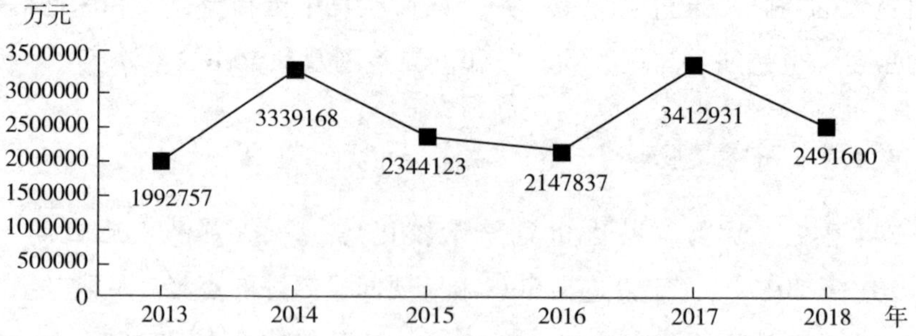

图 7-2 2013—2018 年宁夏进出口总额变化情况

资料来源：《宁夏统计年鉴》。

7.4.2.2 贸易伙伴以欧美发达国家为主，“一带一路”沿线国家贸易增长较快

宁夏回族自治区的主要贸易伙伴集中在美国、韩国、德国及欧洲各国等发达国家，以及印度、马来西亚、泰国等南亚和东南亚国家。根据宁夏统计局相关数据计算，宁夏对欧美等发达国家出口占比稳步提升，其中，

对美国、荷兰、德国出口占比分别从 2013 年的 9.44%、2.47% 和 1.73%，提升至 2017 年的 18.27%、4.72% 和 2.99%。2017 年，宁夏对阿拉伯国家、印度、马来西亚、泰国等“一带一路”沿线国家和地区出口额分别为 10.6 亿元、11.7 亿元、5.5 亿元和 5.3 亿元，虽然增速较快，但由于总量较小，占比仍相对较低。①

7.4.2.3　对外经济合作力度增强，“引进来，走出去”成效初显

一方面，宁夏加大招商引资力度。从表 7–9 可以看出，2017 年，实际利用外商直接投资 3.11 亿美元，新批准外商直接投资项目 24 个，其中，制造业、租赁和商务服务业利用外资合同额分别为 1.69 亿美元和 2.18 亿美元。2013—2017 年，宁夏新批准外商投资项目 133 个，实际利用外资 10.98 亿美元。2018 年上半年，宁夏新设外商投资企业 14 家，实际利用外资 6934 万美元。与此同时，“一带一路”沿线国家如哈萨克斯坦、马来西亚、新加坡等，加大了对宁夏的投资，合同外资额共计 1862 万美元，占合同外资总额的 24%。②

表 7–9　2013—2017 年外商直接投资情况

项目	2013 年	2014 年	2015 年	2016 年	2017 年
实际利用外资 / 亿美元	2.04	1.43	1.86	2.54	3.11
新批准外商投资项目数 / 个	21	22	37	29	24
制造业签订利用外商直接投资合同额 / 亿美元	2.97	1.85	9.35	2.02	1.69
注册登记外商投资法人企业累计数 / 家	161	175	209	—	—

数据来源：《宁夏统计年鉴》。

另一方面，宁夏积极引导外向型企业融入“一带一路”建设，在国际合作与竞争中推进企业转型升级。2017 年，宁夏新增境外投资企业 17 家，境外直接投资额 7.4 亿美元，投资目的地扩展到“一带一路”沿线 28 个国

① 张玉荣，尹忠明．加快推进宁夏融入“一带一路”建设的路径选择 [J]. 北方民族大学学报，2019（1）：159.

② 宁夏回族自治区商务厅，http：//dofcom.nx.gov.cn/。

家。[①] 目前，由宁夏牵头推进的中国—沙特（吉赞）产业园已于2018年底完工，中国—阿曼（杜库姆）产业园已举行多轮推介会，中国—毛里塔尼亚海洋综合产业园等境外产业园区和经贸合作区进展顺利，开展国际产能合作已取得阶段性成果。

7.4.2.4 国际知名度提升，第三产业快速发展

2013年以后，宁夏加大了对外宣传的投入。2013年，宁夏被美国《纽约时报》评为全球必去的46个旅游目的地之一；2016年3月，宁夏参与举办“开放的中国：从宁夏到世界”外交部首个省（区、市）全球推介活动；2017年9月，宁夏贺兰山东麓葡萄酒产区产品获2017亚洲葡萄酒大奖赛31个金奖；2017年9月，宁夏举办首届网上丝绸之路论坛。2017年，宁夏接待入境游客12.36万人次，同比增长18.84%，宁夏宾馆饭店接待的过夜入境国外游客为102872.4人/天；宁夏出境游客为12.28万人次，比2016年增长18.99%。[②]

7.4.3 通过“一带一路”提升宁夏对外贸易能力

2015年3月，为推进实施“一带一路”倡议，让古丝绸之路焕发新的生机活力，以新的形式使亚欧非各国联系更加紧密，互利合作迈向新的历史高度，中国政府特制定并发布《推动共建丝绸之路经济带和21世纪海上丝绸之路的愿景与行动》。文件特别指出，推进“一带一路”建设，中国将充分发挥国内各地区比较优势，实行更加积极主动的开放战略，加强东中西互动合作，全面提升开放型经济水平。其中，在西北地区，发挥陕西、甘肃综合经济文化和宁夏、青海民族人文优势，打造西安内陆型改革开放新高地，加快兰州、西宁开发开放，推进宁夏内陆开放型经济试验区建设，形成面向中亚、南亚、西亚国家的通道、商贸物流枢纽、重要产业和人文交流基地。

据此，宁夏在“一带一路”中战略定位得以明确，未来对外开放的广

---

① 新华社新媒体，https：//author.baidu.com/home/1587267721576374。

② 张玉荣，尹忠明．加快推进宁夏融入“一带一路”建设的路径选择[J].北方民族大学学报，2019（1）：159.

阔空间及合作领域极具前景。具体而言，在“一带一路”建设过程中，宁夏重要的战略地位主要体现在：宁夏作为全国最大的回族聚居区，与“一带一路”沿线诸多国家有相近的风俗习惯、源远流长的交流合作、历史形成的传统友谊，这为“丝绸之路经济带”建设奠定了深厚的人文基础；国务院批复的《宁夏内陆开放型经济试验区规划》，作为一项推动我国内陆地区向西开放，围绕中国与阿拉伯国家及世界伊斯兰地区经贸文化交流合作而实施的国家级重大发展战略，为“一带一路”建设提供了战略支点和保障；宁夏作为中阿博览会的永久会址，是“一带一路”沿线阿拉伯国家“向东看”和中国“向西走”的新窗口与新平台，也是中国与阿拉伯国家开展公共外交和人文外交的主要渠道之一，更是中国与“一带一路”沿线国家开展大周边外交关系的重要体现；宁夏因其所处新欧亚大陆桥国内段中间位置，以及对内连接中国东西部与对外通往中亚西亚的特殊陆空优势，成为我国向西开放的空中门户，从而密切联系着国内国际的经贸往来和人文交流。

宁夏是内陆省区，没有沿边靠海等区位优势，经济尚欠发达，因此更需要解放思想，不断扩大对外开放，着力打造“丝绸之路经济带”战略支点，主动融入国家“一带一路”建设。2014 年以来，宁夏与“一带一路”沿线的 60 个国家都发生了贸易关系，贸易总量达 21.09 亿美元，同比增长 68.1%，占到宁夏对外贸易总额的 38.77%。[①] 宁夏作为“丝绸之路经济带”的战略支点，在资源禀赋、发展速度和地缘特征等方面有显著优势。“丝绸之路经济带”东连充满活力的亚太地区，中间串着资源丰富的中亚地区，西边通往欧洲发达经济体，宁夏应利用“一带一路”的战略支点优势，大力发展对外贸易。

2018 年 5 月，宁夏回族自治区政府办公厅发布《关于加快口岸发展的实施意见》（以下简称《实施意见》）。《实施意见》提出，宁夏将坚持“错位发展、改革创新、法治先行”原则，加快各类口岸发展，不断提升口岸在发展内陆开放型经济，促进与“一带一路”沿线国家和地区政策沟通、

① 周彤云．宁夏对外贸易发展现状分析 [J]. 区域经济，2015（35）：113.

设施连通、贸易畅通、资金融通、民心相通中的桥梁和纽带作用。

《实施意见》明确五项工作任务和具体措施：一是优化口岸布局，依托银川航空口岸，推动建设进境肉类、水果、种苗等指定口岸和进境大中型活动物指定隔离场；依托银川公铁物流园申报中欧班列铁路场站对外开放项目，建设银川国际公铁物流港。二是完善口岸功能，支持银川航空口岸建成面向“一带一路”沿线国家的门户枢纽；依托银川国际公铁物流港，申建国际货运班列监管基础设施、进出口货物分拨中心、保税仓储中心，提高物流集散能力。三是推进口岸通关便利化，建设中国（宁夏）国际贸易“单一窗口”公共服务信息系统，对具备条件的进出境货物实施“一次申报、一次查验、一次放行”。四是发展口岸经济，依托银川航空口岸，重点发展面向欧洲、非洲、南美洲及中亚、西亚的生物制药、电子产品制造、航天航空制造等适合航空运输的高时效性、高附加值产业；依托银川铁路口岸，大力发展粮食、棉花、海产品、生活用品集散中心；依托石嘴山保税物流中心（B 型），重点发展面向中亚、西亚地区和俄罗斯、蒙古国等国家的石化、矿石、煤炭、木材等产业。五是规范口岸管理，建立符合宁夏口岸发展实际的运行评估体系，对开放后长期无通关业务和通关业务量小、社会效益差的口岸实施退出管理；加强与国内外口岸管理部门、先进口岸的交流合作，推动建立跨部门、跨区域的大通关协作机制。

7.4.4 依靠“一带一路”加强中阿合作

宁夏自古以来都有“塞上江南”的美称，位于古代丝绸之路的枢纽位置。历史上，许多商人经过此地，并与不同国家（或地区）的人进行商业交流互动。如今，在“一带一路”倡议引领下，宁夏在新时代开启了对外合作新征程。从打造国际经贸交流平台中阿博览会，到主导建设中国—阿曼（杜库姆）产业园，宁夏回族自治区开始利用自己的地理位置、自然资源、独特产业等优势，着力打造“丝绸之路经济带”战略支点，续写对外开放和中阿合作新篇章。

2010 年 9 月，首届中国 · 阿拉伯国家经贸论坛在宁夏银川举办，众多国内外商人一起洽谈合作、共谋发展。在成功举办三届后，2013 年，中阿经贸论坛升格为两年一届的中国—阿拉伯国家博览会。2010—2018 年，三届中阿博览会共签订各类协议 650 余个，合作项目涉及科技、金融、能源、农业、卫生、旅游等领域。正如毛里塔尼亚国民议会第一副议长哈尔希在 2017 年中阿博览会上所言，在“一带一路”框架下，中阿博览会已成为中阿交往合作的“金字招牌”。[①]

历届中阿博览会的成功举办，也使宁夏进一步融入和服务“一带一路”建设。除关注贸易合作以外，中阿博览会不断丰富平台内涵，积极拓宽合作领域。2017 年中阿博览会上，中阿政商界人士和专家学者聚焦数字网络方面的国际合作。阿拉伯联合酋长国经济部副次长朱马 · 阿尔凯表示，阿拉伯联合酋长国高度重视“网上丝绸之路”建设，认为这是推动“一带一路”建设、促进发展合作的新抓手。近年来，中阿技术转移中心、中阿商事调解中心等一批中阿多双边合作机构落地宁夏。

在“一带一路”引领和中阿博览会的推动下，宁夏积极创新机制，打造中阿产能合作的先行区、内陆对外开放的示范区、丝绸之路经济带的支撑点，主导建设的中国—阿曼（杜库姆）产业园、中国—沙特（吉赞）产业园被列入国家发展改革委 20 个产能合作示范区以及商务部 16 个重点推进境外经贸合作区。中国—阿曼（杜库姆）产业园位于阿曼杜库姆经济特区内。2017 年 4 月 19 日，该产业园举行奠基典礼和签约仪式，建园企业阿曼万方与来自宁夏等地的 10 家企业签署了总额约 32 亿美元的投资意向书，该产业园成为目前单一国家入驻杜库姆经济特区的最大项目，也是中国在阿拉伯国家投资建设的最大产业园区。

杜库姆经济特区市场营销经理贾拉勒 · 拉瓦提介绍，产业园一期建设正在如火如荼地进行，项目总投资额预计超百亿美元。秉持共商、共建、共享原则，杜库姆产业园高度重视中阿人员交流，2016 年启动了阿曼留学生奖学金项目。首批 39 名阿曼留学生在宁夏职业技术学院已完成为期一年半的专业学习后返回阿曼，他们将继续完成企业实习，随后进入产业园工作。苏鲁尔 · 贾尼比是首批留学生之一。他说，留学生们结束学业后能

---

① 新华社新媒体，https：//author.baidu.com/home/1587267721576374。

得到在杜库姆产业园工作的机会，用在中国学到的先进专业知识为国家发展贡献力量。阿曼劳工大臣巴克里对此高度评价，认为这种“授人以渔”式的中阿合作将带来实实在在的互利共赢。

杜库姆产业园是宁夏在“一带一路”框架下“走出去”的一个缩影。2017 年，宁夏新增境外投资企业 17 家，境外直接投资额 7.4 亿美元，境外直接投资企业数比 2012 年增长了近 4 倍，投资目的地扩展到“一带一路”沿线 28 个国家和地区。“走出去”对全区商品、技术、服务出口的拉动作用日益凸显。

卡塔尔官方杂志《多哈》曾专门刊文指出，“宁夏是中阿交流的门户”，预测在中国推进“一带一路”建设的背景下，宁夏有望促进阿拉伯国家与其他地区的互联互通。作为丝绸之路经济带的战略支点之一，宁夏精心打造区域性国际物流中心，重点建设空中、陆上以及网上丝绸之路，架构多层次立体化开放通道，提升物流通道建设水平。2016 年 1 月 15 日，宁夏开通首趟国际货运班列。2016—2017 年，宁夏开往中亚、西亚的国际货运班列共 110 列，出口货物 19.3 万吨，价值约 1.3 亿美元。目前，银川河东国际机场有飞往 76 个城市的 94 条航线，从银川出发，可直飞迪拜、曼谷、大阪、吉隆坡等国际大城市。2017 年，宁夏实现进出口总额 341.3 亿元，同比增长 58.6%，增速位居全国第一，外贸对经济增长贡献率较 2012 年提高了 18.4 个百分点。2018 年，宁夏实现旅客吞吐量 928.56 万人次，其中国际旅客达到 22.4 万人次。在货物和人员的“优进优出”中，宁夏对外贸易和对外经济合作取得历史性突破。①

7.4.5 立足自身优势主动融入“一带一路”建设

7.4.5.1 立足民族地缘优势

面对前所未有的战略机遇，宁夏地区应充分发挥主观能动性，组织专家研究本地区融入“一带一路”建设的优势条件和不足，分析“一带一路”将给本地区带来的发展机遇及挑战，在此基础上，制定适合本地区发

① 新华社新媒体，https：//author.baidu.com/home/1587267721576374。

展的战略决策。发挥宁夏民族地区地缘优势，顺应全球经济一体化趋势，抓住机遇，改变传统民族地区政策局限于国内或限于某一区域市场内部的弊端，将宁夏全区发展规划与“一带一路”建设动态衔接，立足国际市场资源，推动生产要素双向流通，开辟宁夏民族地区经济发展新视野和新空间。尤其是，应积极创建多层次、高频度的与亚洲各国及阿拉伯国家的合作机制，倾力消除影响互联互通的非物理性障碍。[①]

7.4.5.2　注重人文优势

当前，“一带一路”沿线地区的文化交往交流，需要打造新机制、探索新模式。一是要发展宁夏民族地区特色文化旅游。整合具有民族特色的旅游资源，培育生态旅游、乡村旅游、探险旅游、农业旅游等具有宁夏回族地域特色的旅游项目。二是要加强宁夏民族地区内外文化交流。推出民族文化品牌，通过文艺演出、影视剧、合作出版专著图书等多种方式推动宁夏地区对外文化交流。同时，充分利用会展经济的聚集和辐射效应，通过跨区域平台的整体性搭建，联合举办民族地区专项文化交流活动。三是加大“一带一路”沿线民族地区的人文历史研究投入，充分挖掘“一带一路”经济社会资源和历史文化遗产，将民族文化遗产的开发与保护相结合，打造具有浓郁民族特色、历史气息的“丝绸之路”国际旅游文化品牌。

7.4.5.3　致力于实现“一带一路”与宁夏民族地区经济社会共赢发展

为实现宁夏民族地区经济社会共赢发展，宁夏回族自治区应遵循包容差异、开放发展的策略。具体措施如下：

一是协同发展，应立足“一带一路”建设长远发展规划，实现民族地区与大陆经济腹地之间的有效协同，改变内陆封闭型区位条件，提高宁夏民族地区经济抗风险能力。顺应“一带一路”向外输出的大趋势，构建西部民族地区新的经济增长点。

二是差异发展，在综合区域产业优势和跨区域产业链分工的基础上，制定差异化的发展规划和鼓励政策，避免出现因无序竞争产生投资过剩、

① 钟瑛．宁夏要主动谋划融入“一带一路”建设[J]．宁夏社会科学，2019（1）．

重复建设、产业同构等问题，对于不同产业给予不同的政策支持，优先支持优势产业重大项目。同时，配合区域之间产业链分工定位，创新民族地区承接产业转移的政策，完善区域间资源开发及分配机制，为提高宁夏民族地区综合经济实力提供软硬件支撑。

三是开放发展，发挥“一带一路”建设全方位、纵深化的辐射作用，实现宁夏民族地区生产要素向外流动，以更加综合性、多元化的贸易方式，通过连续性跨境贸易政策，创新宁夏民族地区加工贸易模式，扩大双向经济投资，推动宁夏民族地区跨境市场合作的有序进行，实现民族地区边境贸易方式的转型升级。

参考文献

[1] 习近平 . 决胜全面建成小康社会 夺取新时代中国特色社会主义伟大胜利——在中国共产党第十九次全国代表大会上的报告 [R]. 北京 : 人民出版社 , 2017.

[2] 国家发展改革委 , 外交部 , 商务部 . 推动共建丝绸之路经济带和 21 世纪海上丝绸之路的愿景与行动 [M]. 北京 : 人民出版社 , 2015.

[3] 张玉荣 , 尹忠明 . 加快推进宁夏融入“一带一路”建设的路径选择 [J] 北方民族大学学报 , 2019(1): 159.

[4] 宁夏回族自治区统计局 . 宁夏奋进跨越 60 年 [M]. 北京 : 中国统计出版社 , 2009.

[5] 周彤云 . 宁夏对外贸易发展现状分析 [J]. 区域经济 , 2015(35): 113.

[6] 李澜 , 等 . 宁夏回族自治区经济史 [M]. 太原 : 山西经济出版社 , 2016.

[7] 钟瑛 . 宁夏要主动谋划融入“一带一路”建设 [J]. 宁夏社会科学 , 2019(1).

[8] 李晓娜 . 宁夏对外贸易发展的现状及对策分析 [J]. 中国市场 , 2017(17).

第 8 章 宁夏 70 年来金融发展历程

包泽华[①] 姜太碧[②]

从 1949 年新中国成立到 1958 年宁夏回族自治区成立有 10 年时间，宁夏商品经济非常落后，加之地理环境偏僻，道路交通不便，人民的生活状态较为艰难。1952 年，宁夏地区的工业产值仅占工农总产值的 3.7%，而全国平均水平为 23%。“三大改造”完成后，宁夏地区社会主义计划经济体制也基本确立。1953 年，宁夏地区的 GDP 增长率为 –2.89%，1954—1960 年 GDP 有小幅上升。1961 年，受“大跃进”的影响，GDP 又出现负增长的情况。1953—1977 年，GDP 的平均增长率为 9.46%。1953—1977 年的 24 年当中，宁夏经济发展速度缓慢，GDP 增长幅度仍然较低。改革开放以来，宁夏地区的 GDP 总量由 1978 年的 13 亿元上升至 2018 年的 3705.18 亿元，增长了 284 倍；第一产业生产总值由 1978 年的 3.06 亿元上升至 2018 年的 279.85 亿元，增长了约 90 倍；第二产业生产总值由 1978 年的 6.6 亿元上升至 2018 年的 1650.26 亿元，增长了 249 倍；第三产业生产总值由 1978 年的 3.06 亿元上升至 2018 年的 1775.07 亿元，增长了约 579 倍。可见，宁夏回族自治区在改革开放后，经济增速明显加快。[③]

经济发展也带来城乡居民收入的增加。2018 年宁夏回族自治区统计公报显示，2018 年全区全体居民人均可支配收入 22400 元，比 2017 年的 20562 元增长了 8.9%。其中，如果按常住地划分，2018 年城镇居民人均可

① 包泽华（1996— ），男，湖南湘西人，西南民族大学经济学院硕士研究生。

② 姜太碧（1964— ），女，重庆铜梁人，经济学博士，西南民族大学经济学院教授、硕士生导师，主要研究方向为农村经济、产业经济。

③ 根据《宁夏统计年鉴》整理计算。

支配收入 31895 元，比 2017 年的 29472 元增长了 8.2%；农村居民人均可支配收入 11708 元，比 2017 年的 10738 元增长了 9.0%。很明显，农村居民可支配收入增长速度高于城镇居民。另外，2018 年全区居民人均消费支出达 16715 元，比 2017 年增长了 8.9%。其中，2018 年城镇居民人均消费支出达 21977 元，比 2017 年增长了 8.6%；农村居民人均消费支出 10790 元，比 2017 年增长了 8.1%。居民年收入和消费支出的不断增加，预示着宁夏地区人民对金融服务升级与产品多样化的需求也会日益迫切。①

为此，本章将主要从宁夏回族自治区在新中国成立 70 年来的金融发展水平、金融支持产业的变化趋势、金融发展影响因素以及提升宁夏回族自治区金融发展水平的途径 4 个方面进行概要分析。

8.1 宁夏金融发展水平

金融是一个国家和地区经济发展的血液，同时也从侧面反映了一个国家和地区的经济发展水平。本章开篇已对宁夏回族自治区 70 年来的经济发展做了简单回顾，从本节开始将会对宁夏回族自治区金融发展水平进行具体分析。

宁夏回族自治区自 1958 年成立以来，经过 60 年的发展，其金融业从小到大，由弱到强，取得了明显成就。

8.1.1 宁夏地区 GDP 与全国比较分析

改革开放以来，宁夏地区的经济发展迅速，成果显著。1978 年宁夏地区的生产总值为 13 亿元，到 2018 年实现地区生产总值突破 3705.18 亿元。2018 年的生产总值是 1978 年的 285.01 倍。根据统计年鉴数据，可以看到（见表 8-1），2017 年宁夏的地区生产总值指数达到了 107.8%，说明在 2017 年宁夏 GDP 增速为 7.8%，相比全国 2017 年 GDP 6.9% 的增速，宁

① 宁夏回族自治区 2018 年国民经济和社会发展统计公报 [EB/OL].（2019-04-30）[2019-04-30]. http://tj.nx.gov.cn/tjsj_htr/tjgb_htr/201904/t20190430_1470251.html.

夏要高出全国平均值的0.9%。另外，2017年宁夏的人均地区生产总值达到50917元，而在1978年人均生产总值仅为370元，增长了136.6倍。

表8-1还显示，2017年宁夏人均地区生产总值为50917元，虽然相比同期东中部地区（如北京、上海、广东等经济发达地区）的人均地区生产总值还落后很多，也低于全国平均水平（59660元），但相较同期同处西部省区的甘肃（29326元）、青海（44348元）、新疆（45099元）、西藏（39259元）、云南（34545元）、贵州（37956元）、四川（44651元）等，宁夏2017年的人均地区生产总值明显高于以上西部省区。宁夏经济发展为金融发展提供了有利的社会经济环境，主要是为金融机构的发展提供了较以往更大量、更优质的资金，而金融机构对资金的利用又对宁夏地区的经济社会发展起到促进作用。对此本节将会在第二部分具体介绍宁夏金融发展现状。

表8-1 2017年宁夏与全国各地区GDP数据对比

地区	地区生产总值/亿元	地区生产总值指数/%	人均地区生产总值/元
全国	827121.7	106.9	59660
北京	28000.3	106.7	128927
天津	18595.4	103.6	119238
河北	35964	106.7	47985
山西	14973.5	107	40557
内蒙古	16103.2	104	63786
辽宁	23942	104.2	54745
吉林	15288.9	105.3	56102
黑龙江	16199.9	106.4	42699
上海	30133.9	106.9	124571
江苏	85900.9	107.2	107189
浙江	51768.3	107.8	92057
安徽	27518.7	108.5	44206
福建	32298.3	108.1	82976
江西	20818.5	108.9	45187

续表

地区	地区生产总值 / 亿元	地区生产总值指数 /%	人均地区生产总值 / 元
山东	72678.2	107.4	72851
河南	44988.2	107.8	47130
湖北	36522.9	107.8	61972
湖南	34590.6	108	50563
广东	89879.2	107.5	81089
广西	20396.3	107.3	41955
海南	4462.5	107	48430
重庆	19500.3	109.3	63689
四川	36980.2	108.1	44651
贵州	13540.8	110.2	37956
云南	16531.3	109.5	34545
西藏	1310.6	110	39259
陕西	21898.8	108	57266
甘肃	7677	103.6	29326
青海	2642.8	107.3	44348
宁夏	3453.9	107.8	50917
新疆	10920.1	107.6	45099

数据来源：《宁夏统计年鉴（2018）》。

8.1.2 宁夏金融业发展现状

8.1.2.1 银行业发展情况

（1）银行业发展稳健

近年来，宁夏优化金融资源配置，银行业务快速发展，其各项存款资金来源结构与贷款资金运用的优化，为宁夏地区的产业发展与转型提供了有力的资金支持。

由表 8-2 可知，2018 年末全区金融机构本外币各项存款余额达 6046.14 亿元，比 2017 年新增 178.92 亿元，增长 3.0%。其中，住户存款已达 3104.24 亿元，比 2017 年增加 311.72 亿元，增长 11.2%；广义政府存款达1449.14亿元，比2017年增加101.86亿元，增长7.9%。2018年末全区金融机构本外币各项贷款余额为7038.52亿元，比2017年增加577.14亿元，增长8.9%；人民币贷款余额为6807.52亿元，比2017年增加475亿元，增长7.5%。其中，中长期贷款达4228.59亿元，比2017年增加363.69亿元，增长9.3%；票据融资为653.12亿元，比2017年增加240.26亿元，增长58.2%。由此可见，宁夏2018年比2017年在存贷款余额方面都有大幅增加，说明其以银行为主体的金融业发展稳健。

表8-2 2018年末全区金融机构存贷款余额及其增长速度

指标	2018年/亿元	2018年比2017年新增/亿元	2018年比2017年增长/%
本外币各项存款余额	6046.14	178.92	3.0
人民币存款余额	6028.40	179.96	3.1
其中：住户存款	3104.24	311.72	11.2
非金融企业存款	1341.84	–243.99	–15.7
广义政府存款	1449.14	101.86	7.9
本外币各项贷款余额	7038.52	577.14	8.9
人民币贷款余额	6807.52	475.00	7.5
其中：短期贷款	1919.81	–131.20	–6.3
中长期贷款	4228.59	363.69	9.3
票据融资	653.12	240.26	58.2

数据来源：宁夏回族自治区2018年国民经济和社会发展统计公报[EB/OL].(2019-04-30)[2019-04-30].http://tj.nx.gov.cn/tjsj_htr/tjgb_htr/201904/t20190430_1470251.html.

（2）金融机构存贷款规模快速增长

根据历年宁夏统计年鉴数据（见表8-3），截至2017年，宁夏回族自治区的各项存款规模达到了5848.45亿元，而1993年仅为102.76亿元，26年间增长了55.91倍；人均储蓄存款余额、各项贷款分别增长了26.57倍、45.79倍。对比各项增量，我们可以看出，储蓄存款的增速开始下降，这在一定程度上与人们转变消费和储蓄理念有关，然而总体上人们依然保持储蓄的倾向，因此预计未来宁夏人均储蓄存款余额仍能保持正向的低速增长。

表 8-3 1993—2017 年宁夏金融机构存贷款规模变化情况

年份	各项存款 / 亿元	人均储蓄存款余额 / 元	各项贷款 / 亿元
1993	102.76	1251	135.32
1994	140.44	1715	170.49
1995	180.19	2267	210.49
1996	223.99	2802	256.08
1997	262.41	3216	303.04
1998	295.82	3611	339.98
1999	343.87	3919	366.36
2000	396.49	4179	383.23
2001	468.87	4617	441.39
2002	578.16	5406	524.56
2003	746.35	6559	681.61
2004	841.16	7287	762.14
2005	985.34	8607	833.88
2006	1131.22	9686	983.37
2007	1278.52	10115	1184.57
2008	1590.58	12933	1402.56
2009	2058.49	15572	1917.40
2010	2573.64	18644	2398.70
2011	2966.86	21240	2860.58
2012	3495.41	26106	3339.58
2013	3868.47	29003	3910.15
2014	4209.06	31232	4578.49
2015	4805.15	32207	5117.82
2016	5441.54	33190	5667.89
2017	5848.45	34501	6332.61

数据来源：《宁夏统计年鉴（2018）》。

8.1.2.2 保险业发展情况

（1）保费收支规模不断扩大

相关统计资料显示（见表 8-4），2017 年末宁夏回族自治区拥有省级营业性质的保险分公司达 20 家，2017 年度实现保费收入达 165.21 亿元，较上年同比增长23.4%。其中，财产险保费收入达56.04亿元，同比增长21.6%；寿险保费收入达到81.24亿元，同比增长19.1%；健康险保费收入达到23.53亿元，同比增长46.5%；人身意外伤害险保费收入达到4.40亿元，同比增长24.9%。2017年，支付各类赔款和给付额达到49.56亿元，同比增长15.7%。其中，财产险赔付金额达到了26.96亿元，较上年同比增长8.7%；寿险业务赔付金额为15.17亿元，同比增长20.2%；健康险赔付金额6.19亿元，同比增长44.9%；人身意外伤害险赔付金额1.24亿元，同比增长9.4%。

表8-4　2010—2017年宁夏保险业发展变化情况　　单位：亿元

年份	原保险保费收入	财产险保费收入	人身意外伤害险保费收入	原保险赔付支出	财产险支出	人身意外伤害险支出
2010	52.75	17.5	35.24	11.68	7.65	—
2011	55.34	21.88	33.46	14.75	9.01	5.74
2012	62.69	26.47	36.21	19.99	13.16	6.82
2013	72.7	31.4	41.31	24.04	15.79	8.25
2014	83.92	36.37	47.55	29.31	19.4	9.91
2015	103.31	41.01	62.31	34.21	20.87	13.35
2016	133.89	46.09	87.8	42.84	24.82	18.02
2017	165.21	56.04	109.25	49.55	26.96	22.59

数据来源：《宁夏统计年鉴（2018）》。

（2）社会性质类保险业发展情况

相关统计数据显示，2017年末全区参加城镇职工基本养老保险人数达205.91万人，比2016年末增加9.81万人。参加城乡居民基本养老保险人数达185.48万人，比2016年末减少0.72万人。参加基本医疗保险人数618.22万人，增加24.17万人。其中，参加城镇职工基本医疗保险人数达123.46万人，比2016年增加5.99万人；参加城乡居民基本医疗保险人数达494.76万人，比2016年增加18.18万人。参加失业保险人数达88.55万人，同比增加2.85万人。参加工伤保险人数达90.35万人，同比增加6.81万人。参加生育保险人数达81.73万人，同比增加5.19万人。2017年末宁夏享受城市居民最低生活保障人数总计达 10.84 万人，享受农村居民最低生活保障人数达 38.11 万人，享受农村特困人员救助供养人数达 0.99 万人。

另外，从宁夏回族自治区、甘肃省、青海省等大西北地区新型社会养老保险试点参保人数具体情况来看（见表 8-5），虽然这些地区起步较晚，但在促进保险业的多元稳健发展方面，尤其是社保性质的保险上做了前期准备和试点，已经取得一定成效。从前期两年试点中可以看出，这些地区的新型社会养老保险参保人数都有大幅增加，其中宁夏回族自治区增加了 6.08 倍，是大西北地区新型社会养老保险试点地区增长最快的省区，无疑这将会为未来大西北地区保险创新提供本地区独有的数据与实践经验。

表 8-5　2010—2011 年大西北地区新型社会养老保险试点参保人数

年份	西藏	甘肃	青海	宁夏	新疆
2010	80.45	185.49	65.05	24.71	357.92
2011	119.08	781.63	176.97	175.09	490.58

数据来源：《中国统计年鉴（2018）》。

8.1.2.3　证券业发展情况

（1）上市公司数量不断增加

根据中国证监会宁夏管理局最早于 2008 年 2 月末发布的数据来看，截至 2008 年 2 月，宁夏回族自治区辖区有 11 家上市公司，11 家公司总股本为 25.376 亿股，参与流通的股本共 17.359 亿股，总市值达 373.15 亿元，可供交易买卖的流通市值达 247.78 亿元。2017 年末，辖区有 13 家上市公司，13 家公司总股本 103 亿股，总市值达 916.64 亿元，可供投资者交易买卖的流通市值 572.81 亿元。上市公司在近 10 年内只增加了 2 家，增幅较小，为 18.18%；上市公司总股本，2017 年比 2008 年上升 305.9%；总市值同比上升 145.65%；可供交易的流通市值同比增长 131.18%。

截至 2017 年，宁夏回族自治区已有 66 家公司在中小板[①]挂牌上市，

① 全国中小企业股份转让系统。

总市值为219.16亿元。在主板挂牌上市的13家公司中，上交所挂牌上市5家，深交所挂牌上市8家。13家上市公司主要分布于银川市、石嘴山市等经济较发达的市区。其中银川市7家，石嘴山市3家，剩余3家上市公司，吴忠市有2家，中卫市有1家。

虽然2017年上市公司数量相比2008年的变化不大，增长较缓慢，但是可以看出，宁夏回族自治区在公司治理、推动公司上市等方面的改善力度正不断加强，这也为后期宁夏地区更多公司的融资上市提供了一定的经验。

（2）证券公司数量、从业人数明显增加

中国证监会宁夏管理局于2008年2月发布的宁夏证券期货市场综合统计月报显示，截至2008年2月底，宁夏回族自治区证券营业部有12家，证券服务部有5家。其中，只有格林期货公司银川营业部（以下简称“格林期货”）和甘肃陇达期货公司银川营业部（以下简称“陇达期货”）拥有期货经营资质。而中国证监会宁夏管理局于2017年12月发布的宁夏证券期货市场综合统计月报显示，辖区有40家基金代销机构，其中包括1家独立基金销售机构，证券类26家，期货类1家，银行类12家。

2017年12月，宁夏回族自治区证券营业部共56家，按所处区域进行划分，分别为：银川市兴庆区28家，从业人数373人；金凤区15家，从业人数184人；西夏区1家，从业人数13人；灵武市1家，从业人数6人；石嘴山市大武口区2家，从业人数20人；惠农区1家，从业人数9人；平罗县1家，从业人数3人；吴忠市利通区3家，从业人数34人；同心县1家，从业人数2人；中卫市沙波头区2家，从业人数15人；固原市原州区1家，从业人数8人。2017年宁夏证券从业人员共计667人，较2016年增长2.14%。

相比2008年2月，宁夏回族自治区证券服务部在数量上增加39家，值得肯定的是银行类基金代销组织增加，在原有期货经营资质的格林期货、陇达期货基础上，增加了专营期货营业部1家，独立基金销售机构增加1家。

8.2 宁夏金融支持产业的变化趋势分析

金融产业通常也称为金融业，金融支持产业一般指的是能对金融业的良性发展起到促进作用的产业，一般而言，现实中实体产业的发展均与金融业的发展紧密相关。一方面，金融业发展能为实体产业发展提供资金支持；另一方面，实体产业发展又为金融业壮大积累了资金，使金融业的存贷款市场更加繁荣。本节通过将保险业、银行业、建筑业、基础投资等行业的发展与金融发展挂钩，来分析宁夏金融支持产业的发展变化趋势。

8.2.1 保险业稳定发展，为金融发展提供了优质资金来源

由表 8-6 可知，截至 2017 年，宁夏地区的保费规模已由 2000 年的 5.06 亿元增加到 2017 年的 165.21 亿元，保费规模增长了 31.65 倍；保险公司赔付金额 2017 年比 2010 年增长了 3.24 倍；保险公司留存率（即保费收入减去赔付支出等再除以保费收入的百分比）由 2010 年的 77.86% 下降到 2017 年的 70%，虽在百分比上有所减少，但是我们可以看出，宁夏地区的保费收入仍以较高的比率逐年增长。这也为宁夏地区的金融发展以及提升其金融服务水平提供了比较充足的优质资金。

表 8-6 2000—2017 年宁夏保费收入及赔付等基本情况

年份	保险公司保费收入 / 亿元	保险公司赔款及给付金额 / 亿元	保险公司留存率 /%
2000	5.06	—	—
2010	52.75	11.68	77.86
2015	103.31	34.21	66.89
2016	133.90	42.84	68.01
2017	165.21	49.56	70.00

数据来源：《宁夏统计年鉴（2018）》。

8.2.2 金融机构的存款规模逐年扩大

宁夏 2018 年统计年鉴数据显示，辖区存款规模由 2000 年的 396.49 亿元增长到 2017 年的 5848.45 亿元，短短 18 年间实现了 13.75 倍的增长。

银行等金融机构存贷款规模不断扩大，新的贷款进入基础设施建设和实体经济产业，为产业发展提供了大量资金支持，从而增强实体产业发展实力，为实体经济有可能积累大量盈余资金创造了条件，反过来又为金融机构的存款规模扩大打下了基础。

8.2.3　建筑业等行业对金融服务的需求较大

由表 8–7 可知，2017 年宁夏对固定资本的需求总量为 3835.67 亿元，其中非住宅建筑物（包括公路、市政建设、商业办公大楼、学校、医院等建筑）的需求总量为 2209.22 亿元。宁夏回族自治区 2018 年银行等金融机构的中长期贷款余额为 4228.59 亿元，其占人民币贷款总额的 62.12%，而中长期贷款绝大部分用于建筑或基础设施等建设中，这也在一定程度上间接说明建筑业对银行业贷款的依赖度比较高。总体来看（见表 8–7），2017 年宁夏回族自治区住宅、非住宅建筑物、机器和设备对资金的需求分别为 632.44 亿元、2209.22 亿元、941.12 亿元，这三者分别占固定资本需求总额的 16.49%、57.60%、24.54%。

表 8–7　2017 年宁夏固定资本需求形成总额

指标	绝对数 / 亿元	构成 /%
固定资本需求形成总额	3835.67	100.00
住宅	632.44	16.49
非住宅建筑物	2209.22	57.60
机器和设备	941.12	24.54
土地改良支出	1.35	0.04
矿藏勘探费	11.15	0.29
计算机软件	15.55	0.41
研发支出	24.84	0.65
交通运输、仓储和邮政业	6.79	–23.58
批发和零售业	1.08	–3.75
住宿和餐饮业	–0.04	0.14
房地产业	1.90	–6.60
其他行业	–0.93	3.23

数据来源：《宁夏统计年鉴（2018）》。

各省（区、市）建筑业主要经济指标显示，宁夏地区与全国各省（区、市）相比，特别是与北京、上海、江苏、浙江、广东等发达东部省市相比，建筑业总产值、施工面积、竣工面积和企业数等远远落后于发达地区。即使在西部地区，宁夏的建筑业发展情况排名靠后（见表 8-8）。因此可以预见，伴随着宁夏地区城镇化与建筑业水平不断提升，建筑业对资金的需求还会进一步增加，说明宁夏的金融产业仍有较大的发展潜力。

表 8-8　2017 年全国各省（区、市）建筑业主要经济指标

地区	总产值 / 亿元	施工面积 / 万平方米	竣工面积 / 万平方米	企业数量 / 家
全国总计	213954.0	1317195.4	419074.1	88059
北京	9736.7	65290.1	9844.4	2683
天津	4262.4	15231.2	3218.4	1563
河北	5656.0	34565.9	9835.9	2522
山西	3566.6	15861.8	3552.6	2538
内蒙古	1122.2	5453.9	2031.5	886
辽宁	3687.9	16509.0	5320.6	5186
吉林	2219.0	9336.2	3834.3	2323
黑龙江	1560.1	4768.7	2127.0	1614
上海	6426.4	41197.5	8066.5	2554
江苏	27956.0	232034.2	75454.3	8640
浙江	27235.8	205855.0	66565.3	6230
安徽	6829.4	42711.3	14980.0	3111
福建	9993.6	65711.8	16895.0	4029
江西	6166.8	30726.8	15042.2	2372
山东	11477.8	77332.7	23344.4	6717
河南	10085.5	55688.8	20226.0	5757
湖北	13391.2	79247.6	30836.9	3690
湖南	8422.9	54603.9	19840.3	2280
广东	11372.5	60112.8	16687.3	4902
广西	4210.1	25598.0	8438.6	1235
海南	322.8	2060.5	562.5	152
重庆	7608.0	33210.8	13448.2	2707
四川	11400.3	58278.7	21648.3	4501
贵州	2933.0	18041.2	4714.1	1029
云南	4726.4	17318.1	7451.8	2656

续表

地区	总产值 / 亿元	施工面积 / 万平方米	竣工面积 / 万平方米	企业数量 / 家
西藏	147.9	352.7	153.8	231
陕西	6227.5	26977.3	6981.6	2388
甘肃	1825.4	9777.6	3031.5	1363
青海	406.8	861.2	338.6	363
宁夏	549.2	2569.4	791.8	681
新疆	2428.1	9910.6	3810.2	1156

数据来源：《中国统计年鉴（2018）》。

8.3　宁夏金融业发展影响因素分析

影响金融业发展的因素有很多，如宏观环境、政策制定、金融服务需求者的预期等。但是每个地区的金融发展影响因素会由于自身的资源禀赋而有所不同。本节将从宏观经济环境的影响、金融市场结构本身存在的不足等方面进行分析。

8.3.1　经济发展带来的影响

2018 年，按常住人口计算，宁夏人均生产总值 54094 元，增长了 6%。其中，自治区的地区生产总值为 3705.18 亿元，实现年增长 7%。2010 年以后，我国 GDP 增速逐渐由两位数的高速增长模式变为一位数的中低速增长模式，经济增长方式也由追求数量转变为追求质量。全国范围内增长模式的转换，自然也会影响到宁夏地区金融发展向高附加值、高质量增长转变，从而促进宁夏地区金融结构的调整与优化。

8.3.2　宁夏金融结构存在的问题

8.3.2.1　金融市场规模与融资总量偏小

20 世纪 80 年代中国打开国门、吸引外资谋求发展以来，全国金融市场的规模与融资的数量不断上升。伴随着改革开放的春风，宁夏的金融市场与融资规模也在不断地上升，但与全国平均水平相比，宁夏金融市场的融资规模仍落后于国内其他大部分省份。中国人民银行公布的2017年社会融资规模数据报告显示，宁夏融资规模排名靠后。

由图8-1可知，2013年，广东、北京、江苏、山东、浙江、上海六省市年融资规模分别为13826亿元、12556亿元、12070亿元、10838亿元、8345亿元、7964亿元。相比而言，宁夏社会融资规模最少，仅为664亿元，其中广东等六省市分别是宁夏的20.82倍、18.91倍、18.18倍、16.32倍、12.57倍、11.99倍。到2017年，以广东为代表的六省市年融资规模分别为22091亿元、8255亿元、15244亿元、8498亿元、13331亿元、11748亿元，而宁夏地区社会融资规模仅为865亿元，广东等六省市的融资规模分别为宁夏的25.54倍、9.54倍、17.62倍、9.82倍、15.41倍、13.58倍。虽然2017年宁夏与2013年相比增长了0.3倍，但可以看出，宁夏与广东等六省市的差距仍然很大，甚至与有的省份相比呈现出差距扩大的趋势。

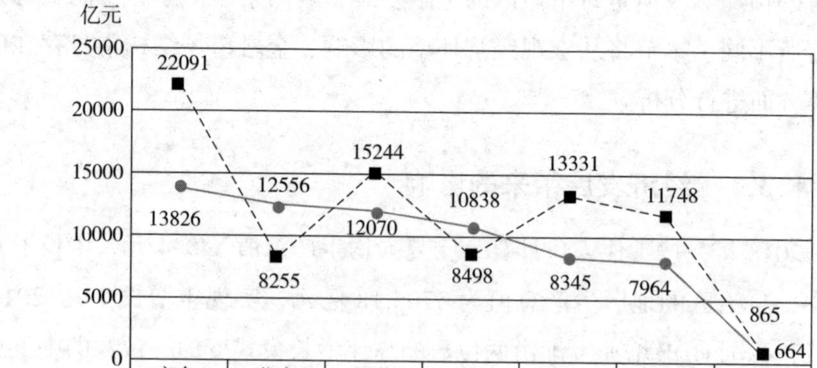

	广东	北京	江苏	山东	浙江	上海	宁夏
—●—2013年	13826	12556	12070	10838	8345	7964	664
-■-2017年	22091	8255	15244	8498	13331	11748	865

图8-1 2013年、2017年广东等六省市与宁夏融资规模对比

资料来源：中国人民银行2017年统计数据。

另外，根据2017年社会融资规模数据报告，宁夏回族自治区与中部的湖北省、湖南省、安徽省、江西省四省差距也较大，中部四省2017年社会融资规模分别为13391.2亿元、8422.9亿元、6829.4亿元、6166.8亿元，中部四省的融资规模分别是宁夏的15.5倍、9.74倍、7.90倍和7.13倍。即使与西部地区诸如陕西、甘肃、新疆等省区相比，宁夏地区的融资规模仍总量较小。受制于其经济总量，宁夏金融机构对资源的配置处于劣势，这对宁夏地区经济发展的潜力形成了制约。

8.3.2.2　金融市场结构不合理导致融资手段单一

20 世纪 50 年代以来，宁夏金融市场逐渐发展，且发展态势向好，但是其金融市场结构不合理问题明显。从类别来看（见表 8–9），宁夏在企业债券发行方面增量虽为负数，但是数量极少。这一方面说明企业债券发行的规模不够大，另一方面说明中小企业面临着难以通过发行债券来筹资的困境。

从机制来看，宁夏地区委托贷款数量相较其他大部分省（区、市）仍有一定的差距。例如，北京市 2017 年委托贷款规模为 1082 亿元，信托贷款为 1571 亿元，而宁夏地区的委托贷款仅 49 亿元，信托贷款更是为 0，信托贷款为 0 这样的情况也仅发生在广西、海南、宁夏三个省区，由此可以得出：第一，宁夏地区委托贷款的需求少，但配以其 865 亿元的融资规模，49 亿元的量级仍较少；第二，宁夏地区信托贷款为零，并非是没有对信托贷款的需求，更有可能的是金融市场的机构不合理所带来的信用机制建立不完善的问题。

从行业来看，宁夏地区大部分存贷款的增长都归功于银行业，这也正是宁夏银行等金融机构近年来发展迅速的重要原因。2017 年的统计数据显示，宁夏当年的金融机构人民币各项存款规模达 5848.45 亿元，而在 2000 年，这一指标仅为 396.49 亿元。而宁夏地区 2017 年的境内存款 5847.7 亿元规模中，非金融企业存款总额仅为 1591.31 亿元，非银行业金融机构存款仅为 122 亿元。统计资料显示，宁夏 2014 年各项贷款占全区资金运用总量的 70%，而在 2017 年社会资金运用合计为 7429.66 亿元，各项贷款达 6332.6 亿元，这一比例上升到超过 89%。宁夏全区对人民币贷款的依赖度在 85% 以上，这从侧面反映出该地区金融机构不合理所带来的融资渠道单一问题。

债券以及发行票据融资是一种很好的获得优质资金的手段。统计数据显示，宁夏 2013 年债券发行总额为 30 亿元，2014 年第一、第二季度债券融资总额达 90.7 亿元，2017 年发行票据融资 412.9 亿元。虽然债券发行与票据融资发展迅速，但是从总体来看规模和占比还是很小，既无法对宁夏地区的金融业发展起到很好的促进作用，也无法满足企业发行票据的融资需求。

表 8-9　2017 年全国地区社会融资规模增量统计　　单位：亿元

地区	地区社会融资规模增量	其中：						
		人民币贷款	外币贷款（折合人民币）	委托贷款	信托贷款	未贴现银行承兑汇票	企业债券	非金融企业境内股票融资
北京	8255	7206	–232	1082	1571	130	–2748	959
天津	2790	2754	109	–224	–132	378	–231	51
河北	8346	5532	40	98	1881	61	297	170
山西	3203	2246	–14	194	158	–8	460	50
内蒙古	2104	2096	4	72	–218	15	–111	84
辽宁	3936	2779	–130	–176	37	1331	–314	223
吉林	1568	818	–14	148	34	87	137	150
黑龙江	2394	1449	–64	109	357	312	56	53
上海	11748	7606	–52	221	1869	298	351	1144
江苏	15244	11000	142	375	620	–99	1946	762
浙江	13331	8718	–218	746	1282	257	911	1166
安徽	7038	4287	76	331	1197	276	379	262
福建	5263	4069	–48	–62	563	282	17	251
江西	5347	3981	62	419	838	–222	78	55
山东	8498	5874	48	673	501	39	307	582
河南	6802	5237	143	177	526	74	82	251
湖北	7281	5024	17	521	902	–112	460	258
湖南	6430	4308	–1	187	288	332	731	353
广东	22091	15244	–67	242	2794	1292	413	1305
广西	3421	2594	–6	266	0	434	34	8
海南	856	797	–4	–152	0	126	14	20
重庆	3719	3080	–163	–83	174	–64	–11	57
四川	7391	5318	234	778	446	–520	383	207
贵州	4046	3002	8	530	230	63	193	20

续表

地区	地区社会融资规模增量	其中：						
		人民币贷款	外币贷款（折合人民币）	委托贷款	信托贷款	未贴现银行承兑汇票	企业债券	非金融企业境内股票融资
云南	3151	2356	11	237	326	–127	95	127
西藏	1019	996	–1	30	–96	28	30	16
陕西	5926	2758	–36	244	2198	220	83	320
甘肃	2894	1754	30	74	1144	–214	–54	32
青海	1208	642	1	36	577	29	–109	0
宁夏	865	665	–2	49	0	119	–8	15
新疆	3039	2315	–17	216	65	69	103	171

数据来源：中国人民银行 2017 年统计数据。

8.3.2.3　上市公司数量较少制约了金融市场的发展

自 1994 年宁夏第一家股份有限公司挂牌上市开始，宁夏地区的居民开始有机会买卖交易本地区公司的股票。但经过 20 余年的发展后，2017 年宁夏地区上市公司数量仅有 13 家，占全国上市公司总数的比例不足 1%。从东部地区与宁夏地区股份有限公司的企业法人数量比较来看，宁夏地区股份有限公司的法人数远远落后于东部地区。2017 年股份有限公司的基数较小，制约了宁夏地区出现更多上市挂牌上市公司的可能，见表 8–10。

表 8–10　2010—2017 年东部等发达地区与宁夏股份有限公司企业法人数量比较　单位：家

年份	北京	天津	河北	辽宁	上海	江苏	浙江	福建	山东	广东	海南	宁夏
2010	5113	1809	6669	4737	1741	9031	4409	4077	9819	8477	899	341
2015	5583	2853	7284	7299	2027	12893	4903	7258	11160	15812	1228	613
2016	5952	3000	8912	7518	2224	13429	5143	7534	14093	17161	1405	685
2017	6177	2884	4778	7694	2386	10324	5531	7947	9376	19291	1733	401

数据来源：中国人民银行 2017 年统计数据。

如果将宁夏地区股份有限公司的企业法人数量与西部地区进行比较（见表 8–11），宁夏的公司基数在西部地区也排在末位，与排名靠前的四川、重庆、陕西等省市的差距较大。股份有限公司数量有限，将会导致打包上市、分销债券、证券公司开设等一系列金融服务的短缺，而这又将导致宁夏地区新上市公司筹资的能力下降，也不利于当地金融服务的提升。

表 8-11　2010—2017 年西部地区与宁夏股份有限公司企业法人数量比较　单位：家

年份	内蒙古	广西	重庆	四川	贵州	云南	西藏	陕西	甘肃	青海	宁夏	新疆
2010	2722	3750	3525	7185	1632	2864	175	2664	1757	376	341	—
2015	3016	5011	4070	6549	2563	4432	266	3808	2510	547	613	1548
2016	3278	5078	4473	7069	2717	5227	279	4426	2694	611	685	1653
2017	2866	2618	2941	7579	2653	2796	286	4202	2732	391	401	1807

数据来源：中国人民银行 2017 年统计数据。

8.4　提升宁夏金融发展水平的途径

金融发展水平对一个地区的经济发展发挥着巨大的促进作用，一个地区的金融发展水平越高，其地区经济发展的程度就越好，反之就越差。本节将从以下几点对提升宁夏地区的金融发展水平提出建议。

8.4.1　提升绿色金融发展水平

宁夏回族自治区人民银行银川中心支行于 2017 年制定并印发了《宁夏回族自治区银行业金融机构（法人）绿色信贷业绩评价实施细则（试行）》（以下简称《实施细则》）。《实施细则》促使宁夏金融行业的主体如银行等金融机构全方位启动对绿色信贷业绩评价工作。近年来，宁夏顺应时代发展提出了生态立区战略，该战略激发了如银行等主体板块的积极性，使银行等主体在提升宁夏回族自治区绿色贷款规模和增长速率方面发挥了主要作用。

宁夏回族自治区人民银行银川中心支行发布的数据显示，截至 2018 年 12 月，宁夏绿色贷款余额比上年增长 14.5%，高于短期贷款、中长期贷款等各项贷款 7 个百分点。绿色贷款占宁夏贷款余额的 10.7%。其中，绿色贷款主要是以贷款融资来促进环境友好型企业的投资建设活动，如引黄灌区防护林、包兰铁路防护林、中卫南山太子防护林、毛乌素沙地综合治理工程等有利于促进宁夏地区绿色经济发展的重大举措。宁夏回族自治区金融机构提升对环保型企业建设工程的贷款比率与规模，其好处表现在：一是可以出清传统采掘行业（如低效的煤矿业）对社会资金的占用；二是绿色贷款所支持的产业或者企业，同时也是政府重点扶持的行业，企业本身的运营、偿付能力较强，银行等金融机构贷款的借出，会出现较以往更低的坏账率与损失率。这种发展趋势也提升了银行等金融机构参与宁夏回族自治区建设的积极性。

8.4.2 充分利用脱贫攻坚带来的金融发展机遇

2013 年脱贫攻坚工作开展以来，宁夏地区政府工作重心从全区整体脱贫转移到聚焦精准扶贫，每年年度脱贫攻坚任务保质保量按期完成，如 2017 年宁夏回族自治区盐池县实现摘帽脱贫。新一年工作开展后，又有 19.3 万宁夏同胞实现脱贫迈向小康之路，2017 年盐池县贫困发生率下降到 6%。在精准扶贫工作中，宁夏因地制宜地推出了“脱贫富民 36 条”，用于扶贫的资金投入为 56 亿元，发放 58 亿元小额贷款用于扶贫，宁夏回族自治区政府对 70 亿元的涉农资金进行了统筹整合。异地搬迁安置 4 万人，新建移民住房 1.06 万套。10.5 万人次的贫困劳动力接受了基本的技能培训，贫困地区农民人均可支配收入达 8347 元①，按照 19.3 万人次来计算脱贫工作后的收入，贫困地区脱贫农民的总收入增加到 16.10 亿元，且预计可持续增长。从 58 亿元由金融机构发放的用于贫困地区产业扶贫的资金来看，首先政府会对贷款偿还进行背书，机构不用担心违约问题；其次响应国家政策，可以提升宁夏人民群众对出借机构的社会信任度。这一举措将会优化如银行等金融机构的业务模块，除传统的涉农贷款外，新增的扶贫小额贷款业务模块，将会进一步提升金融机构的发展活力以及促进宁夏地区的经济发展，经济发展取得新的重大进步又会反哺该地区的金融行业。

① 宁夏回族自治区 2017 年国民经济和社会发展统计公报 [EB/OL].（2018-05-10）[2018-05-10]. http：//tj.nx.gov.cn/tjsj_htr/tjgb_htr/201805/t20180510_1470250.html.

8.4.3 提供多样化的金融产品服务

在本章第一节对宁夏金融发展的先导简介中，我们对宁夏地区的历年经济发展做了相应的回顾，经济总量决定了金融发展水平的起点，而收入的不同也会导致金融服务消费者对不同产品的偏好。2017 年统计公报显示，2017 年全区全体居民人均可支配收入 20562 元，比上年增长 9.2%。其中，城镇居民人均可支配收入为 29472 元，增长 8.5%；农村居民人均可支配收入为 10738 元，增长 10.0%。2017 年全区居民按照收入区间分为五个群体，低收入群体人均可支配收入为 5083 元，中等偏下收入群体人均可支配收入为 11009 元，中等收入群体人均可支配收入为 17807 元，中等偏上收入群体人均可支配收入为 29486 元，高收入群体人均可支配收入为 56122 元。[①] 相比而言，2018 年全区全体居民人均可支配收入为 22400 元，比上年增长 8.9%。其中，城镇居民人均可支配收入为 31895 元，增长 8.2%；农村居民人均可支配收入为 11708 元，增长 9.0%。[②] 可以看到，虽然全区居民的可支配收入增速在不断下降，但收入仍然以较高的速度增长。

根据经济学中收入与消费的线性关系理论，收入与消费呈线性关系，即收入增加，消费也会增加。不同收入水平，还决定了其消费结构和对金融产品的需求结构有所不同。例如：低收入群体的金融服务主要需求体现在储蓄以预防风险；中等收入群体的需求主要是通过消费金融产品获取较高的收益；高收入群体对金融产品及服务的主要需求为实现资产价值保值，并期望获得一定的增值收益。而宁夏地区的现实情况是：针对低收入人群的金融服务仍处于储蓄阶段；针对高收入人群的金融产品与服务大部分以基金为主。宁夏地区需要减少对低收入人群的金融排斥，可以针对低收入人群推出有一定利率的活期存款，如中国邮政储蓄银行推出的浮息为 3.55% 的 3 年定期存款等。针对中高收入人群，主要以债券、股票等收益高、风险更大的产品为主，而这就需要宁夏地区金融监管当局采取一系列举措规范当地的证券交易以及保护中小投资者的利益。

---

①② 宁夏回族自治区 2017 年国民经济和社会发展统计公报 [EB/OL].（2018-05-10）[2018-05-10].http：//tj.nx.gov.cn/tjsj_htr/tjgb_htr/201805/t20180510_1470250.html.

8.4.4　金融体制改革

金融发展的活力缺不了金融体制改革。金融体制改革主要包括银行业金融体制改革、非银行业金融机构改革、农村金融改革、证券业体制改革、保险行业体制改革等。本章综合了宁夏金融发展水平的现有成就与阻碍，发现宁夏地区可以从银行业金融体制改革、非银行业金融体制改革、农村金融改革三个方面作出一些有益的尝试。

8.4.4.1　银行业金融体制改革

银行业金融体制改革主要集中在对中小企业的贷款发放，根据已有数据统计，中小企业融资难问题一直难以解决，究其原因，主要是因为中小企业经营规模小、经营风险高、偿付能力弱。但是，中小企业已逐渐成为社会经济增长的助推器、就业创造的孵化园。大型企业尤其是国企产能过剩、效率低下，对社会占有资金率高。2017 年宁夏回族自治区对社会贷款需求的数据显示，银行业金融机构的贷款超过社会总需求的 85% 以上，而银行业贷款中 75% 以上发放给了国企等大型企业。银行贷款的盈利能力有所下降，主要是因为国企等大型企业的贷款主要用于中长期建设，在短期内银行难以收到贷款应得的回报与本金偿还，增加了其可能出现坏账的风险；而中小企业难以贷到款，缺乏资金，会进一步削弱社会经济发展的动力，减少社会工作岗位，同时也不利于营商环境的建设。现实中，银行对于中小企业贷款存有疑虑，对此可从政府层面设立中小企业发展互助基金，由政府牵头、银行出资，用以支持发展潜力大的、有技术没资金的中小企业，而对这种企业的审查，可以由政府、银行、第三方评估机构来设立完成。银行对企业要求方面，除了监督企业不断提升自身运营与抗风险的能力，还可以要求其用企业有价值的资产做抵押或者经营状况良好的企业为其背书，而背书条件来源于由该公司的三方评估（政府、银行、第三方评估机构）所出具的报告，避免融资企业对背书企业的违约。

8.4.4.2　非银行业金融体制改革

非银行业金融体制改革，可以主要集中在如证券公司的整治、保险业的经营规范、金融服务企业的监管等方面。针对非银行业金融机构的改革，信用评级是其需要改革的重点，目前很多金融服务公司存在对客户的信用审查不严、数据收集与储存不合理、与官方征信机构的合作之间流程不合理等具体现实问题。针对以上情况，官方监管组织可以吸收上海、深圳等地的发展经验，集合当地信誉良好的中大型公司组织试点，为未来决策制定提供先行经验，也会改善目前非银行业金融机构行业的良莠不齐的局面。

8.4.4.3 农村金融改革

农村金融改革主要领域集中在土地流转带来的土地金融与土地财政问题。目前我国土地所有权虽仍归国有，但其权属体系已逐步完善。诸如放开使用权的交易权限、农村宅基地实行审批制等一系列利好政策的出现，使农村土地特别是连片的耕地、宅基地的金融价值，或者可以称之为获取银行贷款支持的融资价值在逐步上升。随之而来的银行抵押、流转拍卖等金融活动频次也会随着农村土地价值的增加而增多。目前可以尝试的领域包括增强农村信用社或农村商业银行的金融功能，如吸收存款、对抵押耕地与宅基地的融资能力，以及随之而来的预防投机与信用风险的可能。

参考文献

[1] 宁夏回族自治区统计局 . 宁夏奋进跨越 60 年 [M]. 北京：中国统计出版社 , 2009.

[2] 宁夏回族自治区统计局 , 国家统计局宁夏调查总队 . 宁夏统计年鉴 (2018)[M]. 北京：中国统计出版社 , 2018.

[3] 李澜 , 等 . 宁夏回族自治区经济史 [M]. 太原：山西经济出版社 , 2016.

[4] 周彤云 . 宁夏金融市场发展问题探析 [J]. 现代商业 , 2015(36): 73–74

[5] 孙银春 . 宁夏农村金融发展研究 [D]. 咸阳：西北农林科技大学 , 2016.

[6] 倪国梁 . 优化宁夏投融资政策环境研究 [D]. 咸阳：西北农林科技大学 , 2004.

第9章 宁夏70年来生态环境改善探索

吴雨轩[①] 姜太碧[②]

宁夏地处我国西北内陆，是生态环境较为脆弱和敏感的区域。宁夏地区的生态环境建设好坏，不仅直接关系到我国西北地区生态环境质量，也决定了我国整个北方生态防线建设的成败。因此，本章主要对宁夏回族自治区自新中国成立70年来在生态环境保护与建设中的历史进程、制约因素及改善路径进行简要分析。

9.1 宁夏生态环境变化现状

宁夏跨暖温带半湿润区至温带干旱区三个气候区，处于我国干旱和半干旱地区、荒漠和草原的过渡地带及北方的环境脆弱带，其中3/4属干旱、半干旱区域，对气候波动反应敏感，属于环境变化频率高、幅度大、多灾易灾的地带。宁夏生态环境十分脆弱，水土流失严重，风沙灾害多发，植被稀疏，森林资源匮乏。宁夏地域面积虽小，却涵盖了西北地区所有的生态类型，有草原、森林、荒漠、湿地、农田等。

① 吴雨轩（1996— ），女，四川广元人，西南民族大学经济学院硕士研究生。

② 姜太碧（1964— ），女，重庆铜梁人，经济学博士，西南民族大学经济学院教授、硕士生导师，主要研究方向为农村经济、产业经济。

9.1.1 宁夏生态环境建设基本情况

9.1.1.1 环保系统机构建设与人员构成情况

2001—2017 年，宁夏的环保机构建设和人员组成经历了从逐渐增多到逐渐下降又逐渐回升的波动变化过程（见表 9–1）。具体来看，环保机构总数从 2001 年的 43 个增加到 2014 年的 69 个，然后又逐渐下降到 2017 年的 37 个；环境监测站从 2001 年的 5 个增加到最多时的 18 个后又下降到 2017 年的 12 个；环保监察机构从 2001 年的 5 个增加到最高时的 24 个后又下降到 2017 年的 22 个；环保系统的人员总数从 2001 年的 629 人增加到 2015 年的 1030 人后又下降到 2017 年的 719 人，其中监测人员从 2001 年的 159 人增加到 2017 年的 378 人，监察人员从 2001 年的 61 人增加到 2017 年的 330 人，且监测人员数量一般都高于监察人员数量。

表 9–1 2001—2017 年宁夏环保系统建设情况

年份	机构总数 / 个	监测站 / 个	监察机构 / 个	人员总数 / 人	监测人员 / 人	监察人员 / 人
2001	43	5	5	629	159	61
2005	55	11	—	713	243	—
2008	44	7	9	830	212	168
2010	62	15	17	1008	306	277
2011	65	18	24	985	336	290
2012	65	18	24	985	336	290
2013	65	13	20	985	338	405
2014	69	17	15	921	329	239
2015	62	14	18	1030	300	306
2016	54	19	18	938	305	301
2017	37	12	22	719	378	330

数据来源：《宁夏统计年鉴》。

另外，在人员构成中，由图 9–1 可以看出，2001—2017 年宁夏的监察人员在波动中逐渐增长，从 2001 年开始快速上升，之后逐步攀升到 2013 年达到最高点，然后 2014 年又处于阶段低点，之后开始缓慢攀升；

而从事环境技术监测的监测专业人员，从2001—2017年的变化趋势走向来看，虽然其间出现波动，但总体上基本表现为缓慢攀升的过程，而且绝大多数时期内，环保监测人员数量均高于环保监察人员数量。这说明宁夏在这十几年内对环境监测与监察的力度逐渐加强，对环境保护愈加重视。

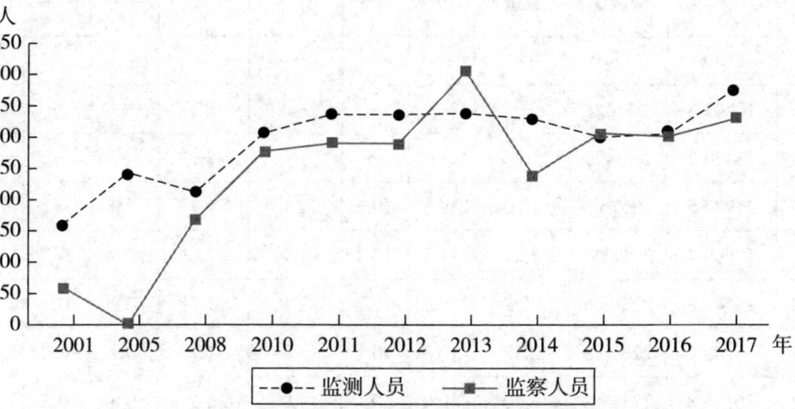

图9-1　2001—2017年宁夏监测人员和监察人员变化情况

9.1.1.2　污染物排放与处理情况

（1）废水排放情况

2017年，黄河干流宁夏段监测的6个国控断面均达到Ⅲ类优水质，水质总体好转；9条黄河支流水质总体为轻度污染；8个沿黄重要湖泊水库水质总体为轻度污染；国家考核的11个城市集中式饮用水水源地、1个国家趋势科研水源地、4个非国控地表水型水库水源地中，有5个水源地个别项目存在超标现象，其余水源地监测项目均达到饮用水水源标准；13条主要入黄排水沟水质总体为重度污染。

总体来看，1990—2017年，宁夏的工业废水排放量经历了从逐渐增加到逐渐减少的过程，排放量从1990年的8612万吨增加到2010年的2.20亿吨后又下降到2017年的1.09亿吨。城镇生活污水排放量从2001年的9274万吨增加到2013年的2.28亿吨，在12年内增加了约146%，到2017年下降到1.98亿吨。化学需氧量排放量从2010年的24万吨减少到2017年的10万吨。工农业化学需氧量排放量都有一定程度的下降，但生活化学需氧量排放量却在增加。氨氮排放量也一直在减少，从 2010 年的 1.8 万吨减少到 2017 年的 0.6 万吨，下降了约 66.67%（见表 9-2）。

表 9-2　1990—2017 年宁夏废水等污染物排放情况　　单位：万吨

年份	工业废水排放量	城镇生活污水排放量	化学需氧量排放量	工业	农业	生活及其他	氨氮排放量	工业	农业	生活及其他
1990	8612	—	—	—	—	—	—	—	—	—
2001	10449.6	9274.0	—	—	—	—	—	—	—	—
2005	21410.7	14406.0	—	—	—	—	—	—	—	—
2010	21977.5	18676.3	24.0	11.3	10.6	2.1	1.8	1.0	0.2	0.6
2011	18666.4	20138.0	23.4	11.2	10.3	1.9	1.8	0.9	0.2	0.6
2012	16547.8	22388.6	22.8	10.5	10.2	2.1	1.7	0.9	0.2	0.7
2013	15708.1	22809.8	22.2	10.3	10.1	1.8	1.7	0.9	0.2	0.6
2014	15146.8	22119.8	22.0	10.0	10.1	1.9	1.7	0.8	0.2	0.7
2015	16442.8	15572.9	21.1	6.8	10.2	4.1	1.6	0.7	0.2	0.7
2016	12194.2	21745.9	12.0	2.1	5.0	4.8	0.9	0.2	—	0.7
2017	10891.7	19826.5	10.0	1.2	4.6	4.3	0.6	0.1	—	0.5

数据来源：《宁夏统计年鉴》。

如果单独比较工业废水排放与城镇生活污水排放，可以很明显地看到（见图 9-2），1990—2017 年，工业废水排放量呈现先上升后下降的趋势，呈现一定的倒“U”形特征。其中，1990—2010 年，宁夏的工业废水排放量持续上升，2010 年基本达到峰值，2010 年后开始逐渐下降。而城镇生活污水排放量从 2001 年开始一直处于逐渐上升状态，2014 年达到峰值后开始下降，2015 年达到阶段低点后又开始上升，2017 年又开始下降。2010 年之前，工业废水排放量一直高于城市生活污水排放量，而 2010 年后则呈现相反的状态，城市生活污水排放量曲线一直处于工业废水排放曲线的上方，这说明在 2010 年后随着城镇化进程的加快，城市人口增加带来的生活污水排放量增加，已成为宁夏废水排放量的主要贡献者。

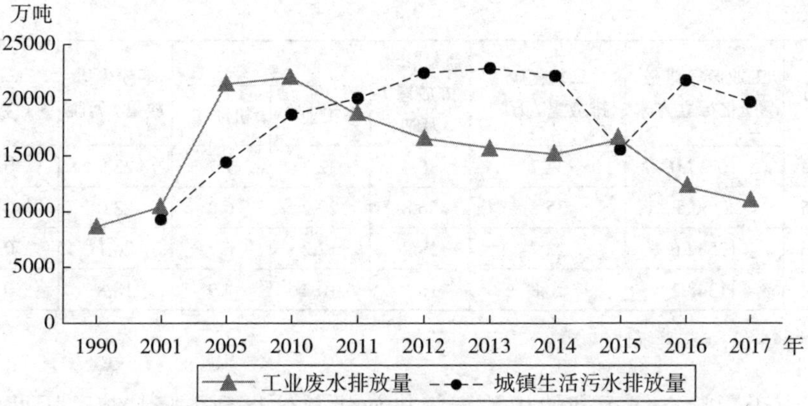

图 9-2　1990—2017 年宁夏工业废水和城镇生活污水排放情况

资料来源：《宁夏统计年鉴》。

（2）废气排放情况

宁夏的废气主要来自工业废气排放、二氧化硫排放、氮氧化物排放以及烟粉尘排放。由表 9-3 可知，工业废气排放量从 1990 年的 612 亿标立方米增加到了 2017 年的 1.13 万亿标立方米，增加了 17.5 倍；二氧化硫排放量从 2001 年的 16.9 万吨增加到了 2017 年的 20.8 万吨，增加了 23.08%；氮氧化物排放量有所下降，从 2010 年的 41.8 万吨下降到 2017 年的 16.2 万吨，下降了 61.24%；烟粉尘排放量在增长了一段时间后又有了一定程度的下降，从 2001 年的 10.8 万吨增加到 2010 年的 25.7 万吨后又下降到了 2017 年的 18.8 万吨。

表 9-3　1990—2017 年宁夏废气等污染物排放情况

年份	工业废气排放量 / 亿标立方米	二氧化硫排放量 / 万吨	氮氧化物排放量 / 万吨			烟粉尘排放量 / 万吨	
				工业	机动车		机动车
1990	612	—	—	—	—	—	—
2001	1311.5	16.9	—	—	—	10.8	—
2005	2844.4	30.2	—	—	—	10.16	—
2010	16324.2	38.3	41.8	35	6.5	25.7	0.7
2011	10055.9	41.0	45.8	38.6	7.0	21.6	0.8
2012	9324.5	40.7	45.5	37.9	7.4	19.8	0.8
2013	10026.2	39.0	43.7	35.7	7.8	23.1	0.9

续表

年份	工业废气排放量 / 亿标立方米	二氧化硫排放量 / 万吨	氮氧化物排放量 / 万吨			烟粉尘排放量 / 万吨	
				工业	机动车		机动车
2014	10717.0	37.7	40.4	32.3	7.7	23.9	0.9
2015	8760.5	35.8	36.8	29.2	6.8	23.0	0.8
2016	12532.6	23.7	19.8	12.2	6.7	20.1	0.8
2017	11348.1	20.8	16.2	10.4	4.9	18.8	0.5

数据来源:《宁夏统计年鉴》。

由于影响空气污染的相关废气排放量总体呈现下降趋势，因此宁夏的空气质量有一定程度的改善。2017 年，全区 5 个地级城市环境空气质量平均优良天数比例为 76.4%，同比上升 1.2 个百分点。监测的 6 项空气污染物平均浓度同比三升三降，可吸入颗粒物（PM_{10}）平均浓度 106 微克 / 立方米，同比上升 2.9 个百分点；细颗粒物（$PM_{2.5}$）平均浓度 42 微克 / 立方米，同比下降 8.7 个百分点；二氧化硫（SO_2）平均浓度 33 微克 / 立方米，同比下降 21.4 个百分点；二氧化氮（NO_2）平均浓度 32 微克 / 立方米，同比上升 14.3 个百分点；一氧化碳（CO）平均浓度为 1.8 毫克 / 立方米，同比下降 5.3 个百分点；臭氧（O_3）平均浓度为 154 微克 / 立方米，同比上升 8.5 个百分点。影响全区（五地市）环境空气质量的主要污染物依次为可吸入颗拉物、臭氧、细颗粒物、二氧化硫。按照相关规定，剔除受沙尘天气过程影响数据，全区优良天数比例为 81.4%，同比上升 2.5 个百分点；可吸入颗粒物平均浓度 90 微克 / 立方米，同比下降 3.2 个百分点；细颗粒物平均浓度 39 微克 / 立方米，同比下降 11.4 个百分点。

（3）固体废物产生情况

2001—2017 年，宁夏的一般工业固体废物产生量从 430.7 万吨增加到了 4877 万吨，增加了 10 倍左右。危险废物产生量从 0.04 万吨增加到了 82.7 万吨，增加了 2066.5 倍。一般工业固体废物的综合利用率从 38.81% 增加到了 2014 年的 79.3% 之后又下降到了 2017 年的 38.9%。具体情况见表 9-4。

表 9-4 2001—2017 年宁夏固体废物产生情况

年份	一般工业固体废物产生量 / 万吨	危险废物产生量 / 万吨	一般工业固体废物综合利用率 /%	一般工业固体废物排放量 / 万吨
2001	430.7	0.04	38.81	3.84
2005	718.75	0.00	51.89	3.41
2010	2465.5	4.1	57.5	0.9
2011	3349.1	4.9	61.3	1.7
2012	2960.7	5.6	69.0	—
2013	3276.8	5.1	73.1	—
2014	3693.9	5.3	79.3	—
2015	3430.1	9.8	62.0	—
2016	3618.2	49.7	52.0	—
2017	4877.0	82.7	38.9	—

数据来源:《宁夏统计年鉴》。

9.1.1.3 生态环境保护情况

宁夏按地貌特征和自然条件大体可分为山、川、沙 3 种类型。其中，北部引黄灌区地区面积占宁夏的 1/4，耕地面积不足全区的 1/3，而生产的粮食和创造的农林牧渔业总产值占全区的 2/3 以上，创造的地区生产总值接近 9/10，是宁夏的精华地带。中部风沙干旱区、南部黄土丘陵沟壑区占宁夏地区面积的 75%。宁夏也是我国土地沙化最为严重的省区之一。全区荒漠化土地面积 297.4 万公顷，占全区总面积的 57.2%。其中沙化土地 118.3 万公顷，占全区总面积的 22.8%。

由表 9-5 可知，宁夏生态环境保护情况总体比较稳定。自然保护区从 2001 年的 8 个增加到了 2017 年的 13 个，其中国家级自然保护区从 4 个增加到了 6 个。自然保护区面积从 2001 年的 23 万公顷增加到 2017 年的 54.7 万公顷，增加了 1 倍以上。生态示范区的个数并没有增加，基本维持在 2 个。已建成的自然保护区，对保护和改善全区的生态环境、自然环境及生物多样性起到了不可替代的作用，尤其对生物的多样性、珍稀濒危动物以及生物安全作出了突出贡献。截至 2018 年末，全区自然保护区已达到 14

个，其中国家级自然保护区9个，自治区级自然保护区5个。①

表 9-5 2001—2017 年宁夏生态环境保护情况

年份	自然保护区 / 个	国家级 / 个	自然保护区面积 / 万公顷	自然保护区面积占辖区面积比例 /%	生态示范区 / 个
2001	8	4	23.0	4.4	2
2005	13	5	54.7	8.2	2
2010	8	4	23.0	4.4	2
2011	10	5	24.4	4.7	1
2012	12	5	53.4	8.0	2
2013	13	5	55.4	8.3	2
2014	13	5	54.7	8.2	2
2015	13	6	54.7	8.2	2
2016	13	6	54.7	8.2	2
2017	13	6	54.7	8.2	2

数据来源：《宁夏统计年鉴》。

9.1.2 宁夏生态环境建设存在的主要问题

近年来，宁夏坚持把生态环境建设作为贯彻落实科学发展观、构建社会主义和谐社会的基础工程，首先加快实施了三北防护林、天然林保护、退耕还林还草的工程；其次针对全区天然草原长期超载放牧和严重退化的现实，宁夏领先全国率先实行了全区范围的禁牧封育；另外，宁夏实施"草畜产业"工程，每年整合安排专项资金5000多万元，重点扶持发展人工种草。通过以上举措，生态状况初步改善，宁夏生态建设进入了"整体遏制，局部好转"的新阶段，呈现出"质量与效益同步，建设与管理并重"的新特点。尽管如此，宁夏在生态环境建设中仍然存在一些问题。

9.1.2.1 生态环境自然演变呈现不断退化、无法逆转的趋势

宁夏的生态状况、环境承载力仍然与经济社会可持续发展的要求不相适应，呈现不断退化的趋势。造成的原因主要有：一是宁夏自然环境条件

① 宁夏回族自治区 2018 年国民经济和社会发展统计公报 [EB/OL].（2019-04-30）[2019-04-30]. http：//tj.nx.gov.cn/tjsj_htr/tjgb_htr/201904/t20190430_1470251.html.

严酷，以干旱为主的自然灾害频繁；二是自然生态十分脆弱，破坏容易恢复难，有的区域在现有技术条件下难以恢复。在宁夏干旱带聚居的农民较为稠密，超过合理承载力的几倍甚至十几倍，有些农民和牲畜对自然生态的破坏难以避免，致使本来就十分脆弱的生态植被雪上加霜。

9.1.2.2　生态环境承载力无法支撑经济社会的快速发展

宁夏是少数民族聚居区，也是贫困人口相对集中的地区，受传统的落后生产方式影响，同时在人口呈刚性增长的态势下，毁林开荒、过度放牧等人为因素对生态破坏严重，导致林地草地生态系统退化，生物多样性降低，尤其是农牧交错带的沙漠化面积呈加剧扩大趋势。许多地区人口密度大，由于缺少燃料，农民将植物连根拔起，这是造成生态更加恶化的又一主要原因。目前，南部黄土丘陵区生态供给与生态需求之比为 1.5，人均生态赤字为 0.63，生态超载 63 万人；中部干旱带人均生态赤字高达 0.82，生态超载 80 多万人，均远高于西部地区的平均水平。①

9.1.2.3　生态建设保护工程难以有效遏制生态环境恶化的现状

宁夏是一个自然条件严酷、干旱少雨、风大沙多的特殊地区，造林难度大，树木成活难、保存更难，确保树木成活、成林，要付出几倍的艰辛。目前实施的退耕还林、三北防护林、天然林保护等重点工程项目较少，与有效遏制生态环境恶化的需求不相适应，且国家投资只是补助性的，补助标准偏低，造林的种苗投入尚且不够，更没有后期管护投入，造林质量难以提高，建设成果难以巩固。资金严重短缺，树种单一，新造林苗木规格低、质量差，致使林木病虫害频繁发生，也造成造林成活率低、保存率低。由于资金、技术和设备落后，苗木供应严重不足，往往从外省区调苗，而路途遥远又导致苗木失水严重，造林成活率低。

9.1.2.4　结构性减排任务艰巨，经济快速增长与有限环境容量之间的矛盾将长期存在

从经济结构上看，宁夏经济总量偏小，但以工业为主的第二产业仍然是宁夏产业中第二大产业。能源、化工等重工行业比重较高，高耗能行业

① 董俭堂. 经济增长方式转变与可持续性源泉——从转变经济增长方式到转变经济发展方式 [J]. 商业时代，2012（29）.

较为集中，产业结构以重型化为主，电力、冶金、化工、建材等行业的耗电量就占全部工业耗电量的60%以上，高于全国平均水平。结构性的污染问题仍然较重。

9.1.2.5 退牧还草及补种改良工程投资偏低、资金短缺，且后续管护工作难度较大

宁夏属于西部贫困地区，经济发展相对落后，地方财政收入薄弱，退牧还草工程的地方配套资金一直难以落实，一部分配套资金主要由项目区群众投资来解决。草原围栏的后续管护工作难度大，围栏草原大多分布在山大沟深、交通不便的贫困山区，围栏与草原承包人居住地相距较远，管理困难，围栏设施屡遭破坏和偷盗。随着围栏面积的不断扩大，草原围栏的后续管护工作难度日益突出。

9.1.2.6 环境形势依然严峻，监管能力与实际需要还有相当差距

近几年，黄河干流虽经治理，水质有所好转，但宁夏区内几个主要排水沟水质仍然呈V类或劣V类，水质改善速度缓慢。在重点城市环境质量有所好转的同时，一些小城市或重要区域污染有所加重。重点行业还没有完全摆脱污染负荷重、排放强度大的状况，一些经济和社会活动密度大、能源和资源消耗高的地区，环境污染问题比较严重。

9.2 宁夏生态环境改善进程分析

宁夏处于我国西北内陆地区，属于干旱半干旱地区，地形复杂，垂直气候特点突出，光热资源较为丰富，年平均降水量总体偏少，且降水时空分布不均，干旱、低温、冰雹等自然灾害频繁，生态环境脆弱，土地荒漠面积不断增加，水土流失严重，土地次生盐渍化面积不断增加，水资源普遍缺乏。新中国成立以后特别是改革开放以来，在党中央的关怀和支持下，宁夏实施了一系列环保工程项目（三北防护林就是其中之一），使林草资源得到了一定程度上的恢复和发展。总体而言，宁夏生态环境脆弱的状况并未得到

根本改变，缺林少绿仍是其重要特征。归纳起来，宁夏生态环境改善进程在改革开放后大致经历了三个阶段。

9.2.1 1978—1999年：生态环境破坏和污染严重时期

改革开放初到20世纪末，宁夏生态环境破坏十分严重。在1978—1999年统计的6项气象灾害（干旱、雨涝、大风、冰雹、冻害、病虫）中，干旱灾害发生频次为各项灾害之首，占总灾害频次的50%以上。如20世纪70年代的旱灾，其受灾人数达109.4万人，由于旱灾往往具有发生范围广、持续时间长等特点，因此其造成的经济损失高达5040.8万元；80年代的旱灾受灾人数为395.9万人，经济损失为49298.6万元；90年代的旱灾受灾人数为506.8万人，经济损失为107023.1万元。截至1999年底，全区需要治理的水土流失面积37万公顷，占全区面积的73%；退化草场面积106.7万公顷，占天然草场面积的97%；沙漠化土地面积126万公顷，占24.3%；林木覆盖率为6.4%，只有全国平均水平的45.6%；在一些老灌区尚待改造的盐渍化土地累计达22万公顷，而新灌区土壤的次生盐渍化程度还在增加。另外，工业污染也很严重，主要污染因子有总悬浮微粒、二氧化硫、氮氧化物和降尘，宁夏在全国都属于重污染省区。从综合污染指数看，全区范围内由重到轻依次为银川市、石嘴山市、固原市、吴忠市。①

9.2.2 2000—2010年：生态环境建设的转折时期

2000年是我国生态环境建设的转折点，因为从2000年开始，我国在生态环境保护与建设方面，先后开展了“天然林保护工程”“退耕还林还草工程”“退田还湖工程”等一系列重要环境工程，同时还加强了自然保护区建设，规划了25个国家重点生态功能区和35个生物多样性优先保护区。与此同时，宁夏在2000—2010年，生态环境保护方面主要以耕地生态系统的转变为重点，在这10年中，宁夏先后有374.8公顷和1268.1公顷耕地转化为灌丛和草地，转化强度分别达到1.95%和6.59%，② 这也是宁

① 李澜，等．宁夏回族自治区经济史[M]. 太原：山西经济出版社，2016: 360.
② 李澜，等．宁夏回族自治区经济史[M]. 太原：山西经济出版社，2016: 360-361.

夏实施“退耕还林还草工程”的直接成果。

9.2.3　2011 年至今：生态环境质量趋于改善与稳定时期

宁夏通过在生态环境保护与治理进程中的不断探索与总结，已形成了一套适合宁夏地区实际的环保路径，使全区生态环境质量趋于逐步改善与稳定。2018 年，全区平均降水量 389 毫米，比上年增长 17.17%。全年全区总用水量 66.17 亿立方米，增长了 0.17%。其中，生活用水 3.31 亿立方米，增长了 10.31%；工业用水 4.34 亿立方米，下降了 3.81%；农业用水 56.30 亿立方米，下降了 0.13%。万元地区生产总值用水量 181 立方米，下降了 6.38%；万元工业增加值用水量 35 立方米，下降了 11.01%。人均用水量 966 立方米，下降了 0.8%，用水效率明显提高。[①]

2018 年全区完成营造林面积 150.08 万亩，其中人工营造林面积 67.24 万亩。森林抚育面积 40.0 万亩。建成区绿地率为 36.93%，比上年提高 0.23 个百分点；生活垃圾处理率为 98.82%，比上年提高 0.47 个百分点。年末全区自然保护区 14 个，其中国家级自然保护区 9 个，自治区级自然保护区 5 个。[②]

2018 年黄河干流宁夏段入境至出境均为Ⅱ类优水质，所占比例达 100%。地表水达到或好于Ⅲ类水体比例为 73.3%。2018 年全区五个地级城市环境空气质量平均优良天数为 277 天，优良天数比例为 75.9%。细颗粒物（$PM_{2.5}$）平均浓度为 35 微克 / 立方米，同比下降 10.3%。可吸入颗粒物（PM_{10}）平均浓度为 82 微克 / 立方米。[③] 如果剔除沙尘天气影响，宁夏地级城市平均优良天数比例达到 87.2%，比 2017 年上升 5.8%，PM_{10}、$PM_{2.5}$ 等 6 项污染物监测浓度实现“全下降”；在土壤环境质量方面，宁夏监测的 22 个背景点位无机及有机污染物均未超标，同时，宁夏电离辐射水平处于本底涨落范围内，电磁辐射水平远低于国家规定的控制限值，环境电磁质量状况良好。[④]

---

①②③　宁夏回族自治区 2018 年国民经济和社会发展统计公报 [EB/OL].（2019-04-30）[2019-04-30]. http：//tj.nx.gov.cn/tjsj_htr/tjgb_htr/201904/t20190430_1470251.html.

④　2018 年《宁夏生态环境质量公报》。

9.3　宁夏生态环境改善的制约因素分析

本节主要根据宁夏生态环境现状，分析制约宁夏生态环境改善的因素。制约宁夏生态环境改善的主要因素集中表现为：人为活动、贫困、气候、水土流失、地质构造等，并据此提出宁夏应该从以上 5 个因素着力改善宁夏的生态环境状况。

9.3.1　人为活动因素

近十年来，由于人口增长和城镇化进程加快，对土地利用不合理程度加深，特别是中部干旱风沙区和南部黄土丘陵区，粗放的生产方式，广种薄收，靠天养畜，导致乱砍滥伐、过放、乱采，使得植被水土流失、土地沙化问题更加严重，原已脆弱的生态系统呈现出恶化趋势。在这个过程中，人为活动因素是其变化的主要原因之一。大自然的生态系统拥有调节改善的功能，在不超出其承载力的基础上，由自然力造成的环境破坏是可以被生态系统调节的。一旦人为破坏超过生态环境的承载阈值，其对生态环境的影响将是不可逆的。这种对生态环境的人为影响因素，体现在人类生产、生活的各个方面，如工业污染、农业污染、生活污染等。

宁夏生产、生活强度随着时间的推移在不断增加，这必然在一定程度上会影响宁夏地区的生态环境。由表 9–6 可以看出，宁夏的工业生产，其主要工业产品由原煤、发电量、钢、水泥和化学肥料组成。1993—2017 年，原煤产量在不断地增加而且速度在不断地加快，从 1993 年的 1371.06 万吨增加到 2017 年的 7643.59 万吨，2017 年是 1993 年的 5.57 倍。除此之外，发电量从 1993 年的 87.49 亿千瓦小时增加到 2017 年的 1380.94 亿千瓦小时，2017 年是 1993 年的 15.78 倍；钢铁由 1993 年的 3.84 万吨增加到 2017 年的 345.00 万吨，2017 年是 1993 年的 89.84 倍；化学肥料从 1993 年的 29.27 万吨增加到 2017 年的 129.09 万吨，2017 年是 1993 年的 4.41 倍。大量的原煤、电力和化学肥料的生产所排放的水、气、渣等有害废物，会严重破坏农业的生态平衡和自然资源，并对农业生产发展造成严重影响。

虽然第二产业的发展给宁夏带来了巨大的经济效益，促进了宁夏地区的经济发展，但是工业生产所产生的污染物却给宁夏的生态环境改善带来了巨大的压力。

表 9-6　1993—2017 年宁夏主要工业产品产量

年份	原煤 / 万吨	发电量 / 亿千瓦小时	钢 / 万吨	水泥 / 万吨	化学肥料 / 万吨
1993	1371.60	87.49	3.84	121.89	29.27
1994	1388.90	97.30	3.77	130.92	34.51
1995	1480.30	107.77	7.58	140.11	41.49
1996	1615.70	111.63	7.97	164.96	40.14
1997	1669.70	113.42	8.92	181.47	41.19
1998	1583.00	110.63	9.50	226.48	46.32
1999	1531.10	111.28	11.90	248.28	53.87
2000	1581.00	136.61	5.59	280.25	59.52
2001	1635.70	150.30	1.08	318.69	73.58
2002	1818.19	171.02	1.24	377.24	76.13
2003	2194.80	206.13	12.68	494.13	76.30
2004	2354.59	260.05	14.09	582.79	75.78
2005	2589.77	312.87	9.21	567.58	83.94
2006	3153.68	388.42	21.80	699.08	77.94
2007	3729.90	451.16	41.46	808.40	86.35
2008	4234.71	462.56	33.18	884.76	109.16
2009	5509.53	478.96	38.01	1064.50	91.77
2010	6613.61	585.82	33.03	1357.45	95.17
2011	7932.29	937.03	76.51	1455.46	92.66
2012	8597.66	1005.91	109.14	1605.29	87.99
2013	8800.00	1140.97	149.84	1914.28	70.30
2014	8563.47	1200.88	165.90	1777.90	46.50
2015	7975.80	1154.74	201.60	1742.50	82.40
2016	7069.32	1144.38	164.10	1945.90	54.70
2017	7643.59	1380.94	345.00	3826	129.09

数据来源：《宁夏统计年鉴》。

与其他地区一样，宁夏在经济快速发展的同时，也带来了一定的环境问题，如环境被污染和破坏就是常见的环境问题之一。初步分析当前宁夏环境污染的主要原因：一方面是其社会生产活动在一些领域尚处于粗放式发展阶段，各地区的经济发展模式主要是靠污染性较强的传统产业和资源开发，导致工业生产中所排放出的废水、废气及诸多种类繁杂的固体废弃物等不断增加，从而给大气、水源及生态环境带来严重的污染与破坏；另一方面是人们的日常生活所排放的生活污水与垃圾等对环境污染也会造成一定影响。例如，2018 年的统计年鉴数据显示，2017 年宁夏全区城镇生活污水排放量达到 19826 万吨，占全年总废水排放量 30739.5 万吨的 64.50%，而城镇生活污水处理量为 18651 万吨，城镇生活污水处理率为 94.07%，① 说明还有 5.93% 的生活污水未被处理排放，这对生态环境必然带来较大影响。另外，从图 9-2 也可知道，随着城镇化进程的加快，在 2010—2017 年，因城市人口增加带来的生活污水排放量已成为宁夏废水排放量的主要因素。

9.3.2　贫困因素

宁南山地分布着无数的沟、壑、塬、峁、梁、壕、川，属宁南黄土丘陵地带，统称宁夏南部山区，地处中国第二地势阶梯，黄土高原西部，气候由半湿润向半干旱和干旱区过渡。宁夏回族自治区的贫困地区主要分布在中部的干旱地带以及南部山区。宁夏南部山区由地质原因导致的流水切割和千百年来的农业生产活动的盲目垦殖，造成水土流失非常严重，除极少河谷川台外，绝大部分地方生存条件极差，且容易引发其他各种自然灾害。这片区域也属于国务院确定的重点扶贫地区，包括固原市的原州区、彭阳县、西吉县、隆德县、泾源县、海原县 6 个县区，及吴忠市的盐池县、同心县和红寺堡开发区，占全区总面积的 58.8%，总人口 184 万人，其中农业人口 113 万人，纯收入低于 200 元的人口 89.6 万人，占农业人口的 51.8%，人均纯收入在 150 元以下的贫困人口占 65.5%。由于这些贫困

① 宁夏回族自治区统计局，国家统计局宁夏调查总队 . 宁夏统计年鉴（2018）[M]. 北京：中国统计出版社，2018.

人口中，回族人口占了一半以上，有的县甚至超过了2/3，因此这里也是全国最大的集中连片贫困回族聚居区。①这些贫困地区人口的文化水平普遍不高，例如，2014年对当地贫困县的抽样调查分析显示，劳动力人口中未上过学的占15%，小学文化程度的占24%，初中文化程度的占46%，高中（含中专）文化程度的占13%，大专以上文化程度的占2%。外出打工谋生的人员比例也相对较低，同样对当地贫困县抽样统计显示，临时性外出打工人员占16%，在外打工半年左右的占9%，大半年在外打工的占24%，全年在外打工的占25%，不打工的占26%。②由于贫困地区生产方式一般采取广种薄收、靠天吃饭的传统粗放耕种模式，难免会形成无序的盲目垦殖，从而对当地水土保持和生态环境维护造成一定压力。

9.3.3 气候因素

近年来，宁夏区域性极端气候频率及强度也在不断增加。特别是近20年来，如宁夏的年平均气温在持续增加，平均上升了0.6±0.2℃。例如：2006年1月，石嘴山市大武口区出现暴雪，日降雪量达104.0毫米，为该地有气象观测以来日降雪量最大值；2006年4月，宁夏出现强寒潮天气，其中海原24小时内日平均气温降幅达19.6℃，为宁夏有气象观测记录以来的极值；2006年7月，宁夏北部出现罕见的区域性暴雨，银川降水量达104.8毫米，石嘴山市惠农区降水量达92.5毫米，均为有气象记录以来日降水量的最大值。2007年和2008年冬，宁夏还出现了持续低温阴雪天气，降雪量之大，气温之低，历史罕见；2008年5月，平均降水量创有气象观测以来历史同期最低纪录。③

宁夏水资源贫乏，水资源指数居全国末位。全区地表水资源 8.89×10^8 立方米，地下水资源 25.3×10^8 立方米。按照黄河水利委员会的规划方案，分配宁夏年用黄河水量为 40×10^8 立方米，现已实现利用 34×10^8 立方米

① 李澜，等．宁夏回族自治区经济史[M]．太原：山西经济出版社，2016: 362.

② 李澜，等．宁夏回族自治区经济史[M]．太原：山西经济出版社，2016: 363.

③ 周玉国，杨北桥，马文波．宁夏气候变化与水资源的可持续利用[J]．宁夏农林科技，2010（2）：70.

左右。相关统计数据显示，宁夏水资源具有以下特点：一是人均占有量较少，如果按照2004年人口计算，宁夏人均水资源占有量只有192立方米，不足全国平均水平的1/11。二是地区分布不均，宁夏水资源地区分布极不均匀，总体呈现南少北多、山区水多、平原水少的区域分布特点，例如，2017年引黄灌区的年降水量为205.3毫米，干旱山区为346.8毫米。三是时间分布呈现明显的雨热同期特征，基本上雨水分布是夏秋多、冬春少。四是水资源分布与人口、土地、社会经济格局不匹配，南部山区面积占全区的59.5%，耕地占79.5%，2009年人口约占全区的43%，GDP占14.7%，而水资源仅占19%，是宁夏水资源最紧缺的地区。①

9.3.4　水土流失

宁夏南部山区由于特殊的地质地貌构成，决定了该区域也是宁夏地区水土流失最严重的地区。宁南山区水土流失面积达25800平方千米，占区域总面积的80%。其中23.7%的水土流失面积侵蚀模数达5000~10000t/（km^2·a），属于严重区。宁夏南部山区草原和森林覆盖率极低，水土流失主要以水蚀和重力侵蚀为主，稀疏的植被使陡峭的地面裸露，导致松散的黄土更为裸露。据研究，其水力侵蚀以中度、强度和极强度为主，侵蚀程度由六盘山有植被覆盖地区向西北部黄土裸露区加深，严重的水土流失灾害造成该地区土地资源严重破坏，耕地肥力下降，土地贫瘠，全年流失泥沙约1亿吨。②

9.3.5　地质构造

虽然宁夏回族自治区地域面积较小，但由于处于温带内陆地带，在中国自然区划中，西南靠近青藏高寒区域，跨西北干旱区域和东部季风区域，处在我国三大自然区域的结合部位，在中国大地构造单元划分和地层

① 周玉国，杨北桥，马文波．宁夏气候变化与水资源的可持续利用[J]．宁夏农林科技，2010（2）：70.

② 于武本．宁夏南部山区土地整理中水土流失的因数与防治[J]．宁夏农林科技，2013（10）：74.

区划中，又分别属中朝准地台和昆仑秦岭地槽褶皱区、华北地层区和祁连地层区，地理环境具有明显的过渡性。区内垂直地带性、水平地带性、非地带性等自然因素和人为活动影响交织在一起，构成草原、森林、荒漠、水域、农田和城市六类生态系统，形成复杂多样的环境条件。每个生态系统中又不是单一的类型，而是多种类型组合。在干旱、半干旱气候控制下，以草地比重最大，占宁夏土地面积近 50%，农田也大多是开垦草地而成。在草地中，以旱生、覆盖度较低的荒漠草原和干草原为主，分别占天然草地的 55.1% 和 24%。①

9.4 宁夏生态环境改善路径

生态环境是人类赖以生存的基础条件，是人类社会生产活动得以持续发展的重要基石。宁夏虽然在生态环境建设方面已取得一定的成绩，但也必须认识到其差距和不足。今后各级部门要在打好污染防治攻坚战中，通力配合，有序推进，着力解决好“治山、治水、治气、治土”四大环境问题。

在宁夏“十三五”规划中，提出了发展生态建设的新目标，在营造林方面要比“十二五”期间新增 33.333 万公顷，在荒漠化治理方面，新增治理 30 万公顷。在确保持续发展的基础上，林地数量和森林覆盖数量都应保持在一定范围内。例如，宁夏地区在 2016 年新增了营造林 6.667 万公顷、荒漠化治理 3.333 万公顷，特色经济林 0.667 万公顷以及人工造林 3.667 万公顷。另外，在退化防护林和生态修复林方面分别新增了 0.667 万公顷和 5.067 万公顷。② 另据 2018 年统计公报，2018 年全区完成营造林面积 150.08 万亩，其中人工营造林为 67.24 万亩，森林抚育面积 40.0 万亩，全区自然保护区 14 个。③

---

① 沈丽娟，曹玉英，宋智，等．宁夏生态环境问题现状及其对策 [J]. 绿色科技，2012（7）：193.

② 吴燕．宁夏地区生态环境建设的思考 [J]. 中国林业经济，2017（2）：80.

③ 宁夏回族自治区 2018 年国民经济和社会发展统计公报 [EB/OL].（2019-04-30）[2019-04-30]. http：//tj.nx.gov.cn/tjsj_htr/tjgb_htr/201904/t20190430_1470251.html.

9.4.1　加大植被保护力度，防止水土进一步流失

由于过度放牧，植被没有得到充分的休整，致使宁夏土地沙漠化进程未能得到有效遏制。因此，如果能采取措施禁止放牧、封山育林，限制牛羊等食草性牲畜对植被的破坏，对于恢复生态平衡将会起到一定效果。

9.4.1.1　种植深根性植物

土地整理是实现农业现代化、促进宁夏南部山区经济社会和谐发展的必然选择，也是保障粮食安全的战略措施。宁夏南部山区土地在整理施工中，首先要制定行之有效的水土保持方案，把水土保持贯穿于施工的各个环节，并进行监督检查，禁止在施工中任意破坏大面积的地表植被、扰动表土，使土地整理项目能为宁夏南部山区带来经济效益、生态效益和社会效益。修筑梯田田坎应种植深根性植物，如柠条等，对填方渠道、田间路边坡面应进行植物护坡，灌草结合，适当密植，植物如紫花苜蓿、柠条等。随着宁夏南部山区土地整理项目逐步实施，把水土保持建设方案设计的思路渗透到土地整理项目的相关设计中，防止土地整理过程中人为水土流失的发生，确保宁夏南部山区水土资源可持续利用和生态的可持续维护。

9.4.1.2　合理取、填土，做好防护措施

平田整地、农田水利、田间道路等填挖土方工程，在填筑中要进行表土处理，填土要及时用推土机或其他设备推平、压实，使其形成具有较好的防渗、防漏性能的隔离层。对临时堆土要用塑料布遮盖，避免风蚀和雨水淋刷而使土壤大量流失。

9.4.1.3　改良坡改梯工程方案

根据宁夏南部山区土地整理项目区地形、地面坡度、十层厚度的不同，可以采用水平梯田、反坡梯田等不同的形式修筑梯田。对于坡度大于25° 的坡地不要进行整理，尽可能退耕还林，恢复自然植被；对于坡度小于 25° 的坡地，也要根据具体情况进行选择，例如，受自然条件制约不适合改成梯田的，要尽量发展成林地和草地。

9.4.1.4 优化水利工程和田间道路工程规划方案

根据宁夏南部山区土地整理项目区地形、地面坡度，对修筑水利工程和田间道路进行合理优化，填方支斗渠、田间路尽可能平行等高线修筑，可利用填筑支斗渠渠堤、田间路坡面拦挡坡面径流。挖方支斗渠平行等高线修筑、农渠垂直等高线修筑，也可利用挖方支斗渠拦排坡面集水，再通过农渠将其导入洪水沟。

9.4.2 加强防护林后期管理，避免育林后无人管理现象发生

植树造林后无人管林，是很多地方政府投入巨额资金进行育林但最终效果仍然不理想的根本原因。宁夏回族自治区政府在造林之后还应加强管理，积极发动群众自觉主动管理林木，加大后期育林的管理投入力度。

宁夏位于黄河流域，也是我国“三北防护林体系工程”涉及的重要省区之一。“三北防护林体系工程”是国家为改善生态环境所重点扶持的工程项目，其中改善宁夏的生态环境也是该项目的重要议题。三北防护林一共跨越13个省、自治区、直辖市的559个县。如何依托国家工程项目，用国家政策所带来的优惠来保护宁夏生态，也是宁夏各级政府有关部门要着重研究的课题。

三北防护林工程的建设，给宁夏生态环境建设和生态平衡带来的有利影响主要表现在以下几个方面。

9.4.2.1 转变宁夏林业发展模式，实现林业可持续发展

在对林业进行规划时，不要将目标重点过分放在林木的数量上，否则会适得其反，不仅会造成森林资源的浪费，也不利于森林资源的长期可持续发展。因此，宁夏在发展林业过程中应不断摸索，结合当地实际，找出森林资源与经济发展的平衡点，以确保林业能够及时地转变为效益，而经济的快速发展，也会增加对林木资源的需求量，进而对森林资源进一步发展提供更多的动力。此外，在宁夏林业的发展中，也离不开人才的作用，因此要制定各种激励政策，吸引更多专业水平过硬的人才，保障林业的健康发展。

9.4.2.2　采用先进的科技发展宁夏林业

要使林业资源实现可持续发展，必须以科技为核心，提前做好规划，将造林的目标重点放在生态建设上，以确保造林的质量，提高林业生态建设水平。此外，还要以市场为指导、企业为主体，在提高林业生态及经济效益等前提下，创新林业发展机制，提高林业发展水平。在林木育种上，因地制宜地采用先进技术，通过不断经验积累，逐渐克服育种中的技术难题。

9.4.2.3　完善宁夏林业的相关法律法规，严惩偷砍、偷伐

随着经济不断发展，人们的生活水平有了较大提升，在物质上的追求也越来越高，对林木的偷砍、偷伐现象越来越严重，森林资源面临的考验也越来越严峻。目前，虽然通过大量的人工造林，我国的森林覆盖率与以前相比有一定的提高，但并没有缓解林木受破坏的程度，要保证林业的长期稳定发展，必须逐渐完善林业政策法规的建设，利用和依靠法律手段，对人们的行为进行约束和管理，从而实现保护森林资源的目标。

9.4.3　防控城市污染增长

宁夏城市环境保护工作既要解决历史遗留的环境污染和生态破坏欠账问题，又要在西部大开发和对外开放的大背景下，在经济快速增长的形势下，防止出现新的环境问题。

9.4.3.1　坚决削减污染排放总量，严格控制新建项目的污染排放

在制度上，实施污染物排放总量控制定期考核和公布制度。要全面实施排污申报登记动态管理，推行污染物排放许可证制度。建立全区重点污染源污染物排放监督、监测和监控系统。对违规排放企业，不仅要从政策上加以处罚，而且要依法追究其法律责任。在技术上，必须加大资金投入，引进先进的监测控制仪器，准确地对企业的排放行为进行量度监测。在企业层次上，设计有效激励机制以鼓励企业更多地采用新设备、新技术和新手段，提高技术进步在工业增长中的比重；在产业发展优先顺序上，优先发展无污染的新兴产业，逐渐淘汰对环境污染有较大影响的资源开发

型传统产业。因此，政府在招商引资中，除加大吸引绿色企业的力度外，还应对新建工业项目污染排放实行严格的环境准入制度，要求新建和技改工业项目必须达到国家或地方规定的排放标准。

9.4.3.2 突出治理重点，进行分类指导

宁夏城市环境污染物排放有着明显的结构性特点，主要集中在电力、冶金和建材等行业。城市生活污水排放上升主要与城市基础设施建设落后、管理不善有直接关系。所以，在城市环境污染治理中必须抓住中心、明确排污重点。首先，从解决结构性污染入手，对重点行业、重点企业予以重点突破，确保重点区域环境质量有所改善。其次，在治理重点上，在保证城市经济正常运行的基础上，要集中抓好空气环境质量和城市水源保护，遏制宁夏城市环境恶化趋势。再次，在治理区域上，应该将重点放在人口密度与产业规模较大的银川、石嘴山等环境问题较严重的城市。最后，在具体产业上，对轻工业加大造纸行业的综合治理力度，对技术落后、不符合规模条件的小型造纸企业实行关停；对电力行业、冶金行业加强排放监督管理，加大技术改造力度，降低其废气和粉尘的排放量；对城市第三产业排污尤其是饭店、宾馆和娱乐行业的污染排放要严格管理。在城市基础设施建设过程中，注意建设与改造城市污水处理设施，提高城市的污水处理能力。

9.4.3.3 建立和完善排污收费、超标罚款与政府补贴相结合的管理制度

排污收费制度是指国家以筹集治理污染资金为目的，按照污染物的种类、数量和浓度，依据法定的征收标准，对向环境排放污染物或者超过法定排放标准排放污染物的排污者征收费用的制度。目前，排污收费制度存在不少问题，主要表现在排污收费标准过低，不能对排污者形成有效约束，使污染环境者产生愿意付费而不愿意治污的倾向。因而，有必要适度提高收费标准，甚至可以考虑采取超过一定标准，实行惩罚性累进费的政策模式。

宁夏地处我国内陆，传统产业在宁夏经济中占主导地位，经济结构具有高成本、高污染和低收益的特点。向企业征收过高的排污费，可能也会影响

企业的竞争力，因而有必要采取使工业向园区集中，治理也向园区集中的办法，以分摊污染治理费用。在治污资金的来源上，采取多种渠道筹措资金，如可以采用政府补贴一部分、企业负责一部分、社会援助一部分的方式。这样既可以使企业排污得到有效控制，也可以增加污染治理的资金来源。

9.4.3.4 完善生态环境监管体制

加强对生态文明建设的总体设计和组织领导，设立相关生态环境监管机构，完善生态环境管理制度，统一行使全民所有自然资源资产所有者职责，统一行使所有国土空间用途管制和生态保护修复职责，统一行使监管城乡各类污染排放和行政执法职责。构建国土空间开发保护制度，完善主体功能区配套政策，建立以国家公园为主体的自然保护地体系，坚决制止和惩处破坏生态环境行为。

9.4.3.5 树立节能观念，鼓励绿色生活方式

建立绿色生产和消费的法律制度和政策导向，构建绿色低碳循环发展的经济体系和市场导向的绿色技术创新体系，发展绿色金融，壮大节能环保产业、清洁生产产业、清洁能源产业。推进能源生产和消费革命，构建清洁低碳、安全高效的能源体系。推进资源全面节约和循环利用，实施国家节水行动，降低能耗、物耗，实现生产系统和生活系统循环链接。倡导简约适度、绿色低碳的生活方式，反对奢侈浪费和不合理消费，开展创建节约型机关、绿色家庭、绿色学校、绿色社区和绿色出行等行动。

9.4.4 加强农业环境污染防治

9.4.4.1 加强对农业生态环境的监督管理

（1）加强监测，实时掌握农业环境质量状况

对农业环境有影响的重大污染源进行调查和定点监测，及时准确地掌握农业环境污染和生态破坏程度与分布情况，提出防治对策，并根据宁夏独有的气候和生产条件，建立各种名、特、优农产品基地保护区，防止污染，提高农产品质量。

（2）加强农业环境立法，依法保护农业环境

将农业环境保护工作纳入依法管理、依法保护的轨道，除了现有的法

律法规，积极争取制定并出台与农业环境管理相配套的法规和标准，组成农业环境保护法规体系，如农业环境污染损失鉴定及赔偿办法、污水灌溉管理办法等。加强农业环境保护机构建设，依法照章监管好农业生态环境。

（3）加强农业环境保护规划

将农业环境保护列入国民经济发展规划，将农业环境保护科学研究列入科研计划，组织有关单位开展一些对环境影响较大的科学研究试验，以便为整治环境、制订农业发展计划提供科学依据。特别应加强对城市周边、人口密集的居民区、湖库和景观水体流域内的监控，严格控制规模化畜禽养殖场建设，已建成的畜禽养殖场废水及畜禽粪便必须进行有效的治理和无害化利用。

（4）加强宣传教育，提高农民合理使用农药、化肥的意识和理念

结合农业生产特点，长期宣传科学使用农业投入品的基本知识，加强农民生态种植和生态养殖的技术培训，教育农民群众合理、科学、经济地使用化肥农药，大力推广无公害生产技术和先进的测土配方施肥、病虫害综合防治等技术。推广集约化养殖，加大对畜禽粪便无害化处理和减量化，尽量控制农业面源污染。

（5）设立农业环境保护专项资金

设立农业环境保护专项资金，为大力推广无公害生产技术和先进的测土配方施肥、病虫害综合防治等技术提供资金支持。提高农民素质和搞好技术培训，减少对农业生产环境的污染。

9.4.4.2　提高农业污染防治技术，遏制农业污染的扩展

（1）建立监测检测和环境评价体系

监测和检测是了解农业生态环境质量与农产品质量的重要手段。加快完善区级和重点地市县农业环境监测和农产品质检中心体系建设，实行定期农业污染的信息发布和预警预报制度，实现蔬菜农药残留监测、基本农田环境质量监测评价、无公害农产品产地和无公害畜禽产品基地的环境监测评价工作常规化、规范化和制度化，为治理农业面源污染、保障食品安全、改善和提高农村生态环境质量提供科学依据。

（2）实施农业清洁生产农田污染综合治理工程

以保护生态环境、蓄水保土、减少水肥流失、提高农作物产量、使农业生产持续发展为目的，从源头防治农业面源污染，采取农艺、化学、物理和生物相结合的综合治理措施，推广等高带状耕作技术、间作套作技术、“减氮、稳磷、补钾”平衡施肥技术、田间节水灌溉技术、旱地田间集雨补管集水技术、农作物病虫鼠害发生规律生态控制技术、农业废弃物资源化利用技术，使化肥、农药等农业投入品使用量降到一个安全水平。开展沼气、太阳能、秸秆气化等农村能源生态发展模式的建设，不但能够减少农民生活费用开支，同时对治理农村秸秆污染，保护农村环境，推动社会主义新农村建设意义重大。

（3）提高畜禽养殖场污染治理工程技术

对于农村散养户和小型畜禽养殖场采用自然堆沤发酵法、晾晒干燥法和庭院能源生态模式，实现无废物、无公害的农畜牧生产。规模化畜禽养殖场可采用直接快速烘干法和实施大中型能源生态沼气项目。大力推行农村庭院生态能源示范户工程，建立清洁高效的生态庭院，发展生态种植业、生态畜牧业和环保型加工业。

9.4.5　促进宁夏人与自然协调发展

9.4.5.1　提高公民素质，增强环保意识

提高公民环保意识，首先需要提高公民素质。一方面，应高度重视现代职业教育和职业培训，并在全区范围内向全体公民免费开放公共教育资源，利用公共教育平台，对公民进行科学文化知识普及[①]；另一方面，应重点发展基础教育，特别要重点发展农村基础教育，将九年义务教育扎实、全面地完成好、普及好，从而通过提高农村义务教育的升学率及质量，顺利完成扫除青壮年文盲的任务。公民有了环保意识，就会认识到生态环境保护对于其所处环境的重要意义，既有利于环境污染技术的贯彻和落实，也有利于调动全体人民共同参与环保的积极性。

---

① 魏书清．人口与经济发展的相关性分析——基于西部 11 个省会城市的时序和截面数据 [J]. 北方民族大学学报，2015（3）．

9.4.5.2 重视生态环境保护，加强环境法治建设

控制日益严重的环境污染问题，应提高公民环保素质，增强其在生产、生活中保护环境的意识，使其主动参与到环境保护运动中。有时还必须采取强制手段，加强环境法治建设，依法对全区国控、区控重点污染源进行专项监督，检查企业是否按规范进行排污，对环境污染严重的企业坚决予以查处并督促整改。当然，也可以从经济上设立相应的激励机制，以调动企事业单位组织和每一个公民参与环境保护的积极性。

习近平总书记指出，我们要建设的现代化是人与自然和谐共生的现代化，既要创造更多物质财富和精神财富以满足人民日益增长的美好生活需要，也要提供更多优质生态产品以满足人民日益增长的优美生态环境需要。必须坚持节约优先、保护优先、自然恢复为主的方针，形成节约资源和保护环境的空间格局、产业结构、生产方式、生活方式，还自然以宁静、和谐、美丽。[①] 总之，良好的环境不仅是宁夏人民赖以生存的家园，也是宁夏未来社会经济发展的重要保障，这一梦想的实现要靠全体社会成员的共同努力。只有重视环境保护，大力倡导循环经济，走好人口与环境可持续发展之路，才能使人类与自然和谐相处，共同发展。

参考文献

[1] 宁夏回族自治区统计局．宁夏奋进跨越 60 年 [M]. 北京：中国统计出版社，2009.

[2] 魏书清．人口与经济发展的相关性分析——基于西部 11 个省会城市的时序和截面数据 [J]. 北方民族大学学报，2015(3).

[3] 宁夏回族自治区统计局，国家统计局宁夏调查总队．宁夏统计年鉴（2018）[M]. 北京：中国统计出版社，2018.

[4] 周玉国，杨北桥，马文波．宁夏气候变化与水资源的可持续利用 [J].

① 习近平．决胜全面建成小康社会 夺取新时代中国特色社会主义伟大胜利——在中国共产党第十九次全国代表大会上的报告 [R]. 北京：人民出版社，2017.

宁夏农林科技, 2010(2): 70.

[5] 董俭堂. 经济增长方式转变与可持续性源泉——从转变经济增长方式到转变经济发展方式 [J]. 商业时代, 2012(29).

[6] 李澜, 等. 宁夏回族自治区经济史 [M]. 太原: 山西经济出版社, 2016.

[7] 沈丽娟, 曹玉英, 宋智, 等. 宁夏生态环境问题现状及其对策 [J]. 绿色科技, 2012(7): 193.

[8] 于武本. 宁夏南部山区土地整理中水土流失的因数与防治 [J]. 宁夏农林科技, 2013(10): 74.

[9] 吴燕. 宁夏地区生态环境建设的思考 [J]. 中国林业经济, 2017(2): 80.

[10] 习近平. 决胜全面建成小康社会 夺取新时代中国特色社会主义伟大胜利——在中国共产党第十九次全国代表大会上的报告 [R]. 北京: 人民出版社, 2017.

第10章 宁夏70年来发展战略回顾与展望

王亚婷[①] 姜太碧[②]

新中国成立70年、宁夏回族自治区成立60年、改革开放40年以来，宁夏回族自治区在经济发展的过程中，始终坚持党的领导，紧紧围绕国家宏观经济发展战略的统一部署和战略目标，并在不同时期适时制定和修改适合宁夏回族自治区的经济发展战略。在国家进一步深化改革开放的战略推动下，宁夏回族自治区的重大发展战略的制定和调整更加深入，经济发展的政策出台也更为集中。其中，宁夏的工业强区战略、沿黄经济区战略、空间发展战略等一系列发展战略的制定与实施，都为宁夏的经济加速发展提供了强劲动力。随着宁夏各项战略的进一步实施，全区各地兴起各类工业园区，这些工业园区已成为宁夏区域经济发展的一大亮点。在新的历史时期，工业园区的建设成为拉动宁夏经济发展的新动力，宁夏制定了多项科学政策和有效制度来推动工业经济园区的发展，使各地工业园区具有更好的投资和发展机遇。本章主要从宁夏的发展战略变革历程、发展战略重点和未来发展战略展望3个方面进行阐述。

① 王亚婷（1995— ），女，河南许昌人，西南民族大学经济学院硕士研究生。

② 姜太碧（1964— ），女，重庆铜梁人，经济学博士，西南民族大学经济学院教授、硕士生导师，主要研究方向为农村经济、产业经济。

10.1 改革开放以来宁夏发展战略变革历程

1949 年新中国成立时，宁夏回族自治区人均国民生产总值按 1995 年价格计算人均不足 400 元。1949—1958 年是宁夏的 10 年过渡时期，虽然宁夏经济发展状况在逐渐好转，但工业体系尚未完全建立，农业发展缓慢，个体经济单一。1958 年 10 月宁夏回族自治区的成立，揭开了宁夏社会经济发展历史的新篇章。

新中国成立 70 年以来，特别是改革开放以来，宁夏经济发展取得了令人瞩目的成绩。1958 年宁夏回族自治区成立时，宁夏地区生产总值只有 3.28 亿元，到 1978 年增加到 13 亿元，2018 年已达到 3705.18 亿元，是 1958 年的 1129.63 倍，人均地区生产总值也从 1958 年的 176 元，提高到 2018 年的 54094 元，增长了 306.35 倍。从图 10-1、图 10-2 中也可以看到，宁夏的地区生产总值和人均地区生产总值在 1958—1990 年增长速度较为平缓，1990—2012 年的增长速度几乎呈现爆发式的增长，而在 2012—2018 年，虽然与 1990—2012 年的增长速度相比有所减缓，但总体发展速度还是非常快的。地方财政收入从 1958 年的 0.58 亿元，增加到 2017 的 417.5 亿元[①]，增长了 718.83 倍。

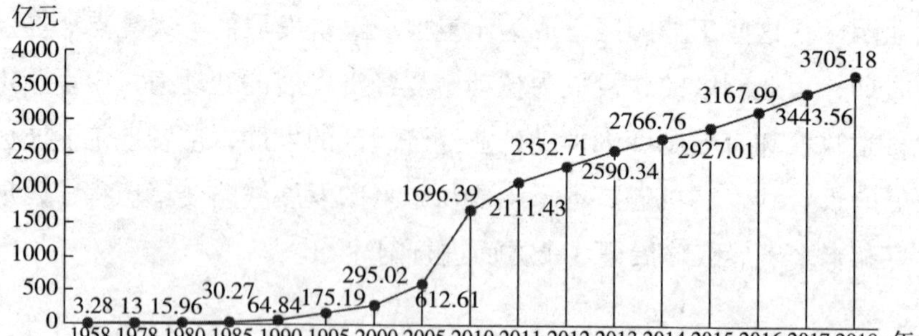

图 10-1 1958—2018 年主要年份宁夏地区生产总值

资料来源：根据《宁夏统计年鉴》绘制。

---

① 宁夏回族自治区人民政府官网，http://www.nx.gov.cn/。

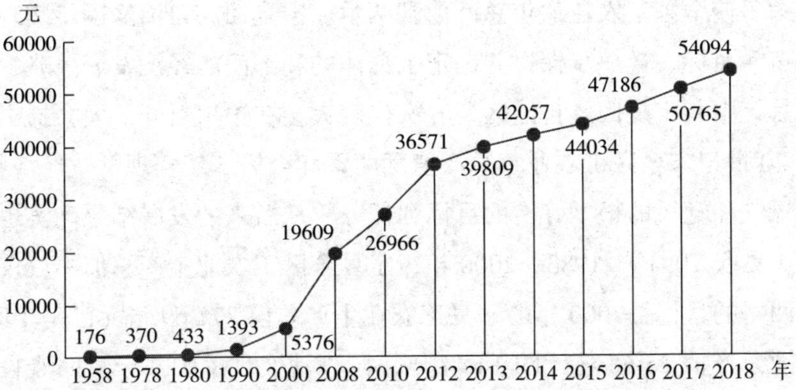

图 10-2　1958—2018 年主要年份宁夏人均地区生产总值

资料来源：根据《宁夏统计年鉴》绘制。

回顾宁夏经济社会发展历程，可以看出，宁夏的经济发展阶段变化与在不同时期制定与实施的经济发展战略密切相关。根据改革开放以来宁夏经济社会发展的现代历程，可以把宁夏经济发展战略的变革历程分为以下 4 个阶段。

10.1.1　第一阶段：1979 年 10 月—1982 年 8 月

十一届三中全会以后，宁夏广大理论工作者和经济工作者在党的十一届三中全会精神指引下，通过有关社会主义生产目的的研究与讨论，将经济理论上的拨乱反正与总结宁夏 30 年来经济建设的经验教训相结合，为端正宁夏经济建设的指导思想、开展宁夏经济社会发展战略研究奠定了思想基础。党的十二大召开前夕，宁夏经济学会召开了第二届年会。在第二届宁夏经济学会年会上，共提交大会论文 41 篇，其内容涉及西北地区经济发展战略、宁夏经济发展战略以及宁夏工业、农业、林业、牧业、智力开发、人口、川区与山区发展战略等诸多方面。

10.1.2　第二阶段：1982 年 9 月—1983 年 12 月

1982 年 9 月中国共产党第十二次代表大会召开，大会中提出，到 20 世纪末，我国经济建设的总的奋斗目标是，在不断提高经济效益的前提下，力争使全国工农业的年总产值翻两番。宁夏回族自治区围绕实现翻两番的奋斗目标，进一步探讨并制定了总体的和部门的经济发展战略。1983年7月，中共宁夏回族自治区第五次代表大会在银川召开，大会提出，实现到20世纪末全区工农业年总产值翻两番和今后5年实现财政经济状况、社会风气和党风的根本好转的目标和任务。从后来的发展结果确实也可以看到（见表10-1），1983—2000年，宁夏全区工农业生产总值不仅仅实现了翻两番的目标，2000年的宁夏工农业生产总值371.69亿元已是1983年工农业总产值25.68亿元的14.47倍，圆满地实现了中共宁夏回族自治区第五次代表大会的目标和任务。

表10-1 1983—2000年宁夏工农业总产值变化情况 单位：万元

年份	工农业总产值	农业总产值	工业总产值
1983	256791	91442	165352
1984	300991	109862	191129
1985	363171	120164	243007
1987	481399	147593	333806
1988	636664	196617	440048
1989	799665	214342	585323
1990	894350	246887	647463
1991	1000486	269458	731028
1992	1176266	283711	892555
1993	1533767	318863	1214904
1994	1955116	458022	1497094
1995	2300345	565493	1734852
1996	2707898	691690	2016208
1997	2938954	728176	2210778
1998	3111522	787404	2324118
1999	3303404	779492	2523912
2000	3716908	777525	2939383

数据来源：根据《宁夏统计年鉴》绘制。

中共宁夏回族自治区第五次代表大会还制定了工业发展目标：力争工业年总产值从1980年的16.53亿元增加到2000年的80亿元左右，每年平均增长率达到7.2%。从表10-1可以看到，宁夏2000年的工业总产值为293.94亿元，同样远远超过会议制定的目标。当然为实现这一经济目标，宁夏回族自治区党委和政府相应制定了一系列战略措施和战略决策，例如，1983年8月，正式成立了以重点研究自治区带有全局性、综合性、长远性的经济和社会发展重大问题为任务的经济研究中心。

10.1.3 第三阶段：1984年1月—2000年12月

1983年党中央就提出，到20世纪末和21世纪初将我国经济开拓的重点转移到大西北来。为此，宁夏围绕怎样理解中等水平、怎样使宁夏达到中等水平、如何为建设重点的转移做好准备等问题展开了深入研究和广泛讨论。宁夏回族自治区经济研究中心在宁夏区计委、宁夏社会科学院等单位的协助下，拟定了《宁夏回族自治区1981—2000年经济社会发展战略（草案）》。同时，各主要经济部门、各地区也开始深入研究自身的发展战略，使该发展战略具有一定的可行性和适用性[①]。

10.1.4 第四阶段：2001年1月至今

进入21世纪以来，随着中国改革开放的进一步深化，国际政治经济形势也有了新的变化，国家的宏观经济发展战略也相应进行了重大调整。对此，宁夏回族自治区根据国家的宏观战略适时地作出了相应的规划调整，在不同时期分别制定了适合宁夏全区区情的经济发展战略。工作重点主要是围绕西部大开发战略、可持续发展战略、“一带一路”倡议等一系列国家宏观战略的统一部署及战略导向，结合宁夏的实际发展情况以及战略定位，规划实施了独具宁夏特色的工业强区战略、沿黄经济区战略、内陆开放型经济试验区战略和空间发展战略等。

总体来看，改革开放以来，宁夏回族自治区经济发展战略的变革历程，集中体现了从综合性发展战略向重点领域、重点区域发展战略转化，从内敛型发展战略向开放型发展战略转化，从单向开放战略向双向开放战略转化的

① 朱运涛，叶墨．宁夏经济发展战略研究评述[J]．宁夏社会科学，1985（4）：35-41.

三大特点。在这样的转化过程中，不断推出新的更具有发展潜力和影响力的经济战略，引导着宁夏回族自治区经济现代化进程迈向更高台阶。

10.2 宁夏发展战略重点分析

进入21世纪以来，尽管国内外的经济波动对宁夏的经济发展也有所影响，但是在整体发展上，宁夏回族自治区的发展趋势在西部乃至全国各省区中仍处于较好水平。例如，国家统计局发布的数据显示，2014年我国GDP首次突破60万亿元，但增速滑落至1990年以来的新低，同比只增长了7.4%，但宁夏却达到了同比增长8.0%的增速，略高于全国平均水平；2018年全国GDP突破90万亿元大关，增速为6.6%，但宁夏却实现了GDP比上年增长7.0%，也高于全国平均水平。由此可见，宁夏在经济发展中实现了“总体平稳、稳中有进、稳中向好”的运行态势。宁夏之所以能够在全国经济下滑的状态下取得稳定发展的成效，主要得益于宁夏在坚持民族区域自治不变的前提下，制定和实施了适合宁夏具体情况的几项重大发展战略。

10.2.1 坚持民族区域自治不变战略

民族区域自治是中国共产党根据马克思主义民族理论基本原理与中国民族问题实际相结合，采取的解决中国民族问题的一项创举。中国的民族区域自治，是在国家统一领导下，在少数民族聚居的地区建立民族自治地方，设立自治机关，行使自治权；坚持国家统一和民族区域自治相结合的原则、坚持民族平等和民族团结的原则、坚持自治民族发展和各民族共同繁荣的原则。民族区域自治是解决我国民族问题的基本形式、基本政策和基本政治制度，适合中国国情，具有科学性。坚定坚信民族区域自治基本政治制度，是具有中国特色的解决民族问题过程中的道路自信、理论自信、制度自信的一个重要组成部分。

宁夏回族自治区成立60年来，在党中央的坚强领导下，宁夏回族自治区党委和政府认真贯彻落实党的民族宗教政策和民族区域自治制度，牢牢把握共同团结奋斗、共同繁荣发展主题，走出了一条符合宁夏实际的民族团结进步之路，取得的成就举世瞩目。

一是经济实力大大增强。除在经济总量上 2018 年地区生产总值已达到 3705.18 亿元外，各次产业发展中还呈现出农业现代化水平明显提高、现代工业体系初步建立、现代服务业飞速发展的良好态势。

二是公共基础设施和民生大大改善。一方面，已建成“三环四纵六横”高速公路网和四通八达的普通干线公路网；另一方面，2009 年以来农村危房改造 50 多万户，200 多万农村贫困群众住进了安全房[①]，2018 年改造城镇棚户区住房 3 万套、农村危窑危房 3.3 万户，21.3 万城乡住房困难群众喜迁新居[②]。

三是生态环境质量显著提高。通过深入实施生态立区战略，推动经济高质量发展，持续不断地改善全区生态环境质量，提升生态文明建设水平，增强人民群众对生态环境的获得感和幸福感，着力打造西部地区生态文明建设先行区，筑牢西北地区重要生态安全屏障；在全国率先实施全区域封育禁牧，森林覆盖率由 1958 年的 1.5% 提高到 2018 年的 15.8%；宁夏 15 个国控断面水质优良比例保持在 73.3% 以上，全面消除劣Ⅴ类水体；二氧化硫、氮氧化物、化学需氧量、氨氮 4 项主要污染物完成国家下达的减排任务。

四是人民生活水平极大改善，脱贫攻坚效果明显。城镇和农村居民人均收入持续增加，教育、就业、医疗卫生等均得到长足发展。2018 年全区全体居民人均可支配收入 22400 元，比上年增长 8.9%。其中，城镇居民人均可支配收入 31895 元，增长了 8.2%，农村居民人均可支配收入 11708 元，增长了 9.0%。如果按照每人每年 2300 元（2010 年不变价）的农村贫困标准计算，2011 年农村贫困人口为 101.5 万人，但到 2018 年末全区农村贫困人口只有 12 万人，2018 年比 2011 年累计减少贫困人口 89.5 万人，其中，2018 年比 2017 年减少 11.5 万人；2018 年贫困发生率为 3.0%，比

① 宁夏回族自治区政府官网，http：//www.nx.gov.cn。

② 2018 年宁夏回族自治区政府工作报告。

2017 年下降 3.0 个百分点。2018 年全区生态移民人均可支配收入 7602 元，比上年增长 10.9%，居全区城乡居民可支配收入增长之首。[①]

五是文化事业日益繁荣。宁夏回族自治区成立 60 年来，宁夏公共文化服务体系不断完善，在全国率先实现了贫困地区综合文化服务中心全覆盖、直播卫星公共服务“户户通”和县级数字影院全覆盖。

六是民族团结进一步发展。宁夏回族自治区成立 60 年来，宁夏坚持深入开展各种形式的民族团结进步宣传教育活动，党的民族和宗教政策深入人心，各族人民守望相助、情同手足，社会和谐稳定。

10.2.2 工业强区战略

宁夏工业起步于 1958 年，成长于三线建设时期，壮大于改革开放特别是国家西部大开发战略实施后。

1958 年宁夏回族自治区成立以来，工业几乎从空白的基础起步，然后逐步建立起了以能源、煤炭、电力、化工、冶金、机械、轻纺、建材、医药等为主体，门类比较齐全的具有区域特色的工业体系。宁夏工业强区战略在 2002 年中国共产党宁夏回族自治区第九次代表大会上首次提出，2007 年 6 月中国共产党宁夏回族自治区第十次代表大会再次将工业强区战略作为各市经济工作的重点。实施工业强区战略，核心是突出工业在宁夏经济工作中的主导地位，保持工业持续健康高速增长。工业强区战略实施以来，宁夏工业经济迅速发展，主要表现在以下三个方面：

第一，经济规模急剧扩张，产值大幅增长。从表 10–2 中可以看到，宁夏的工业增加值从 2002 年的 120.54 亿元增加到 2017 年的 1096.3 亿元，增长了 8.09 倍；规模以上工业企业个数从 2002 年的 388 家增加到 2017 年的 1223 家，增长了 2.15 倍；规模以上工业企业工业销售产值从 2002 年的 264.03 亿元增加到 2016 年的 3899.68 亿元，增长了 13.77 倍。2017 年宁夏回族自治区的工业增加值占全区地区生产总值的 33%。

---

① 宁夏回族自治区 2018 年国民经济和社会发展统计公报 [EB/OL].（2019–04–30）[2019–04–30]. http：//tj.nx.gov.cn/tjsj_htr/tjgb_htr/201904/t20190430_1470251.html.

表 10-2　2002—2017 年宁夏工业发展情况

年份	工业增加值 / 亿元	规模以上工业企业数 / 家	规模以上工业企业工业销售产值 / 亿元
2002	120.54	388	264.03
2003	151.22	418	341.21
2004	197.55	662	539.71
2005	228.37	685	660.31
2006	287.55	761	832.61
2007	376.71	745	1036.73
2008	506.98	901	1306.63
2009	520.38	975	1373.22
2010	643.05	975	1866.09
2011	816.79	764	2389.24
2012	878.63	865	2956.58
2013	933.12	1044	3429.23
2014	973.53	1170	3584.14
2015	979.72	1245	3604.23
2016	1054.34	1174	3899.68
2017	1096.30	1223	—

数据来源:《宁夏统计年鉴》。

根据统计数据的可获得性，我们还可以分析宁夏规模以上工业企业 2002—2014 年实现税金情况。由表 10-3 可知，2014 年宁夏地区规模以上工业企业实现税金总额 194.61 亿元，较 2002 年的 18.68 亿元增长了 9.42 倍。

表 10-3　2002—2014 年宁夏规模以上工业企业实现税金情况　单位：亿元

年份	规模以上工业企业应交所得税	规模以上工业企业主营业务税金及附加	规模以上工业企业本年应交增值税	总计税金
2002	1.46	3.59	13.63	18.68
2003	1.73	4.58	16.23	22.54

续表

年份	规模以上工业企业应交所得税	规模以上工业企业主营业务税金及附加	规模以上工业企业本年应交增值税	总计税金
2004	2.77	5.51	26.31	34.59
2005	3.03	6.86	26.02	35.91
2006	3.51	8.97	34.57	47.05
2007	4.75	9.64	45.10	59.49
2008	4.06	11.33	56.51	71.9
2009	11.39	27.18	53.81	92.38
2010	15.02	34.34	71.12	120.48
2011	22.53	26.48	80.50	129.51
2012	23.52	62.03	97.48	183.03
2013	23.06	68.57	112.86	204.49
2014	19.35	72.05	103.21	194.61

数据来源：根据《宁夏统计年鉴》整理。

第二，狠抓转型升级，产业聚集度不断提高。宁夏回族自治区党委、政府把深入推进供给侧结构性改革作为重要工作来抓，通过对传统产业抓改造、新兴产业抓提速、产业集群发展，使宁夏经济朝着质量更好、效率更高、动力更强的发展方向迈进。加强经济运行分析研判、定向施策，2017 年宁夏回族自治区出台了“创新驱动 30 条”、“降成本 30 条”、促进服务业发展等政策，累计降低实体经济成本 85 亿元，规模以上工业增加值增长 8.6%、利润增长 22.3%，质量效益进一步提高。开展项目推进年活动，吴忠至中卫城际铁路、银西和中兰高铁、京藏高速宁夏段改扩建等加快建设，煤制油、高端锂电池、差别化氨纶、宁浙特高压输电等投产运行，宁东基地工业产值突破 1000 亿元。实施 100 个重点技改项目，化解煤炭产能 593 万吨，取缔“地条钢”45.7 万吨，商品房待售面积同比下降 16.9%。推进产业结构优化升级，现代煤化工、装备制造、新能源等支柱产业增势强劲，工业更新改造投资增长 15.1%，高新技术产业投资增长 22.6%，清洁能源发电量占比达 17.3%。

通过大力发展能源、煤化工、新材料、装备制造、特色农副产品加工及高新技术等优势特色产业，宁夏工业结构出现了新的格局。优势产业比重不断上升，成为新的支柱产业，宁夏已被国家确定为13个亿吨级煤炭基地、4个“西电东送”火电基地之一。钽铌铍钛及其合金、风电及其组件、光伏发电及其组件、生物发酵等新兴产业初具规模。以羊绒、葡萄酿酒、枸杞系列产品、土豆淀粉、乳制品、金属镁、稀有金属、化学原料药等为主的特色产业迅速发展壮大，成为工业经济新的增长点。全区工业园区快速发展，银川经济技术开发区、银川高新技术产业开发区（灵武羊绒产业园区）、宁东能源化工基地、宁夏现代纺织产业示范园、宁夏贺兰工业园区、银川市灵武再生资源循环经济示范区、永宁工业园区、宁夏石嘴山经济技术开发区、宁夏石嘴山高新技术产业开发区等一大批工业园区已被国家工信部认定为国家新型工业化产业示范基地（见表10-4）。

表10-4　宁夏国家级重点园区汇总表

园区名称	位置	级别定位	主导产业
银川经济技术开发区	银川市	国家级经济技术开发区；国家新型工业化产业示范基地（装备制造）	先进装备制造、光伏新材料、信息产业、高品质消费品；电子信息、研发设计、文化创意、数字动漫等现代服务业
银川高新技术产业开发区（灵武羊绒产业园区）	银川市	国家级经济技术开发区；国家新型工业化产业示范基地（羊绒纺织）	羊绒精深加工、特色食品民族用品、航空配件制造业等、电商物流、航空港配套服务、高端商务商贸等现代服务业
宁东能源化工基地	银川市	国家重点开发区	煤制油、循环经济、煤炭电力、化工、新材料
宁夏现代纺织产业示范园	银川市	西部承接产业转移示范园区；新型现代化牛态环保集约型纺织工业基地	天然纤维纺织和化纤、服装产品、产业用纺织品
宁夏贺兰工业园区	银川市	自治区级工业园区；国家新型工业化产业示范基地（农副产品）	农副产品加工、现代纺织、机电电气制造、新型建材等；现代物流

续表

园区名称	位置	级别定位	主导产业
银川市灵武再生资源循环经济示范区	银川市	自治区级工业园区；西部循环经济示范区；国家“城市矿产”示范区	节能环保、再制造等产业
永宁工业园区	银川市	自治区级工业园区；循环经济试点园区、全国生物发酵特色产业基地	生物发酵及制药、机械加工、电气制造、新型建材
宁夏石嘴山经济技术开发区	石嘴山市	国家级开发区、全国百强经济技术开发区	冶金（特钢）能源化工、新能源；现代物流
宁夏石嘴山高新技术产业开发区	石嘴山市	国家级高新技术开发区；国家新型工业化产业示范基地（金属新材料）、宁夏新材料高新技术产业基地、矿山机械制造产业基地、国家信息化与工业化融合示范基地	新材料、先进装备制造、新能源及汽车

数据来源：根据《宁夏回族自治区“十三五”工业发展及两化融合发展规划》整理。

第三，深化改革开放，发展活力不断增强。经过多年的改革、改组，宁夏形成了多种所有制、多种经济成分、多元股权结构并存的良性发展态势，现代企业制度在国有及国有控股企业中已基本确立。对外开放和合作的领域不断扩大，引进了国电、中电投等国家五大发电集团以及中色、中冶、中粮、中航、锦江等一批国内外知名的大企业集团。从表 10–5 中可以看到，中小企业、非公有制经济快速发展，规模以上中小型企业户数占规模以上工业企业总数的比例绝大多数年份都超过 95%，最高时达 98.2%。而规模以上中小型企业总产值占规模以上工业总产值的比重在 2010 年之前大多数年份都超过 60%，在 2010 年之后所占比重有所下降，但总体也保持着比重上升的趋势（见表 10–6）。由此可见，宁夏的中小型企业也是地区经济和社会快速发展的重要支撑。

表 10-5　2002—2017 年宁夏规模以上中小型企业占比

年份	规模以上工业企业数 / 家	规模以上大型企业数 / 家	规模以上中型企业数 / 家	规模以上小型企业数 / 家	规模以上中小型企业数 / 家	规模以上中小型企业占规模以上工业企业总数比例 /%
2002	390	63	52	275	327	83.8
2003	418	14	84	322	406	97.1
2004	662	13	102	547	649	98.0
2005	685	11	110	564	674	98.3
2006	761	12	108	641	749	98.4
2007	745	14	116	615	731	98.1
2008	902	16	115	771	886	98.2
2009	970	17	127	826	953	98.2
2010	975	17	136	822	958	98.2
2011	764	48	129	587	716	93.7
2012	865	49	123	693	816	94.3
2013	1044	46	143	855	998	95.6
2014	1170	46	140	984	1124	96.1
2015	1245	40	132	1073	1205	96.8
2016	1174	41	124	1009	1133	96.5
2017	1223	40	127	1056	1183	96.7

数据来源：根据《宁夏统计年鉴》计算整理。

表 10-6　2002—2017 年宁夏规模以上中小型企业工业总产值占总产值比重

年份	规模以上工业企业总产值 / 万元	规模以上中型企业工业总产值 / 万元	规模以上小型企业工业总产值 / 万元	规模以上中小型企业工业总产值 / 万元	规模以上中小型企业工业总产值占总产值比重 /%
2002	3720196	294874	1503155	1798029	48.33
2003	4714293	1317414	1815649	3133063	66.46
2004	5536557	1987942	1412491	3400433	61.42
2005	6715450	2423097	1719498	4142595	61.69
2006	8596964	2714588	2259929	4974517	57.86
2007	10707114	3812571	2681107	6493678	60.65
2008	13690370	4486653	3793363	8280016	60.48
2009	14644914	5279519	3793095	9072614	61.95

续表

年份	规模以上工业企业总产值/万元	规模以上中型企业工业总产值/万元	规模以上小型企业工业总产值/万元	规模以上中小型企业工业总产值/万元	规模以上中小型企业工业总产值占总产值比重/%
2010	19243865	6848766	4769712	11618478	60.37
2011	24914433	5083482	5050089	10133571	40.67
2012	30239996	6397482	5753228	12150710	40.18
2013	35023148	7844597	6878188	14722785	42.04
2014	37480218	8488434	8688494	17176928	45.83
2015	38355495	8358454	9949498	18307952	47.73
2016	41201516	7988862	10735680	18724542	45.45

数据来源：根据《宁夏统计年鉴》计算。

10.2.3 沿黄经济区战略

根据宁夏回族自治区的自然条件和经济发展，宁夏全区大致可以划分为三个部分：宁夏北部、宁夏中部、宁夏南部。宁夏北部包括银川市、石嘴山市、中卫市和吴忠市的利通区、青铜峡市的引黄灌区；宁夏中部包括吴忠市的盐池、同心两县和灵武市、中卫市的山区以及中卫市海原县的北部；宁夏南部包括固原市的原州区、西吉县、隆德县、泾源县、彭阳县及中卫市海原县的南部山区。从经济发展条件来看，宁夏南部地区为山区，地广人稀、经济落后；宁夏中部常年干旱，大部分地区自然条件恶劣，开展经济活动相对比较困难；宁夏绝大部分的平原基本上全在北部地区，并且黄河从西南向东北穿流而过，农业生产条件和其他各项基础设施条件都比较好，经济活动和社会活动也比较活跃。

宁夏北部地区40%以上的区域面积集中了全区近60%的人口。作为宁夏的经济发展和城市发展的绝对优势位置，北部平原地区就是宁夏社会经济发展的主体区域，北部地区的发展直接影响到宁夏全区经济和社会发展的总体水平。

2002年9月，宁夏回族自治区九届二次全会决议提出，采取中心城市带动战略，壮大中心城市银川的城市规模，大力推进城市化进程。2005年，宁夏回族自治区党委九届十四次全会提出，以银川等中心城市带动区域经济发展，建设沿黄城市带（群），带动整个宁夏区域经济的健康发展。2007年10月党的十七大提出了转变经济发展方式，走中国特色城镇化道路，促进大中小城市和小城镇协调发展，以增强综合承载能力为重点，以特大城市为依托，形成辐射作用大的城市群，培育新的经济增长点。宁夏回族自治区党的十届一次全会上就正式提出了打造“黄河金岸”的宏伟目标。沿黄城市带建设被赋予了“协调统筹、和谐永续、以人为本”的深刻内涵：建设以黄河中上游引黄灌区为依托，地缘相近、交通便利、经济关联度较高的首府银川市为中心，石嘴山、吴忠、中卫3个地级市为主干，青铜峡、灵武、中宁、永宁、贺兰、惠农、平罗和若干个建制镇以及宁东基地（含太阳山开发区）集群协调分布，城镇间保留一定农田、林地、水面等绿色空间，通过高效便捷的交通走廊连接为一体的沿黄城市带。

2008年是“黄河金岸”构想深化的一年，主要是明确提出了“黄河金岸”战略构想的丰富内涵，即“一堤六线”：黄河标准化堤防，生命保障线、抢险交通线、经济命脉线、特色城市线、生态景观线、黄河文化展示线。这一内涵的确立，使得沿黄城市带的建设上升到新的台阶和高度，其建设工作取得重大进展。2009年4月，宁夏回族自治区实施了建成沿黄城市带、打造黄河金岸的发展战略，经过两年多的时间，黄河金岸步入了科学发展的成长期，带动宁夏全区迈上跨越发展的快车道。2009年，宁夏沿黄经济区的10个城市仅占地区面积的43%，已经集中了全区64%的人口，创造了全区90%以上的产值和94%的财政收入。[①]

2010年底，在国务院发布的《全国主体功能规划区》中将宁夏沿黄经济区域正式定位为国家级重点开发区域，“沿黄城市带”正式更名为“沿黄经济区”。2010年，国家“十二五”规划纲要中写入了宁夏沿黄经济区，并且将这一战略上升为国家战略。沿黄经济区规划是根据沿黄经济带实现由“带”到“面”，是宁夏回族自治区结合自身发展的实际情况创造性地提出的新的发展方式。同年，宁夏又将242个项目列为沿黄经济区建设的考核项目，集中开工了一批新能源、交通物流、水利、城市基础设施等重

① 王正伟．沿黄经济区：打造富裕宁夏的新高地[J].求是，2012（4）：22-24.

点项目。2012 年，滨河大道与主要城镇和交通干线互相连通，黄河金岸交通网络大构架基本形成。例如，“黄河善谷”工业园区以善引资，吸引了 20 多家企业参与建设，落实资金 100 多亿元，成为全国第一个把慈善和产业有机结合、联动发展的新型工业园区。

沿黄经济区建设已取得明显成就。据统计，2010—2017 年宁夏沿黄经济区总体上人口占全区总人口的 80% 以上（见表 10-7），2017 年宁夏沿黄经济区人口达到 550 多万人，占全区总人口的 81.99%，2017 年沿黄经济区地区生产总值 3220.51 亿元，占宁夏全区地区生产总值 3443.56 亿元的 93.52%。

表 10-7　2010—2017 年宁夏各地区人口及沿黄经济区总人口占全区总人口比重

年份	全区总人口 / 人	银川市人口 / 人	石嘴山市人口 / 人	吴忠市人口 / 人	中卫市人口 / 人	沿黄经济区总人口 / 人	沿黄经济区总人口占全区总人口比重 /%
2010	6329600	2004456	727005	1282132	1082757	5096350	80.52
2011	6394500	2025741	734071	1294798	1092876	5147486	80.50
2012	6471900	2046341	741586	1312456	1107244	5207627	80.47
2013	6541900	2082695	759311	1331026	1124827	5297859	80.98
2014	6615400	2128937	772676	1352942	1133452	5388007	81.45
2015	6678800	2164119	788009	1373223	1141638	5466989	81.86
2016	6749000	2191098	795133	1388587	1153763	5528581	91.92
2017	6817873	2225391	802978	1403742	1157525	5589636	81.99

数据来源：根据《宁夏统计年鉴》计算整理。

由“沿黄经济城市带”战略规划到“沿黄经济区”战略规划的转变，不仅使沿黄经济区上升为覆盖整个宁夏黄河流域，也涵盖了宁夏经济社会方方面面的系统工程，而且拟使之成为“一揽子”解决宁夏长远发展问题的战略举措。依据战略规划的科学构想，沿黄经济区将为宁夏跨越式发展带来三个方面的效应。

一是集聚效应：沿黄经济区的建设将有助于实现地区间的良性互动，从而为发展和促进区域一体化培育良好环境，可以促进产业集群的发展，取得布局上的规模效益。同时，在土地利用、旅游发展、环境保护、生态建设等方面都能实现地区统筹发展的优势，并有利于资源的集约和节约利用。

二是分工协作效应：通过沿黄经济区的建设，地区的产业分工协作体系将得到优化，从而通过发挥各地区的比较优势，实现区域内资源的高效利用与区域间资源的优化配置，避免重复建设和内部不合理竞争，提高经济运行效率；而宁东基地和太中银铁路的建设，也为银川以外的吴忠、中卫等城市的发展带来历史性机遇，扩张了城市间优势互补、分工协作的空间。

三是结构效应：由于银川在宁夏的区位偏于一隅，吸纳农村剩余劳动力的门槛也比较高，因此，相对于“大银川”发展战略，城市集群发展更有利于对中南部落后地区的纵深辐射，并能通过梯度转移扩大移民的就业空间。

宁夏沿黄经济区战略实施以来，“沿黄经济区”框架已经形成，规划编制、基础设施、产业发展、区域市场、生态环境建设、市政服务“六个一体化”进程明显加快，由于紧紧抓住国家新一轮西部大开发的重大机遇，沿黄经济区因此进入了发展的快车道。沿黄经济区已初步建立了5个方向的对外通道（见图10-3）。

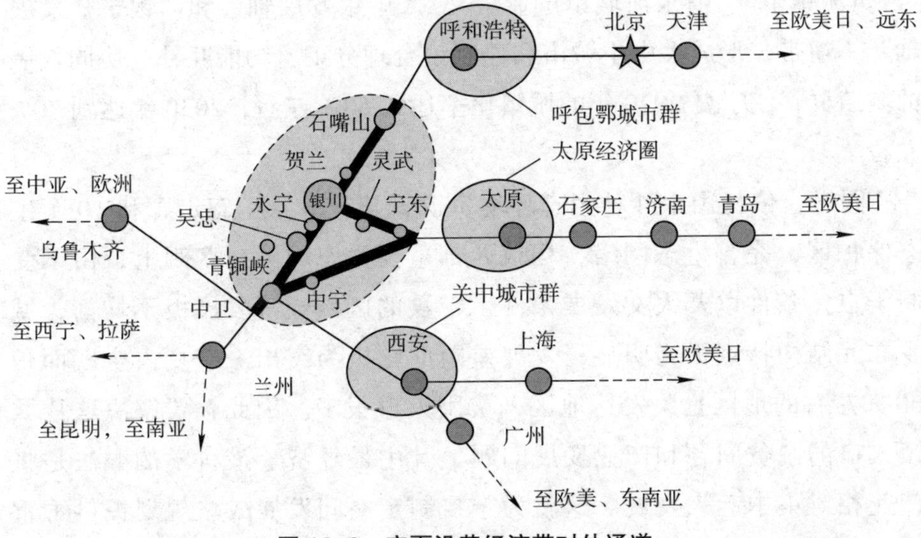

图10-3　宁夏沿黄经济带对外通道

资料来源：百度图片，https：//image.baidu.com/search/detail？ct=503316480&z=0&ipn=d&word。

这5个方向的对外通道分别为：一是东北线的沿黄经济区—北京、天津—欧美日，其中涵盖了呼包鄂城市群；二是东线的沿黄经济区—太原、石家庄、济南、青岛—欧美日，其中涵盖了太原经济圈；三是东南线的沿黄经济区—西安—上海、广州—欧美日、东南亚，其中涵盖了关中城市群；四是西北线的沿黄经济区—乌鲁木齐—中亚、欧洲；五是西南线的沿黄经济区—拉萨、西宁、兰州—昆明—南亚。这些对外通道的建设为宁夏全区与国内外的城市合作和联系提供了便利的交通条件，也必将提升宁夏回族自治区在全国的地位，同时还会对宁夏回族自治区将沿黄经济区建设成为全国城镇体系中西部地区的重要节点具有重要意义。

10.2.4　宁夏空间发展战略

按照《宁夏空间发展战略规划》，"一主三副、核心带动，两带两轴、统筹城乡，山河为脉、保护生态"是规划的核心。这意味着以大银川都市区为主中心，以石嘴山、固原、中卫为副中心，构建强大的区域空间组织核心，增强辐射带动能力，提升宁夏的区域功能和国际化水平。以"沿黄城镇带""清水河城镇产业带""太中银发展轴"和"银宁盐发展轴"为纽带，形成大中小城市和建制镇合理分工、功能互补、协同发展的城镇群，使宁夏2020年的城镇化率达到60%左右，2030年达到70%左右。

同时，依托山水沙林生态环境资源，建设6条生态走廊和10个生态保护区，完善生态网络，构筑西部重要生态屏障。客观上，由于受制于自然条件以及人文发展条件，宁夏的区域经济发展极不均衡，城乡二元结构特点极为明显，发展差距问题极为突出。宁夏占全区面积60%左右的地区是欠发达地区，贫困人口很多。因此，要解决这片城镇人口的脱贫问题和产业发展问题，其中最经济、最科学的办法是将产业相对集中起来发展。这就为宁夏制定空间发展战略规划提供了重要依据。

10.3 宁夏未来发展战略展望

宁夏回族自治区在国家西部大开发战略和“一带一路”倡议的带领下，必将站在进一步深化改革开放的发展前沿上，内陆开放型经济试验区和银川综合保税区的设立会使宁夏的经济发展空间更为广阔。21世纪以来，中央政府通过西部大开发战略、《关于进一步促进宁夏经济社会发展的若干意见》、《关于宁夏内陆开放型经济试验区规划的批复》等一系列战略政策措施，促进了宁夏经济的快速发展。2012年，国家开始实施“一带一路”倡议，继续深入推进西部大开发，全面部署打赢脱贫攻坚战，加强对民族地区、贫困地区、革命老区全方位精准扶贫，这一系列的政策颁布和实施为宁夏回族自治区的发展提供了重大机遇。

10.3.1 西部大开发战略加快宁夏经济发展

2000年1月，国务院成立西部地区领导开发小组，2000年3月国务院西部开发办正式开始运营，2000年10月，中共十五届五中全会确定西部大开发的战略地位。西部大开发战略是党中央、国务院在世纪之交作出的重大决策，是指导西部地区经济发展的一项重要纲领，目的在于促进西部地区经济发展，不断缩小东西部之间的差距。西部大开发的范围包括12个省、自治区、直辖市和3个少数民族自治州，主要是甘肃省、陕西省、四川省、重庆市、云南省、贵州省、青海省、宁夏回族自治区、新疆维吾尔自治区、西藏自治区、内蒙古自治区、广西壮族自治区、恩施土家族苗族自治州、湘西土家族苗族自治州和延边朝鲜族自治州。西部大开发的面积为685万平方千米，占全国的71.4%。西部大开发战略的实施，为西部地区带来了千载难逢的发展机遇，宁夏回族自治区以西部大开发战略目标为明确指向，并在战略实施中加速了经济发展。

2002年2月25日，国务院颁布的《“十五”西部开发总体规划》中西部大开发战略目标为：“经过几代人的艰苦奋斗，到21世纪中叶全国基本实现现代化时，从根本上改变西部地区相对落后的面貌，显著地缩小地区发展差距，努力建成一个经济繁荣、社会进步、生活安定、民族团结、山川秀美、人民富裕的新的西部地区。21世纪前5~10年要有步骤、有重点地推进开发，力争使西部地区基础设施和生态环境建设取得突破性进展，特色经济和优势产业有较大发展，重点地带开发步伐明显加快，科技教育和卫生、文化等社会事业明显加强，改革开放出现新局面，人民生活进一步改善，为实施西部大开发战略奠定坚实的基础。”

2004年3月，国务院颁布了《关于进一步推进西部大开发若干意见》（以下简称《意见》），指出西部大开发已经取得了一定的进展，但实施西部大开发是一件长期又艰巨的历史任务，进一步推进西部大开发还会面临诸多矛盾和问题，面对这些问题既要有紧迫感又要做好长期艰苦奋斗的准备。《意见》中指出：“要坚持以人为本，树立全面、协调、可持续的发展观，按照‘五个统筹’的要求，使经济发展与环境保护、社会进步协调推进，促进西部地区经济社会和人的全面发展。坚持一切从实际出发，积极进取，量力而行，有重点、有步骤地解决关系西部开发全局的重大问题。坚持把西部地区自力更生、艰苦奋斗与国家政策支持结合起来，更大程度地发挥市场配置资源的基础性作用，不断增强西部地区的自我发展能力。以更大的决心、更有力的措施、更扎实的工作，推动西部地区经济持续快速协调健康发展和社会全面进步。”

2007年2月，依据“十一五”规划《纲要》编制的《西部大开发“十一五”规划》中提出“十一五”西部大开发的总目标是：“经济又好又快发展，人民生活水平持续稳定提高，基础设施和生态环境建设实现新突破，重点地区和重点产业的发展达到新水平，基本公共服务均等化取得新成效，构建社会主义和谐社会迈出步伐”。该规划主要从扎实推进社会主义新农村建设，继续加强基础设施建设，大力发展特色优势产业，引导重点区域加快发展，坚持抓好生态保护和建设、环境保护和资源节约，着力改善基本公共服务，切实加强人才队伍建设，积极扩大对内外开放，建立健全西部大开发保障机制等方面进行了详细的布局。

2010年6月29日，《中共中央、国务院关于深入实施西部大开发战略的若干意见》中对西部大开发过去十年的工作进行了总结，并对下一步西部大开发战略的发展进行了全面部署。该意见的主要目标是，2015 年建立特色优势产业体系，完善基础设施建设，重点生态区综合治理取得积极进展，加快社会事业发展，城乡居民收入加快增长、缩小与经济发展速度的差距。2020 年，西部地区基础设施更加完善，现代产业体系基本形成，建成国家重要的能源基地、资源深加工基地、装备制造业基地和战略性新兴产业基地，综合经济实力进一步增强；生态环境恶化趋势得到遏制，基本公共服务能力与东部地区差距明显缩小；人民生活水平和质量大幅提升，基本实现全面建设小康社会奋斗目标。

综上所述，西部大开发战略的实施是一个稳步推进、逐步完善的过程，其间国家出台了一系列的优惠政策和规划。宁夏回族自治区在这个过程中抓住机遇，加快建设基础设施，发展自身优势特色产业，全面推进对外开放，进一步提高全区自我发展能力，推动全区经济健康快速发展。

2017 年 1 月，《国务院关于西部大开发“十三五”规划》出台，在发展规划中明确提出了“优化区域发展格局”及其重点区域工作，包括深入推进“一带一路”建设，创新构建“五横两纵一环”的总体空间格局，布局建设重点创新试验区、培育绿色发展引领区、打造内陆沿边开放试验区等功能区，全力完成推进新型城镇化等八大任务。在新一轮西部大开发战略实施中，宁夏回族自治区将拥有创新性更强、现代化水平更高的开放型经济发展机遇。

10.3.2　“一带一路”倡议深化宁夏对外开放

在历史上，古代中国从汉武帝时期就开辟了以洛阳、长安为起点贯穿东西、连接欧亚的古丝绸之路，从那时起古代丝绸之路就逐渐成为一条东方与西方之间的政治、经济、文化交流的重要通道，古代丝绸之路对中国古代有着特别的历史作用，极大地促进了古代中国的经济发展。

2013 年 9 月 7 日，习近平主席在哈萨克斯坦的纳扎尔巴耶夫大学进行重要演讲，其中提出了共建“丝绸之路经济带”，2013 年 10 月 3 日，习近平主席在印度尼西亚国会上发表重要演讲时再一次提到中国愿同东盟国家共建“21 世纪海上丝绸之路”，得到了国际上高度的关注和重视。2013 年 11

月 12 日通过的十八届三中全会《决定》中提出：要加快同周边国家和区域基础设施互通建设，推进丝绸之路经济带、海上丝绸之路的建设，形成全方位的开放格局。2015 年 3 月，为推进实施“一带一路”倡议，促进古丝绸之路焕发新的生机活力，以新的形式使亚欧非各国联系更加紧密，互利合作迈向新的历史高度，中国政府特制定并发布了《推动共建丝绸之路经济带和 21 世纪海上丝绸之路的愿景与行动》①，特别指出：推进“一带一路”建设，中国将充分发挥国内各地区比较优势，实行更加积极主动的开放战略，加强东中西互动合作，全面提升开放型经济水平。

从“一带一路”的战略规划看，丝绸之路经济带沿线包括了内蒙古、新疆、宁夏、青海、甘肃、云南、广西等多个民族地区和省份。其中，宁夏回族自治区是我国与阿拉伯国家进行经贸往来和文化交流的主要通道，同样也是“一带一路”倡议的重要支撑点。宁夏回族自治区处在新亚欧大陆桥和中国—中亚—西亚经济走廊的中心，是我国通往阿拉伯国家的重要门户。以宁夏回族自治区建设的内陆开放经济试验区、每年举办的中阿博览会和银川综合保税区等为基础，宁夏在“一带一路”中战略定位即得以明确，未来对外开放的广阔空间及合作领域前景广阔。

具体而言，宁夏是中国唯一一个回族自治区，回族人口占全区总人口的 1/3，是全国最大的回族聚居地，与阿拉伯国家在宗教信仰、生活方式、生活习俗、饮食文化、民族文化等方面有很大的共性，对双方的经贸往来有很大的促进作用，宁夏独特的文化和伊斯兰文化的交融使宁夏有其特有的文化魅力。古丝绸之路由河西走廊通往中亚、欧洲等国家，途经宁夏这一重要环节，近年来宁夏回族自治区在铁路、航空方面发展非常迅速，已经建成了完善便捷的交通网络体系。2015 年国家政府工作报告中明确指出，将宁夏回族自治区建成丝绸之路经济带的战略支撑点，将宁夏回族自治区主动纳入丝绸之路经济带中国大周边倡议格局中，一方面突出了宁夏回族自治区在“一带一路”倡议中的重要战略地位和使命，另一方面“一带一路”倡议也有利于宁夏回族自治区的社会经济发展。

---

① 参见：http：//zhs.mofcom.gov.cn/article/xxfb/201503/20150300926644shtml。

近年来，宁夏通过内陆开放型经济试验区、银川综合保税区、中国—阿拉伯国家博览会等平台，与59个“一带一路”沿线国家建立了经贸关系，累计实现进出口总额1590多亿元。未来，宁夏将聚焦经贸合作、拓展开放渠道、优化营商环境，不断扩大宁夏的国际“朋友圈”，实现更多项目签约落地，加快建设内陆开放型经济试验区，高效发挥银川综合保税区等平台作用，稳定运行国际货运班列，争取国家支持建设中国（银川）跨境电子商务综合试验区，推动银川综合保税区内加工制造企业承接境内外委托加工，设立银川铁路口岸，把宁夏开放之门开得更大。

10.3.3　构建面向世界的内陆开放型经济

宁夏回族自治区位于我国西北部内陆地区，处于重要交通连接点上，资源禀赋优势十分明显，人文环境资源相对突出。从区域经济发展和扩大对外开放的角度来看，探索未来宁夏经济发展战略选择问题具有非常重要的意义。

10.3.3.1　建设宁夏内陆开放型经济试验区

宁夏内陆开放型经济试验区的整体规划于2012年9月12日由国务院副总理李克强在2012宁洽会暨第三届中阿经贸论坛开幕式上宣布，同意在宁夏回族自治区设立内陆开放型经济试验区。

宁夏内陆开放型经济试验区，旨在将宁夏打造成向西开放的“桥头堡”，推动深化中国和阿拉伯国家经贸交流投资合作与友好往来。2012年9月10日，国务院同意在宁夏回族自治区设立内陆开放型经济试验区，原则同意《宁夏内陆开放型经济试验区规划》，标志着宁夏回族自治区成为我国内陆地区第一个对外开放试验区、全国首个以整省域为单位的试验区。

推进宁夏内陆开放型经济试验区建设，搭建向西开放的平台，全面加强我国同西亚、中亚各国以及更广阔地区的经贸文化交流与合作，有利于探索内陆地区开发开放的新路径，在空间上形成沿海、沿边和内陆开放互为依托、相辅相成的战略格局；有利于发挥双方互补优势，拓展我国外需市场新空间；有利于充分利用两种资源、两个市场，为保障国家能源安全作出积极贡献；有利于资源型地区转变发展方式，探索可持续发展新模式；有利于促进民族地区跨越发展和民生改善，维护民族团结和社会稳定。

完整的开放型经济包括开放与发展双重内涵。宁夏提出的建设内陆开放型经济，就是以经济全球化为背景，以全国统一市场为基础，通过持续深化对内对外开放，充分利用国际国内两种资源、两个市场，在全球范围内优化资源配置，不断深化国际分工与合作的开放发展战略。这一界定体现了以下内涵：其一，宁夏内陆开放型经济是宁夏通过全面开放促进自身发展的战略思维。它强调内陆地区开放发展道路，把宁夏的经济发展纳入全球化和国际化视野中，加强与外部的战略协调，实现要素在全球范围的最优配置。其二，宁夏内陆开放型经济是建立在市场化基础上的制度性开放发展战略。宁夏既向国际开放，也向东部地区及内陆其他地区开放；既重视实体领域的开放，也重视思想观念的开放，是规则对接、经济运行机制统一的制度开放。其三，宁夏内陆开放型经济是区域协调发展的国家战略。较之东部“出口导向型战略”和内陆地区政府主导下的政策性开放，宁夏内陆开放型经济把区域性、政策性开放转变为全方位开放和制度性开放，是政府引导与市场推动相结合、不断拓展外部空间的科学发展之路。

总之，宁夏发展内陆开放型经济的目的是深入发掘内陆地区的比较优势，通过市场一体化进程逐步融入国家经济一体化的经济运行机制和区际协调机制，再依靠“一带一路”发挥对外开放的重要作用，以加强与阿拉伯国家乃至世界各国的交往、交融和交流。

10.3.3.2 打造中国向西开放的战略枢纽

2010年以来，宁夏已经成功举办三届中阿经贸论坛和三届中国—阿拉伯国家博览会，宁夏通过成功举办中阿经贸论坛和中阿博览会，引起了国际社会的广泛关注，产生了广泛且深刻的影响，现已搭建起中国与阿拉伯国家及世界伊斯兰地区进行政治对话、经贸合作、文化交流的综合性平台。

目前，中阿博览会的关注核心更加聚焦于金融行业、能源行业、农业、基础设施投资、贸易合作等领域。未来，宁夏更是要借助“一带一路丝绸之路经济带”建设的具体实施，更加突出内陆开放型经济试验区的战略支撑作用和中阿博览会的平台作用，充分发挥自身优势，拓展向西开放的深度广度，发展为中国向西开放的战略枢纽。

10.3.3.3　发挥人文交流的桥梁纽带作用

宁夏回族自治区的穆斯林和西亚、中亚诸国家民众大多信仰的伊斯兰教的文化习俗相近，宗教信仰相同。中阿双方从600多年前郑和下西洋就开始了经贸交流，交流合作源远流长，结成了深厚的传统友谊。随着中国改革开放的不断深入，宁夏与阿拉伯国家和伊斯兰地区的文化、教育、旅游等方面的交流不断增加，人员往来愈加频繁，不仅成功举办了中阿大学校长论坛等人文交流活动，还组建了宁夏大学阿拉伯语学院和宁夏医科大学“回医药协同创新中心”。并且，重点开发建设中华回乡文化园等文化景观，促进宁夏文化旅游国际化。未来，宁夏作为我国唯一一个回族自治区，可以借助独特的人文地理环境与回族文化，加强对丝绸之路经济带沿线国家政治、经济、文化研究，可以更加促进双边或多边交流，深化沿线国家对宁夏的认识与了解；加强与沿线国家的教育合作，提升高等院校办学水平，打造国内一流的阿拉伯人才培养基地，加强与中亚和中东国家在临床医疗教学科研、传统医药、食品药品检测等方面的交流合作，大力发展健康服务业，把银川建成面向丝绸之路经济带沿线国家的国际医疗和人才交流中心；积极推进丝绸之路联合申遗，加快固原、中卫旅游示范区建设，强化“神奇宁夏”旅游产品体系，打造特色鲜明的国际旅游目的地，通过这些措施充分发挥宁夏在中国与沿线国家人文交流的桥梁纽带作用，在促进国家向西开放的同时实现区域经济发展。

10.3.3.4　强化连接东西交通的枢纽地位

宁夏回族自治区在我国西北与华北交界处，位于新欧亚大陆桥国内段的中间位置，是联系西北、华北、内蒙古、西南的必经之地，目前已经有完善的交通网络系统，在铁路方面，有包兰铁路、中宝铁路、太中银铁路、干武铁路。在航空方面，有河东机场、石嘴山沙湖支线机场、中卫香山机场、红寺堡罗山通用机场、盐池通用机场、固原六盘山机场。形成了东部、中部地区进入河西走廊、新疆，通往中亚、欧洲等国的便捷通道，作为我国承东启西交通枢纽的地位进一步凸显。在中国与“一带一路”沿线各国共同促进经济要素有序自由流动、资源高效配置和市场深度融合，推动沿线各国实现经济政策协调，开展更大范围、更高水平、更深层次的区域合作，共同打造开放、包容、均衡、普惠的区域经济合作架构的建设过程中，宁夏有着特殊的陆空交通优势，加快建设区域性物流枢纽和中国向西开放的空中门户，强化承东启西的交通枢纽地区，不仅在加快国内和国际的经济贸易往来，同时也承担着"一带一路"倡议实施所赋予的重任。

参考文献

[1] 朱运涛，叶墨．宁夏经济发展战略研究评述 [J]. 宁夏社会科学，1985(4): 35–41.

[2] 李澜，等．宁夏回族自治区经济史 [M]. 太原：山西经济出版社，2016.

[3]《宁夏回族自治区概况》编写组．宁夏回族自治区概况 [M]. 北京：民族出版社，2008.

[4] 韩翼宁．"一带一路"背景下宁夏经济发展路径研究 [J]. 经济研究导刊，2016(8): 19.

图索引

表索引

后 记

本书原拟作为新中国成立 70 年来对宁夏回族自治区经济社会发展的系统总结，但在写作过程中才发现很多资料难以收集齐全，如 1958 年宁夏回族自治区成立前的相关统计资料与成立后的统计数据口径有些变化，难以从宏观层面上对前后数据进行加总和分析，因此书中绝大多数数据都源自 1958 年以后的分析，特别是改革开放以后的数据，其指标含义、涵盖范围、统计领域等都比较一致，且有连续性，只是 2018 年的全面统计数据因 2019 年统计年鉴在写作时尚未正式出版，只能通过宁夏统计局官网已发布的统计公报获得部分宏观层面统计数据，即便如此，我们还是尽力通过各种途径收集能反映宁夏地区在新中国成立 70 年来经济社会发展各个方面总体情况的数据资料，从而基于宏观角度基本上完成了对宁夏回族自治区 70 年来经济社会发展的整体描述与分析总结，当然其中难免有些错误或不当之处，欢迎广大读者批评指正！

在此特别需要说明的是，在本书编撰过程中，除了利用已公开出版和发布的各种统计资料外，还吸收了大量学者研究成果中的一些重要思想观点和历史资料，如《宁夏回族自治区经济史》（李澜等著）、《宁夏四十年1949—1989》（宁夏回族自治区统计局编）、《宁夏奋进跨越 60 年》（宁夏回族自治区统计局编）等，再次对以上文献作者以及书中提及的文献作者深表感谢！同时敬请对书中引用与取舍不当之处予以谅解，也希望对本书的错漏与不足予以批评指正！

本书得以顺利完成，感谢西南民族大学经济学院和学院领导们的大力支持、鼓励和帮助！感谢中央高校建设世界一流大学（学科）和特色发展引导专项资金的资助！感谢国家民族事务委员会人文社会科学重点研究基地——西南民族大学中国西部民族经济研究中心 2019 年度项目“跨越的 70 年——民族地区经济发展研究”的资助！

本书由西南民族大学经济学院姜太碧老师和研究生们共同完成。作为主编，姜太碧老师负责拟定全书提纲，并对全书进行修改、统稿、校订和编排，同时负责撰写前言和后记。具体各章撰写分工如下：西南民族大学 2017 级产业经济学专业硕士研究生刘嘉鑫负责第一、第二章初稿；西南民族大学 2018 级产业经济学专业硕士研究生吴雨轩负责第四、第五、第七、第九章初稿；西南民族大学 2018 级产业经济学专业硕士研究生王亚婷负责第六、第十章初稿；西南民族大学 2018 级金融专硕研究生包泽华负责第三、第八章初稿；全书各章的修改、定稿由姜太碧老师完成。

感谢中国经济出版社的李煜萍社长和李若雯编辑认真负责的编辑工作！

本书的出版还得到国家社科基金项目（批准号：15AZD079)、西南民族大学中央高校基本科研业务费专项资金项目（项目编号：2019SYB73）的资助，在此一并感谢！

姜太碧

2019.6.20 于成都